· 2022年教育厅科学研究重点项目：湘南少数民族濒危传统体育文化遗产抢救性挖掘与活化保护研究，编号：22A0585
· 2024年郴州市社会科学规划课题：郴州优秀传统体育文化挖掘与活化保护策略研究，编号：CZSSKL2024004

新形势下我国民族传统体育文化传承及发展研究

Xinxingshi Xia Woguo Minzu Chuantong Tiyu Wenhua Chuancheng Ji Fazhan Yanjiu

黄先锋／著

中国经济出版社
CHINA ECONOMIC PUBLISHING HOUSE
北 京

图书在版编目（CIP）数据

新形势下我国民族传统体育文化传承及发展研究／黄先锋著. --北京：中国经济出版社，2024.4

ISBN 978-7-5136-7715-8

Ⅰ.①新… Ⅱ.①黄… Ⅲ.①民族形式体育-体育文化-研究-中国 Ⅳ.①G852.9

中国国家版本馆 CIP 数据核字（2024）第 068486 号

责任编辑 孙晓霞 井 铭
责任印制 马小宾
封面设计 华子图文

出版发行 中国经济出版社
印 刷 者 北京建宏印刷有限公司
经 销 者 各地新华书店
开 本 710mm×1000mm 1/16
印 张 15.5
字 数 239 千字
版 次 2024 年 4 月第 1 版
印 次 2024 年 4 月第 1 次
定 价 68.00 元
广告经营许可证 京西工商广字第 8179 号

中国经济出版社 **网址** http://epc.sinopec.com/epc/ **社址** 北京市东城区安定门外大街 58 号 **邮编** 100011
本版图书如存在印装质量问题，请与本社销售中心联系调换（联系电话：010-57512564）

目录
CONTENTS

第一章　绪论

民族传统体育作为我国体育事业的重要组成部分，经历了漫长的历史发展，逐渐形成了独特的文化形式，并在发展过程中不断完善。对民族传统体育文化进行研究有助于人们更好地挖掘和开发民族传统体育资源，促进民族传统体育更好地发展。本章就民族传统体育文化及其研究进行综述。

第一节　民族传统体育文化相关概念解析

对于民族传统体育及其文化的定义，人们进行了很多研究，并有各自不同的认识和理解，本小节主要简析民族传统体育文化的相关概念。

一、民族传统体育

对于民族传统体育的产生和发展，很多学者和专家都进行了大量研究，并对民族传统体育的概念有着各自不同的认识和理解。根据这些研究和分析，可将民族传统体育定义为：在一定范围内，某一个或某几个特定民族开展的、历史因循传承下来的，有着非常浓厚民族文化特征和色彩的竞技娱乐活动。

二、民族传统体育文化

民族传统体育文化是各民族在不断发展与进步过程中形成的所有体育

文化，是经过多年历史积淀留存下来的一种民族文化表现形式，是各民族历史变迁、生活变迁、文化演进的重要见证。作为中华优秀传统文化的重要组成部分，民族传统体育文化植根于中华民族的文化血脉，不仅汇集了各民族独特的体育文化，更折射出各族人民的爱国主义情怀，是中华民族独特的文化标识。

下面将通过表 1、表 2、表 3 展现民族传统体育同文化的相关内容。

表 1　民族传统体育同传统文化的关系

研究内容	相关领域
民族传统体育同传统文化的关系	经济文化类型
	多元生态文化圈
	民俗

表 2　民族传统体育的文化内涵

研究内容	具体内容
民族传统体育的文化内涵	物质文化内涵
	精神文化内涵
	制度文化内涵

表 3　民族传统体育的文化属性

研究内容	具体属性
民族传统体育的文化属性	娱乐性
	地域性
	生活性
	民族性
	生产性
	封闭性
	认同性

第二节　民族传统体育文化与其他文化的关系

民族传统体育文化既是体育文化的重要组成部分，也是民族文化的重要组成部分，这决定了民族传统体育文化的复杂性和交叉性。本小节主要简析民族传统体育文化与传统节日文化及宗教文化之间的关系。

一、民族传统体育文化与传统节日文化

我国是一个由多民族组成的国家，每个民族都具有自身独特的、相对稳定的民俗文化，在这些文化中就包含了民族传统体育文化和传统节日文化。民族传统体育文化与传统节日文化有着非常紧密的联系，渊源非常深厚。

我国有56个民族，每个民族都有自己的节日习俗，在很多节日习俗中都会出现各种传统的体育项目。这些具有显著民族文化特色的传统体育项目既使我国的传统节日习俗更加丰富，也使我国民族传统体育文化得到极大丰富。当然，在传统节日的带动下，民族传统体育文化也得到了相应的传承和发展。

民族传统体育文化同传统节日文化两者是相辅相成的，只有在传统节日中，民族传统体育才能得到充分开展，而传统节日为民族传统体育文化提供了一个良好的展现舞台。民族传统体育文化和传统节日文化之间的关系，可以从种族繁衍、军事和生产等方面理解。

二、民族传统体育文化与宗教文化

民族传统体育文化与宗教文化有着非常密切的关系，下面主要从宗教活动的角度阐述。

我国56个民族中，每个民族都有自身的宗教信仰，这种普遍性存在的宗教信仰对我国民族传统体育的产生和发展产生了重要的影响。值得肯定的是，有很多民族传统体育活动都是蕴含在民族宗教活动中的，特别是宗教祭祀活动，更是同民族传统体育文化有着非常密切的关系。

在宗教祭祀活动中，很多少数民族都会举行祭神、娱神等仪式以取悦神灵，这就产生了各种原始的体育活动，这些活动同民族传统体育密切关联。

例如，普米族的“转山会”就与体育文化有着密切的关系。“转山会”活动在每年正月初一举行，主要项目有赛马、赛跑、摔跤、弩弓射击、火枪射击等。进行这些祭祀与娱乐活动主要是为了求得山神、水神对族民的庇佑。又如，哈尼族的“昂玛突”活动。“昂玛突”活动在每年二月属龙日举行，时间为 3 ~5 天。“昂玛突”活动包含的体育项目主要有跳芒鼓舞、挥舞刀棍、演练拳术等。这些项目一般都是由技术娴熟的祭司领头示范，其他族人则跟随他们进行。再如，云南的彝族也会在举行祭祀天地神祖的仪式完成后开展体育活动。仪式开始后，首先由村寨里专司祭祀活动的主持人和长老领头，跟随用长杆抬着的“挂红”用的红布入场，绕场一周；其次，众人烧香祭拜；最后，年轻人围着“挂红”跳起敬神舞蹈。仪式完成后，便开展一些体育活动，如摔跤、舞狮、刀舞和跳高脚马等。另外，藏族在祭祀宗教大会后会举行“北嘎”活动。“北嘎”是一种藏族式摔跤，现已成为非常典型的民族传统体育项目，它正是藏族人民在宗教信仰、生产生活和阶级斗争等多元融合中逐渐形成并传承下来的。

第三节　民族传统体育文化科学研究

我国是一个统一的多民族国家，56 个民族共同孕育出了形态各异、丰富多彩的民族传统体育，民族传统体育同时是一门十分复杂的学科，文化内涵十分丰富，必须对民族传统体育文化进行科学研究。本小节主要介绍了民族传统体育文化涉及的社会学、民族学、艺术学等科学研究。

一、民族传统体育文化社会学研究

（一）体育社会学的产生与发展

社会学学科建立后，欧美古典社会学家开始站在社会学视角审视体育现象，并以此为依据解决一些体育问题。

1921 年，德国学者海因茨·里塞出版了《体育社会学》一书，这是体育社会学正式成为一门独立学科的标志。该书提到，体育运动是社会活动的一种重要方式，并以马克思主义批判理论为依据考察了不同人群在体育锻炼中的问题。在第二次世界大战后，世界体育快速且广泛地发展，极大地影响了人们的生活，同时一般社会学也得到了迅速发展，这为学者深入研究体育社会学的相关问题提供了重要的理论参考。

20 世纪 60 年代，体育社会学不断发展，其学科地位逐渐得到确立。这一时期，经过西方第一代体育社会学者（主要代表人物是埃利亚斯、邓宁、沃尔等）和第二代体育社会学者（主要代表人物是贝利曼、贝茨等）的不断努力，社会学界和体育运动学界逐渐接受了体育社会学。同时，体育社会学相关组织的建立和著作的出版也反映了体育社会学的发展过程。最早成立的体育社会学专业学术组织是国际体育社会学委员会，地点在德国，时间为 1964 年。在国际范围内，该组织具有很大的权威性。自 1966 年起，第一份专门发表体育社会学论文的学术刊物《国际体育社会学评论》由该组织出版发行。1994 年，该组织正式改名为“国际体育社会学学会”，来自不同国家的体育社会学学者在这一平台上获得了更多相互交流的机会。另外，在国际上影响力较大的体育社会学专业学术组织还有北美体育社会学学会，其成立于 1978 年，《体育社会学期刊》就由该组织出版。后来，专门对体育社会学进行研究的组织机构越来越多，这些组织的主要任务是举办学术会议、出版专业期刊，向国际社会提供最新的研究资讯，而且这些组织之间也有深入的交流与合作，这就促进了体育社会学的快速发展。

从 20 世纪 60 年代开始，大量体育社会学的研究成果以专业书籍的方式出版发行，这不仅使体育社会学在学术界的影响不断扩大，还为体育社会学课程在西方国家高校中设置创造了良好条件。到了 90 年代，美国和加拿大约有 200 个高等教育机构开设了体育社会学课程。

经过多年不懈的努力，体育社会学独立学科的研究领域逐渐确立，不管是理论基础还是研究方法，其进步都很明显。学科制度化的发展也增强了体育社会学在学术界的合法性，提高了体育社会学的学术地位。

（二）我国体育社会学的研究成果

在20世纪80年代前后，我国体育理论研究者开始关注体育社会学这一学科。1981年，林启武的《体育运动社会学》一文发表在《新体育》杂志上，这是一篇知识性文章。自1982年起，我国不断成立体育社会学学术团体。1983年，《体育运动社会学》的内部油印稿编写完成，其主要对美国体育社会学的概貌进行了介绍。我国有关体育社会学的研究最早出现在天津体育学院。1984年，天津体育学院发表国内第一本体育社会学文集（以日语文献为主）。从这一年开始，体育社会学课程或讲座相继在天津体育学院、沈阳体育学院等院校开设。此后，各大院校又相继招收体育社会学专业的硕士研究生、博士研究生。1986年，国家体育运动委员会确定体育社会学为委管重点学科，并将我国第一个体育社会学教研室设立在沈阳体育学院。1994年6月，福州成立了中国社会学会体育社会学专业委员会，在联络、团结国内体育社会学专家、传播体育社会学信息方面，作出了非常重要的贡献。此后，我国不断出版多部体育社会学著作，并在国内、国际学术会议和刊物上发表了大量的体育社会学论文，这些成果在国内、国际上产生了巨大的影响力。

作为一种不断发展变化的社会现象，民族传统体育深受我国学者关注，很多学者基于社会学视角研究该社会现象，包括讨论民族传统体育与其他社会现象的关系，探究民族传统体育的社会关系、功能、结构和发展过程。最具代表性的研究成果有王岗的《试析武术在现代化社会中的社会学价值》（1998）、戴国斌的《武术的身体：一项身体社会学研究》（2004）、李朝旭等的《岭南南拳运动风格及其技理技法形成的文化社会学研究》（2009）、周华的《崇拜种族繁衍的民俗——宾阳舞炮龙运动的社会学考证》（2009）、王龙飞的《文化社会学视野下武术在登封的存在与发展研究》（2010）、曹云的《少数民族传统体育——仡佬族“打篾鸡蛋”社会学分析》（2012）、王洪珅的《互动仪式链理论视域下的少数民族传统体育本质推演》（2014）等。以上学术作品都是以社会学为切入点研究民族传统体育现象的。

有的学者对民族传统体育与社会生活的有关问题进行了探讨。具有代表性的研究成果有戴国斌的《武术比试的社会学分析》（2006）、葛国政的《社会控制论视域下大众武术价值探析》（2008）、郑国华的《我国民族传统体育失范研究》（2011）、金玉柱等的《新媒体视域下武术谣言传播的社会学研究》（2014）等。

也有学者从社会学视角研究民族传统体育与社会制度的有关问题。具有代表性的研究成果有王国琪等的《我国武术馆校之研究》（2001）、江百龙的《我国民办武术学校兴起的社会学原因探微》（2005）、倪依克和邱丕相的《社会学视域下传承武术文化的教育研究》（2007）、郭琼珠的《非正式制度与乡村传统体育的发展：乡土社会的视角》（2009），以及韩红雨等的《传统武术门户准入制度的教育社会学考察》（2013）等。

学者们大都重点关注对民族传统体育与社会变迁的探讨。具有代表性的研究成果有娄章胜等的《社会学视角下的少数民族传统体育文化遗产保护》（2008）、李永娜和袁校卫的《全球化背景下民族传统体育文化的认同危机与重构》（2010）、郑国华的《禄村变迁中的传统体育流变研究》（2010）、谭克理和陈永辉的《传统保健体育当代传承与发展的社会学审视》（2010）、赵进的《武术文化传承与发展式微的社会学分析：基于中、日、韩的跨文化比较》（2012）等。但是，很少有人讨论有关民族传统体育与社会不平等的问题，如民族传统体育与社会流动、性别分层、族群体育结构等，而研究这些学术问题具有重大的意义。

（三）民族传统体育社会学研究的领域

1. 民族传统体育与社会生活

在社会学视角下，社会生活的主题通常包括文化、社会化、族群与认同、社会互动与社会结构、大众传播媒体、群体与组织、越轨行为与社会控制、师承传播等，基于这一视角开展的民族传统体育研究从这些主题中获取了重要的参考信息。

人们可以将社会化理解为社会个体对社会文化的学习，增加自己的社会性，使自己由生物人向社会人转变的过程，这个过程虽然复杂，但是极有意义。“学武之人必须先学做人”，这句每个习武者都耳熟能详的民谚中含有对民族传统体育与社会化关系的讨论。在社会化主题中，人们进行民族传统体育锻炼的过程、停止参与民族传统体育锻炼的过程，以及民族传统体育对练习者产生的影响等是学者主要研究的内容。

在现代社会中，群体是最具代表性的社会组织。因此，在民族传统体育的社会学研究中，民族传统体育组织的结构、运行、社会责任等都是重点研究内容。在人类社会中，民族传统体育社团作为次级群体具有一定的特殊性，该社团组织的活动内容主要依托民族传统体育项目，故其具有独特性且群众基础较广泛，这也是社团会在民族地区具有重要影响力的原因。从理论上阐释社团这种社会组织对于人们认识民族传统体育有很大帮助。

稳定的社会秩序是人们正常生活、社会正常运行的基础，随着现代社会的不断发展，社会在进步的同时面临着更多的问题与风险，这就需要加强对社会控制机制的研究，从而避免这些问题与风险带来的不良影响。

2. 民族传统体育与社会不平等

在民族传统体育与社会不平等研究领域，主要研究主题包括阶层化与社会流动、性别分层等。社会成员在社会系统中的地位存在一定的差别，社会不平等就是由这种地位的不同导致的，当然，这种不平等也是驱使社会发展的强大动力。在阶层化与社会流动研究中，重点研究内容如下。

第一，民族传统体育如何与经济不平等产生联系？

第二，不同阶级怎样与民族传统体育参与模式相联系？

第三，参与民族传统体育在何种程度上对参与者向上层社会流动有帮助？

此外，在性别分层研究中，重点研究内容如下。

第一，探讨一些民族传统拳种“传男不传女”的社会现象。

第二，尚武精神对男性气质及对女性的影响等。

研究民族传统体育与社会不平等的问题，具有以下两个方面的重要意义。

第一，能使人们对民族传统体育中的不平等现象及其根源有更清晰的认识。

第二，能使人们在参与民族传统体育锻炼的过程中缓解因不平等引发的积怨，认同或重新认识自己，明确自我定位。

3. 民族传统体育与社会制度

在民族传统体育与社会制度的研究中，民族传统体育与宗教、教育、家庭、政治、经济等的关系是主要研究内容。

第一，民族传统体育与宗教。民族传统体育与宗教的关系非常密切，如少林武术与佛教的渊源等。

第二，民族传统体育与教育。教育直接促进了民族传统体育的代代流传。学校是民族传统体育传承的主要阵地，学校教育是民族传统体育传承的重要方式，民族传统体育教学是学校体育教学的重要内容。

第三，民族传统体育与家族。在民间的武术传承中，家族的作用不容忽视，家族传承是武术传承的重要方式之一。

第四，民族传统体育与政治。民族传统体育的发展在一定程度上离不开政治因素的作用，政治对民族传统体育的影响表现在各个方面，如建立与废除武举制、明清实行禁武政策、晚清时期“强国强种”体育思想等，都对民族传统体育的发展产生了重大影响。

第五，民族传统体育与经济。民族传统体育与经济之间的关系在“穷文富武”之说中形象地反映出来。

4. 民族传统体育与社会变迁

从宏观社会、具体社会制度和规则中可以看出社会总是在不断地运动变化，从动态视角对民族传统体育与社会变迁之间的关系进行探讨，有助于人们对民族传统体育发展变化的规律有更加全面、深刻的认识。在该领域的研究中，主要研究主题包括城市化、现代化和全球化等。

第一，城市化主题。随着传统社会向现代社会变迁，社会价值观念和社会生活方式也都在向现代化转变，民族传统体育过去与人们的生活密切相关，世代相承，如今却很难再传承下去。当下，中国正经历着由稳定而静止的乡土社会转型为城乡二元乃至趋向都市化的社会形态，在未来相当长的一段时间内，城市化建设将是我国无法回避和不容忽视的重大社会转型问题。在中国城市化加速推进背景下，乡土社会的动摇与流动，使扎根乡野村落的民族传统体育发展面临前所未有的挑战。

第二，现代化主题。随着社会的进步与变迁，我国逐渐由传统乡村社会（以农业为主）向现代城市社会（以工业和服务业、高新技术产业与信息产业为主）转变，而很多民族传统体育项目都源于乡村，不适合在城市生活环境中开展，这就反映出社会变迁中民族传统体育传承的问题。毫无疑问，对民族传统体育文化进行城市化改造，能为其注入新鲜的血液，使其焕发新的活力。

第三，全球化主题。随着世界各地人们之间的联系日益密切，全球化局面逐渐形成，传统上各民族国家之间的国界和文化壁垒也被打破。同时，西方文化产品在世界每个角落流传开来，并对这些民族、国家、地区的优秀传统文化发展产生了巨大冲击。在全球化语境下，我国民族传统体育的传承同样面临着艰难的形势，需要克服各种障碍才能继续下去。

二、民族传统体育民族学研究

（一）民族传统体育民族学的产生与发展

体育作为人类社会的一项重要文化活动，在不同民族中表现出不同的文化特征。中国是一个统一的多民族国家，56 个民族共同孕育出了形态各异、丰富多彩的民族传统体育，使民族传统体育具有民族性、文化性和地域性的典型特征。广大学者已经在有意或者无意中，运用民族学的理论和方法研究民族传统体育的价值、功能、起源、文化特征等内容。早在 20 世纪初西方奥林匹克运动传入我国时，中西方体育文化就开始产生激烈碰撞，在“维护传统，保护国粹”的口号下，“土洋体育之争”的思潮兴起，以武术为代表的中华民族传统体育，成为部分爱国主义者对抗西方奥林匹克运动的工具。随后，在“强兵、强种、强国”的政治诉求下，政府给予了民族传统体育较大关注。孙中山把体育上升到民族兴衰和国家存亡的高度去认识，曾亲自题词“尚武精神”，以此激发民族精神，增强国民素质。尽管囿于时代的局限性，但从民族学视角研究民族传统体育，在一定程度上推动了我国民族传统体育的发展。中西方体育之争一直持续至今，西方体育文化逐渐占据上风，使我国民族传统体育的话语权不断削弱。

直到20世纪80年代至90年代，体育与民族学之间的关系才开始被国内学者重视，他们开始从民族学、人类学角度研究民族传统体育。谭华、胡小明、饶远、白晋湘、王岗、倪依克和陈青等代表性人物从不同视角对我国民族传统体育进行了较为深入的研究，取得了丰硕的研究成果，为民族传统体育的发展奠定了坚实的基础。然而，尽管我国学者已经开始运用民族学理论研究民族传统体育，但至今仍未形成较为系统的运用民族学理论研究民族传统体育的局面。

（二）民族传统体育民族学研究的成果

广大学者对民族传统体育进行了大量研究，具体如下。

白晋湘等运用进化论思想，对中西方体育文化差异进行了研究，认为“在长期的历史发展过程中，各民族创造了独特的具有民族风情的传统体育文化”，“中西体育文化特征的差异是由于同一种文化处在不同的发展阶段，本质上是农业文化形态和工业文化形态所表现出的差异”。

倪依克、胡小明分析了中西方体育产生的文化基础，提出“根植于农耕文化与海洋文化的中、西方体育，在各自不同环境下经过长期的发展，表现出迥然相异的特性，但二者之间也不乏相互借鉴、补充的成分”。

戴晓敏、刘壮对民族传统体育观念变迁进行了研究，认为“在全球文化多元的格局下，中华民族传统体育作为一种文化表现形式尚未得到足够的重视，这背后隐藏着近代以来社会观念中的进化论、西方中心论的影响”。

陈青对民族传统体育的区域性进行了研究，认为“区域民族传统体育与区域政治、地理、历史、宗教、价值和经济六种文化因素间存在着密切的联系”。

邱丕相等从“动作性质、技术指标、文化意蕴、审美情趣、价值追求、民族习性”六个方面，揭示了中国武术套路的文化学特征。

王岗在《质疑：“技击是武术的本质特征”》中，在对比中外武技发展历程的基础上，对武术本质特征进行了深入研究，提出了具有建设性的观点。他认为“中国武术是一个由简单不断走向复杂的过程，一个从‘技击’走向‘文化’的过程”。①

以上这些研究成果都很好地运用了民族学理论，为民族传统体育民族学研究提供了理论依据。

另外，一些学者的研究成果则体现了“播化学派”的思想。

饶远运用文化圈理论研究了亚洲民族文化的历史发展脉络，对亚洲体育和武技进行了考察，提出“亚洲体育文化的发生、演进和传播映照出古代东方文明博大精深的奇光异彩，呈现着与西方体育迥异的民族文化特质与价值特征”，“亚洲武技深蕴亚洲社会传统的宗法礼教观念和重人伦、讲武德、注重身心统一发展的民族文化特性”。

陈帅等认为，“中华大地不同的区域生态使民族传统体育历史地形成了不同的文化特征，这使中华民族传统体育文化生态圈的划构成为可能，其本质就是一个小型的区域社会，具有一般社会的结构和特征”。

白晋湘等对中国传统体育与民族舞蹈的历史渊源进行了研究，认为“中国传统体育和民族舞蹈作为民族文化中的一部分，是经过历史淘洗沉淀下来的两块文化瑰宝，虽然它们现在是有着明显区别的不同社会活动模式，但在其历史发展过程中是呈交缚、分化、吸纳、共生的关系向前推进的”。

王岗、田文波对中西方体育文化进行了分析比较，认为“在不同的历史进程中，娱乐和战争是中西方体育走过的不同发展之路，内敛与张扬是中西方体育不同的文化特质，愉悦和胜负则是中西方体育不同的外在追求”。

---

① 王岗．质疑:“技击是武术的本质特征”[J]．北京体育大学学报,2009(1):28－34.

田祖国等研究发现，“山寨民族传统体育丰富多彩，其产生发展与边寨的历史、军事、宗教信仰、生产劳动等紧密相连。各种活动都有其源远流长的历史，都带有鲜明的地域民族特色”。

上述研究成果说明，民族传统体育的形成与生态环境、地域文化特征有着紧密的联系，体现了文化圈理论。

而从历史学的视角研究民族传统体育，一直受到学者的重视。

谭华、苏肖晴认为，“民族传统体育经历了从原生形态到原生形态与次生形态并存这样两个发展阶段，其基本特征是它们与各自所依存的传统文化的同质性和鲜明的地域性、传承性”。

黄聪运用历史文献资料与考古等方法，对古代北方少数民族传统体育形成的影响因素进行了分析，认为主要有如下因素：“地理与自然环境、民族政治制度与组织形式、民族经济和生存方式、民族周边形势、文化认同和民族心理、民族政策、民俗与宗教信仰”。

涂绍生等研究了土家族民间体育的起源和发展，其成果体现在《试论湘鄂渝黔边区土家族民间体育的起源及发展》一文中。

梅杭强、邱丕相从人类社会发展的视角研究了武术套路形成的根源，认为“武术套路形成的主要根源首先是人的本能与中国社会的实践，其次是中国特色的社会历史与实践环境所决定的中国人传统的意识和思维”。

李延超等从人文地理的视角研究了民族传统体育的产生机制，认为“傣族传统体育文化特质的形成有其深刻的自然环境根源和人文环境根源。其中，傣族‘水文化’是产生这一文化异质性的核心因子，而民族传统体育则在文化的内涵与层次上充实和丰富了傣族‘水文化’，二者在物质流动与能量流动的交互与共生中协调发展”。

从民族文化、生存方式、地理环境等方面，研究民族传统体育的起源和发展，对丰富民族传统体育理论有着重要帮助。

对于民族传统体育的研究，在探讨其起源、产生机制、文化特征等问题的同时，我国学者尤其重视运用历史功能学派的理论，挖掘民族传统体育的国家地位和社会责任。

饶远等研究了民族传统体育政策，认为从民族传统体育政策中“可以透视出维护民族团结、推进各民族共同发展的基本思想与执政理念”。

芦平生在研究西北少数民族传统体育时，指出“西北少数民族传统体育文化的社会价值在于增进民族团结、社会稳定与政治统一，提高国民素质，促进社会经济的发展和民族地区的复兴”。

白晋湘认为，“民族传统体育文化既应该是我国政府体育公共服务的重要内容，也应该作为政府体育公共职能的重要手段得到强化”。

王岗认为，“武术的发展应以继承民族文化和弘扬民族精神为使命，应以张扬个性为目标，以迎合大众为主导，坚持以全民办武术为发展途径”。

杨建营、邱丕相认为，武术发展应该符合“传承民族文化，弘扬民族精神的时代大潮，将重心转向武术教育，通过彻底改革武术教育体系，将其打造成培育民族精神的实践途径；对外立足于增强文化软实力，展示和平崛起的中国形象的实际需要，成为传播中国文化实践的具体载体”。

众多研究成果表明，民族传统体育发展一定要符合国家发展的时代潮流，承担起塑造国家形象、提升国家文化软实力、促进民族团结的责任。唯有如此，民族传统体育才能服务于社会和国家建设，才具有发展的生命力。

特别是在民族传统体育中占据重要地位的中国武术，引起了一大批学者的重视，这些学者从多样的视角对优秀的中国武术文化进行了研究。其研究成果主要有王岗的《中国武术文化要义》，邱丕相的《武术文化传承与教育研究》，温佐惠、陈振勇的《巴蜀武术》，周伟良的《中国武术史》，郭玉成的《武术传播引论》，晁改英、戴国斌的《太极拳锻炼空间的口述史研究》，郭志禹的《中国地域武术文化现代阐释及其发展趋势研究》和陈威等的《近代以来社会变迁下的武术活动——基于一个武术之乡的研究》等。

总之，对民族传统体育民族学的研究，已经取得了丰硕的成果，基本形成了以王岗、邱丕相、陈青、饶远、谭华、白晋湘、倪依克和胡小明等为代表的民族传统体育研究学者群体，并出版了大量学术专著。例如饶远、刘竹的《中国少数民族传统体育文化通论》，胡小明的《体育人类学》，王岗、王铁新的《民族传统体育发展的文化审视》，倪依克的《论中华民族传统体育的发展》，谭华的《中华民族传统体育文化的形成与现代化研究》，白晋湘的《民族民间体育》，罗玲、李因霞的《黔南民族体育》，朱国权的《云南彝族传统体育文化》，陈青的《民族体育跨文化融合》，北京市民族传统体育协会、北京体育大学主编的《民族传统体育集锦》，韦晓康、张延庆的《少数民族传统体育与文化传承》等。学者们从学科基础理论、少数民族身体运动游戏、竞技的人类学、民族传统体育及体育与人类发展等各方面，探索并正在形成具有自身特点的研究方法，发展体育的新兴学科，建构人类学/民族学的年轻分支。

纵观以上研究成果，虽然至今仍未形成较为系统的运用民族学理论研究民族传统体育的局面，但是众多学者已经依据进化论、播化论、文化相对论等民族学理论，运用跨文化比较、田野调查、历史文献等研究方法，对中国武术进行了较为深入的研究，为民族传统体育民族学的研究奠定了坚实基础。

（三）民族传统体育民族学研究的方法

1. 历史文献研究法

对历史文献的利用和研究是历史学研究的主要任务，民族学在研究的过程中，也经常用到历史文献研究法。尽管民族学与历史学都以人类社会为研究对象，都希望通过对文献的研究获取人类社会发展的规律，但二者对历史文献研究法的应用有一定的区别。从时间上看，“民族学研究的重点在于分析和说明当代的人类社会，而历史学的重点则是人类社会的过去”。从研究方法上看，民族学的重点在于通过对文献的解读，发现社会的发展规律；而历史学则是通过对文献的解读，了解历史的真相。因此，与民族传统体育民族学相关的研究中对历史文献研究法的运用，也具有了民族学中此研究方法运用的特点。

民族传统体育的产生、发展与民族历史的发展有着密切的联系，因此，对于民族传统体育文化现象的研究，离不开对民族历史文献的解读和把握。历史文献研究法也成为民族传统体育研究的重要方法之一。在利用历史文献研究法研究民族传统体育时，首先，应对文献的种类和范围有清晰的认识。民族传统体育大多与民族的节日、风俗习惯、生活方式、宗教祭祀等活动有关，因此对民族传统体育历史文献的搜集应包括各种史书、典章、人物传记、家谱和地方专史类的方志，官方保存的档案等。由于“民族学中对历史文献的搜集和利用，往往与单纯的历史学研究方法有所不同，这种不同主要在于民族学一般运用历史溯源法，由古到今，逆时间顺序而上，以解释现实社会中的某一问题、某一现象为出发点，找出这个问题或现象的历史渊源”，因此对民族传统体育历史文献的搜集和整理也具有很强的现实性。例如民族传统体育与文化认同的问题、民族传统体育与惠及民生的问题、民族传统体育与文化多样性保护之间的关系等。其次，对民族传统体育历史文献的搜集可以通过查阅专著、电子数据库、报纸和杂志、前人发表的研究成果等方式进行，以提高研究效率。最后，将搜集到的文献进行汇集、归类和排序，为下一步研究做好准备。

在做好文献的收集、整理工作后，对历史文献的考释和使用也是研究民族传统体育的关键步骤。记载民族传统体育的文献大多来源于野史、传说或者是经过多人辗转传抄，甚至被加入作者自身的观点，由此产生的民族传统体育历史文献有多个不同版本，部分内容是散乱的、错误的，甚至是虚假的。不加甄别地盲目利用搜集到的文献可能会得出错误的结论，甚至影响人们对民族传统体育真实性的把握。因此，对民族传统体育历史文献的考证、注释、分析，就成为民族传统体育研究很重要的组成部分。

对民族传统体育历史文献的考证要去伪存真。在古代，不同民族的社会发展水平不尽相同，人们对世界的认识水平有限，导致民族传统体育的文献记载往往带有很强的主观性，甚至是错误的或者是有偏见的。因此，对民族传统体育历史文献应用现代的眼光，对文献的真实性、可信度做出正确的判断，剔除荒诞不经的、虚假的文献，留下能真实反映民族传统体育历史的文献。另外，在考证民族传统体育历史文献的基础上，还要对文献进行分析。在还原历史真相的同时，要对文献蕴含的内容进行由表及里的深入分析，并在结合所掌握的各种不同文献的基础上，对文献进行全面的研究，把握文献的本质特征，为研究民族传统体育服务。

2. 跨文化比较研究法

跨文化比较研究法主要是指对两种或两种以上的不同社会文化进行比较研究，可分为广义的跨文化比较和狭义的跨文化比较。自民族学产生时起，跨文化比较研究法就被广大学者有意或无意地使用着。无论是对单一民族的研究，还是对不同民族之间的研究，都要运用比较研究法。可以说，跨文化比较研究法贯穿民族学研究的整个过程。所有民族学的比较研究都可以被称为“广义的跨文化比较”，而狭义的跨文化比较则主要是指默多克等建立的引入统计分析手段的跨文化比较。由于民族学研究不同于自然科学，对民族资料的描述受文化环境影响较大，因此“在结构主义者看来，跨文化比较并不是建立某种理论或检验某种假说的方法，而仅仅是解释人类文化基本结构的手段”。列维·斯特劳斯在《亲属的基本结构》一书中指出：考察多种不同社会文化是为了解释其已有的这种假说，而不是为了通过比较研究归纳出某种理论或者法则。国内学者李亦园认为，跨文化比较研究法的“基本前提是以全世界各种不同文化为样本，搜集其资料做比较研究，以便检验对人类行为的假设”。

运用跨文化比较研究法研究民族传统体育，对民族传统体育的发展有着重要作用。民族传统体育诞生于不同的民族中，而不同的民族由于自然环境、文化环境的差异，会形成不同的社会结构特征。对不同民族之间的民族传统体育进行研究、对比，可以发现不同的社会结构特征，对了解不同民族的风土人情有着重要作用。我国地域辽阔，少数民族众多，民族传统体育带有很强的地域性。例如，东北与内蒙古地域文化形成的民族传统体育、西北地区的民族风情与民族传统体育、西南地区的民族传统体育、中南地区与东南地区的民族传统体育。如果对不同地域、不同民族、不同民族传统体育项目进行比较，可以发现不同地域或民族的文化特征，这也是了解不同民族风俗习惯的一个有效窗口。

民族学的跨文化比较还关注普遍性事物，有重视理论与事实相结合的倾向，其代表观点为默多克的跨文化比较研究法。默多克认为，民族学中的比较“既有以相邻的几个民族或一定文化区域为对象的比较研究，也有以整个人类社会为对象的比较研究，又有文化的单一项目比较和文化多侧面的比较研究”。可以运用跨文化比较法展开对民族传统体育与其他国家体育的研究，如对中西方体育文化之间的比较，其成果有《中西体育文化比较——兼论“入世”与我国民族传统体育文化的发展》《从中西体育比较看中国传统体育的发展趋势》等。特别是在体育全球化的背景下，西方强势体育文化不断同化着我国民族传统体育文化，严重影响着文化多样性和文化个性。因此，基于对国家文化安全和世界文化多样性保护的战略目标，研究中西方体育文化之间的异同，不仅可以为民族传统体育提供发展的依据，而且可以扬长避短，弘扬民族传统体育文化，为国家文化安全作出贡献。

3. 实地调查法

实地调查法是指“经过专门训练的民族学工作者亲自进入民族地区，通过直接观察、具体访问、住居体验等方式获取第一手研究资料的过程”。民族学建立初期，为了实现服务于国家经商、传教、政治统治的目的，民族学家研究的对象往往是处于原始社会或者初级社会的土著民族，而很少有文献资料记载这些民族。于是，想要了解他们只能通过实地调查法获得相关资料。因此，民族学从建立初期到形成各种学派，都应用了实地调查法。

20 世纪上半叶时，马林诺夫斯基对实地调查法进行了创新，开创了“参与观察”的方法，要求民族学者亲自进入某一民族地区，融入到该民族人民中，并尽可能地成为该民族人民的朋友，以便获得真实的一手资料。这使实地调查法成为民族学领域不可或缺的研究方法，我国民族学在建立时就非常重视实地调查法。在中华人民共和国成立初期，民族学家运用实地调查法结合我国社会的现实情况，对我国民族识别和民族调查作出了重大贡献。作为民族文化重要组成部分的中华民族传统体育，由于产生在不同的民族地区，与各民族的生活方式、风俗习惯、宗教信仰等紧密结合在一起。因此，实地调查法也是研究民族传统体育的重要研究方法，其可以分为参与观察、个别访问、自传调查等方法。参与观察法是指通过参与被研究者的生产与生活而对其进行研究。这种方法又可以分为完全参与法和完全观察法两种。完全参与法是指观察者真正参与研究对象的生产与生活，成为他们的一分子。采用完全参与法研究民族传统体育，首先，要求研究者身临其境，对当地的地理环境、自然条件、风俗习惯、生活方式等方面进行全面观察，甚至要多人相互合作、多次反复观察，尽可能做到细心、深入、全面。其次，要求观察者会当地语言，在当地居住至少一年时间，与当地人一起生活，尽量让自己成为“合格的当地人”。尤其对于有些民族传统体育，其在民间有着严密的组织结构和传承制度。针对这些民族传统体育项目，应根据实际情况决定是否告知被研究者研究实情，以便获得更真实的一手研究资料。完全观察法则是指“研究者在观察被研究者生产与生活时总是以一个外人的身份观察发生的事情”。对于有些民族传统体育，如节庆体育，研究者就可以采用完全观察法观察其整个过程。总之，研究者应根据实际情况，灵活机动地采用两种参与观察的方法，为研究的顺利进行服务。

个别访问法是指深入实地，面对面地与受访对象进行交流，获取一手的研究资料。受访对象可以是个人或者组织团体。访问可以是正式的，访问者与受访对象约定合适的时间，根据研究的需求，有目的地设定访问提纲和内容并推进访问进程，以便获得需要的研究资料；也可以是非正式的，访问者通过与受访对象聊天，获取受访对象的资料。

在访谈过程中，访问者可以通过笔记、录音、录像等方式，准确地记录与受访对象的谈话内容，切忌不能反驳受访者的观点或者对其进行批评，也不能按照自己的意愿对谈论内容进行篡改或者臆断，否则会直接影响调查材料的真实性。

自传调查法是指以个人为调查对象，全面记录其生平经历。通过对个人的调查，不但可以全面反映出个人从事民族传统体育的历史，而且可以反映出民族传统体育发展的历史。例如，对某一位传统武术大师进行调查，可以从其日常行为中获取拳种发展的相关信息。运用自传调查法的难度在于调查者在调查过程中，要尽量和调查对象搞好关系，最好在和其成为朋友的前提下获得更深入的研究资料。

实地调查前还需要做好调查准备。首先，应确定研究主题，制定调查或访谈大纲；其次，应熟悉调查地区的地理环境、交通、气候、人文环境、生活方式和风俗习惯等；最后，做好物质条件准备，在进驻调查区之前，要准备好调查需要的地图、笔、纸、录音笔、记录表格、证件、生活用品和礼品等，做到有目的地进行调查研究。

总之，以上几种方法是民族传统体育研究常用的方法，而推理演绎法、口述法等多种研究方法也常被民族传统体育研究所采用。尤其在学科融合日益频繁的当下，民族传统体育民族学研究方法交叉现象比较明显，研究者可以根据实际需要，采用多学科的研究方法，服务于民族传统体育的研究工作。

（四）民族传统体育民族学研究的领域

1. 民族传统体育民族学研究的理论与探索

民族传统体育基本理论是指在民族传统体育学科体系中具有普遍性、稳定性、根本性的原理，对民族传统体育研究有着重要的指导性作用。我国民族传统体育学科由于建立时间短，基本理论研究还比较薄弱。尽管一些学者对民族传统体育基本理论给予了较大关注，也对民族传统体育的基本概念进行了探讨，但民族传统体育基本理论研究仍存在着一些问题，如民族传统体育概念混乱、研究对象及研究任务模糊等，这些问题极大地阻碍了民族传统体育学科的进一步发展。因此，民族传统体育基本理论研究应该成为民族经济体育研究的主要内容。而从民族学的视角，运用民族学的理论，对民族传统体育的基本概念、学科性质、研究对象、研究任务等方面进行学理上的解释，可以为民族传统体育的研究提供理论支撑。

中国多民族国家性质使民族学研究具有本土化的特征。原本产生于西方的民族学，在与中国社会发展相结合的过程中，改变了民族概念的内涵和外延。“民族”一词已经不是西方民族学表达的含义。因此，从中国社会的实际出发，在中国化的民族学语境下研究民族传统体育、少数民族传统体育、民俗体育的概念具有重要的意义。另外，运用民族学理论研究民族传统体育的任务、功能等问题。例如，把民族传统体育发展、少数民族传统体育运动会提升至民族关系、民族国家建设的高度去认识，研究民族传统体育的政治功能及学科定位等问题。总之，站在民族学立场研究民族传统体育基本理论，不仅可以为民族传统体育学科的发展提供新的视角，也可以为民族传统体育学科体系的完善提供理论支撑。

2. 民族传统体育的起源与发展研究

中国是个统一的多民族国家，有 56 个民族，有 977 项民族传统体育项目。其中，少数民族的传统体育项目就多达 676 项。丰富多彩的民族传统体育与民族文化、生活、节庆活动等紧密结合在一起，共同形成了灿烂的民族传统体育文化。不可否认，每个民族由于地理环境、生活方式、宗教信仰等方面的差异，开发了形态各异的民族传统体育项目。这些民族传统体育项目体现着独特的民族文化色彩，同时反映出民族的历史、文化和风土人情，是一个民族的文化记忆，更是一个民族存在的文化根基。因此，研究民族传统体育的起源、形成因素、传承模式、发展路径等问题，成为民族传统体育研究的重要领域。

因此，对民族传统体育起源的研究，主要从民族传统体育与生产劳动、生活节律、军事训练、宗教信仰、种族繁衍和经济活动等方面的联系入手。然而，在我国民族发展的历史中，民族之间的融合也较为常见，不同民族之间“大杂居、小聚居”的特点，使民族传统体育起源呈现多源、多流、多渠道的特点，为研究民族传统体育起源带来了诸多困难。另外，受生产力发展水平及认知世界能力参差的限制，以及民族传统体育历史资料匮乏的影响，民族传统体育的起源往往被蒙上神秘的面纱。

根据民族传统体育产生的特点，运用播化学派、文化进化论学派、历史功能学派的相关理论，以历史文献的方法，结合不同民族的历史，可以研究民族传统体育产生的背景、文化成因、生态环境，以及不同项目之间的联系等内容，也可以研究不同地域民族传统体育产生的文化基础、形成特点，以及各民族传统体育项目或项目群之间的文化特征等内容，进而可以为与民族传统体育起源相关的研究提供新的思路，为了解民族文化提供活态的载体。然而，研究民族传统体育的起源，其目的还是使民族传统体育得到更好的传承和发展，满足于当下社会需要。尤其在全球化进程不断加快的大背景下，民族传统体育的发展受到了极大影响，研究民族传统体育传承和发展就成为当务之急。因此，针对不同的民族传统体育项目，从民族学视角研究民族传统体育与文化生态环境的关系，民族传统体育与民族变迁，民族传统体育文化遗产保护，民族传统体育与民族经济发展，民族传统体育在全民健身中的地位、作用，民族传统体育惠及民众、民生等问题，能为民族文化繁荣、经济发展和世界体育文化贡献一份力量。

3. 民族传统体育的文化价值研究

文化作为人类社会的一种独特现象，对人类的发展有重要的导向作用。不同民族的文化对某一地区的长治久安有重要影响。民族传统体育作为民族文化的重要载体，体现着一个民族的生活生产方式和思维习惯。民族传统体育形式多样、内涵丰富，对民族传统体育的研究一直是我国体育研究的重要内容，特别是对少数民族地区的民俗体育、民间体育、节日体育、村落体育等方面的研究。因此，从民族学的视角，运用民族学的理论和方法，对我国丰富多样的民族传统体育进行研究，发现其运行的文化规律，挖掘其存在的时代价值，服务当今社会的发展，是民族传统体育发展应该承担的责任。研究可包括民族传统体育文化与国家文化软实力、民族传统体育文化与国家形象塑造、民族传统体育文化与国家文化话语权、民族传统体育文化与民族自信、民族传统体育文化与民族精神、民族传统体育文化与全民健身、民族传统体育文化与民族经济及民族传统体育文化与民族文化多样性等方面。

三、民族传统体育艺术学研究

（一）体育艺术学研究的进展

1. 国外体育艺术学研究

从艺术与美的关系来看，并不是一开始就有关于体育艺术学的研究，而是随着体育美学研究的发展，才有了对体育艺术学的研究。20 世纪 50 年代初，国外一些学者开始研究将美学应用于体育领域。1950 年，日本学者西田正秋发表《体育美学的提倡》一文，这标志着体育美学研究正式开启。随后，日本、欧美和苏联的学者相继研究体育美学，并发表了大量专业性论文和专著。具有代表性的研究成果如下。

1963 年，《体育美学》专著在苏联出版，该专著的作者是弗连金，其从广义的“身体文化”视角对体育中的美进行了深入探讨；

1966 年，《健康美学》《美的比例》相继出版，这些著作强调运用美学开展体育研究与体育活动；

1971 年，日本出版了《体育美学》（松田义之著）；1973 年，日本又出版了《体育美学》（小林信次著），这两本著作都侧重于从理论视角研究学校体育。

在体育艺术学的建立与发展中，以上著作都起到了非常重要的作用。

现在，体育已步入美学研究范畴，这说明美学的出现动摇了传统体育概念的稳定性。随着体育现象的不断改变，体育的概念也发生了相应的变化。

体育可以是艺术。历史上最初不被认为是艺术的东西有很多，但现在都被看成是艺术，且得到了广泛的认同。例如，传统宗教仪式在现代社会中就是一种特殊的艺术。体育存在偶然性，因而也具有一定的戏剧性，其被现代艺术接受，拓展了艺术概念的外延。

2. 我国体育艺术学研究

我国对体育美学的研究相对较晚，最早出现在 20 世纪 70 年代末。

20世纪80年代初，中国体育科学学会体育理论科学学会成立了体育美学专业组，一些大专院校和体育学院也陆续开设了体育美学选秀课。近年来，有关体育美学研究的论文和著作大量涌现。其中，具有代表性的著作有胡小明的《体育美学》（1987）、金大陆的《体育美学》（1990）、刘慕梧的《体育美学》（1992）等。这些著作主要探讨了体育美学的本质和特征、种类和形式、美感和艺术性，以及体育中的审美教育等，这些内容的研究在完善我国体育美学科学体系方面具有重要作用。

随着艺术学的不断发展，我国体育艺术研究日渐丰富，并出现了大量的相关研究成果，如曲健的《论体育与艺术双向融合的文化内涵》、胡小明的《论体育与艺术的关系》、金文轩的《论艺术与体育》、孙会山的《现代社会体育与艺术的关系与应用》、胡飞燕和左从现的《新时期对艺术体育的研究》，以及李敏的《体育艺术基本理论与学科建设初探》等。

以上体育艺术的研究成果对体育与艺术的关系进行了全方位的深入探讨，具体分析如下。

卢元镇在《体育人类学》一书中提出，体育的发展需要艺术。艺术渗入体育，体育的宗旨与功能因此而不断完善，体育的内容因此而日益丰富，体育的形式因此而得到美化，体育的魅力也因此而更加迷人。

胡小明在《论体育与艺术的关系》一文中指出，体育是人类创造的一种有意识塑造和美化自己身体的社会实践活动，艺术则是审美意识集中物态化的鲜明表现。体育与艺术在历史长河的萌芽状态中同源，后来被文明的力量分为不同的支流，当在美学的指引下走向未来时，它们又将融汇在一起良性互动、协同发展。胡小明认为，当代体育活动已经不仅是锻炼身体、增强健康的方式与手段，更是一种高品质的现代生活方式，其反映了社会个体、群体、物种的精神面貌和文明水准。人们在体育活动中感受美、欣赏美、表现美、创造美，将美学引入体育研究领域，更能发现体育之美。随着研究的不断发展，体育越来越离不开艺术。美学是联结体育与艺术的纽带，对体育的“艺术化”实践具有指导性作用，讨论体育与艺术及美的关系，能使体育事业的发展更加美好。①

曲健在《论体育与艺术双向融合的文化内涵》一文中提出，体育与艺术原本是两种相互独立的文化形态，它们的性质截然不同。但随着历史文化的不断发展，体育和艺术相互靠近、汇合，并呈现出了进一步融合的趋向。现在，体育与艺术相互渗透的范围越来越大。而且随着现代科技的飞速发展，这个领域仍会继续扩大，纯体育和纯艺术的领域会越来越小，二者中间会插入体育—艺术的混合领域。在这个领域中，体育与艺术相融合的形式有很多。这些形式不是纯粹的体育，也非纯粹的艺术，而是二者的相互渗透，体育的特性、艺术的特性在这些形式中都有体现，这是体育运动与艺术文化长期影响、作用的结果。②

金文轩在《论艺术与体育》一文中指出，体育与艺术本质上存在区别，体育运动以身体为媒介，以运动为手段，目的在于增强体质、改善身体形态、愉悦身心；艺术以物质材料为媒介，以抽象、概括现实生活为手段，目的在于表达思想情感、满足审美需要。二者的区别主要从运用的物质材料及手段方面体现出来。但二者也有共性，主要体现在所要达到的“娱乐”与“审美”目的上。体育与艺术都是教育的重要成分，在培养全面发展的高素质人才方面都具有重要的意义与作用。金文轩以体育与艺术相互渗透、相互作用的结果为依据，初步将“体育艺术”和“艺术体育”的新词汇提了出来。③

魏丕勇和于涛在《体育与艺术关系的研究综述》一文中指出，从艺术的发展史来看，艺术的内涵与外延都在不断变化，中国艺术与西方艺术的发展史都是从技能领域向纯粹精神转化的过程。现代意义上的艺术真正确立是在19世纪以后，但仍有像后现代艺术这样的新艺术形式不断生成，这也是艺术发展的普遍规律。随着社会的不断进步，体育被纳入艺术范畴中

① 胡小明．论体育与艺术的关系[J]．体育科学,2008(10):3－8.

② 曲健．论体育与艺术双向融合的文化内涵[J]．艺术教育,2005(5):158＋123.

③ 金文轩．论艺术与体育[J]．青海师专学报(社会科学版),2001(4):85－87.

也是有可能的。①

胡飞燕和左从现在《新时期对艺术体育的研究》一文中提出了“艺术体育”的概念。他们指出，从狭义视角来看，艺术体育是指以音乐、舞蹈为基础，以身体活动为手段的大众健身活动；从广义视角来看，体育即艺术，而艺术体育是体育的重要组成部分，集中体现了体育与多种艺术的结合，这也是体育发展中艺术、美学不断融入的必然结果。②

李敏在《体育艺术基本理论与学科建设初探》一文中研究了“体育艺术”的广义与狭义概念，指出从广义视角来看，体育及体育相关领域的各种各样的艺术现象和艺术化体育运动总称为“体育艺术”。体育艺术是一门交叉学科，由体育与艺术汇合而成，是体育学与艺术学融合、深化的结果，是一个新的学科层次，是体育学科的组成部分，也是艺术学科的组成部分。从狭义视角来看，体育艺术是以有组织的、有节奏的身体练习为基本手段，体现人的运动能力，促进人的全面发展，并包含艺术元素的社会体育文化活动。李敏将“体育艺术”分为“体育作为艺术素材的体育艺术”“艺术作为体育元素的体育艺术”两种类型。李敏还指出，前一种体育艺术包括体育摄影艺术、体育文学艺术、体育雕塑艺术、体育建筑艺术、体育音乐艺术等内容。③

近年来，我国体育艺术的研究仍在不断发展，具有代表性的重要研究成果有李敏和马鸿韬的《体育艺术基本理论体系构建——“体育艺术”概念辨析》、程卫波和于军的《体育与艺术的关系演进之管窥——身体社会学视角》、李芳的《体育艺术与其他艺术的多元比较研究》、王雷的《我国体育艺术学学科理论框架构建》等。这些研究主要从学理上解读体育学与艺术学的关系，并从形式和内容上对比分析了体育与艺术的内在关系，这是新的研究视角，可以为其他研究者提供新的启发和理论指导。

随着研究成果的大量涌现及研究的不断深入，体育与艺术在本质上的

① 魏丕勇，于涛．体育与艺术关系的研究综述[J]．体育文化导刊，2002(1)：11－13.
② 胡飞燕，左从现．新时期对艺术体育的研究[J]．山东体育学院学报，2006(5)：42－44.
③ 李敏．体育艺术基本理论与学科建设初探[D]．北京：北京体育大学，2007.

联系越来越清晰，这对于人们深入探究体育中的各种艺术相关问题具有很大的帮助，如体育的艺术特征、艺术表现、艺术价值、艺术精神等。

（二）民族传统体育艺术学研究的进展

目前，随着民族传统体育的快速发展，与其相关的研究呈现多元化的趋势，而艺术学的研究逐渐成为新的研究热门，产生了较多的关于民族传统体育艺术学的研究成果。

例如，鄢锋等的《论民族文化艺术与民族传统体育》（2013）、洪辅国的《将少数民族传统体育融入现代体育艺术教学》（2013）、胡斌的《中国民族传统体育的文化发展与艺术表现》（2012）、李双俊的《中国民族传统体育与舞蹈特征的比较研究》（2012）、胡斌的《中国民族传统体育的文化发展与艺术表现》（2012）、李湘远等的《广场民族传统体育表演项目的基本特征及其发展的艺术优势》（2004）等。

鄢锋、洪玫和金晓峰在《论民族文化艺术与民族传统体育》一文中，通过对民族音乐、民族舞蹈与民族美术等方面的分析，认为以民族音乐、民族舞蹈和民族美术为代表的传统文化所蕴含的思维方式、价值观念，甚至行为准则，每时每刻都在影响、制约着民族传统体育的发展。随着时代的变迁，当代世界文化交流方式和渠道日益多样，不同民族传统体育项目迅速规范化、科学化、社会化。作为一种民族文化形态，民族传统体育的张力已经远远超出其最初的祭神娱鬼、强身健体、娱人身心的范畴，其传统内涵的演化，标志着日益发展的社会已经赋予它展现民族精神、弘扬优秀传统文化、倡导新的道德观念、推动民族地区物质文明建设和精神文明建设等崭新的社会职责。①

洪辅国在《将少数民族传统体育融入现代体育艺术教学》一文中指出，体育艺术是通过体育与艺术相结合的特殊模式，实现“体育科学精神”“体育人文精神”“体育美学精神”的相互融合，实现育体、育人、

---

① 鄢锋，洪玫，金晓峰．论民族文化艺术与民族传统体育[J]．成都体育学院学报，2013(8)：36－38.

育心的全人教育。我国的民族传统体育不是单纯的艺术形式，而是体育艺术、舞蹈艺术、音乐艺术、绘画艺术和语言艺术等多维艺术的综合表现，是集音乐、文化、美学于一体的民族传统体育遗产。将少数民族典型代表的传统体育开发、整理、创新后引入体育艺术课程，不仅能极大地丰富课程内容，而且能弘扬中华民族的体育精神，形成中国特色的民族传统体育，使中国体育在世界体育界占有一席之地。①

李双俊在《中国民族传统体育与舞蹈特征的比较研究》一文中，从多学科的角度对民族传统体育与舞蹈的特征进行比较研究，提出“在民族传统体育项目里注入音乐、故事情节、服饰等，增强项目的观赏性和艺术性特征，以使民族文化生生不息、源源不断更好地发展”的民族传统体育艺术发展的设想。②

除了这些宏观的研究，也出现了民族传统体育项目的艺术学研究成果，主要集中在武术、舞龙、舞狮等比较具有代表性的民族传统体育项目。其中，中国武术的艺术学研究成果占大多数。

例如，胡小明在《中国古典美学与武术》一文中指出：“中国古典美学在其终结阶段，深深地浸润中国古代武术，从表现形式上，反映出若干特殊的美学内容为中国武术所吸收。”这些独具特色的美学范畴、概念、术语深深地渗入中国武术的范畴，表现有“气”“韵”“意”“形”“神”，阳刚与阴柔的“虚实”“动静”“开合”等。同时，又以古典美学的基本特征为依据概括出了中国武术的主要审美特色：一是“强调美与善的统一”，二是“追求内在含蓄的表现”，三是“追求人与自然的和谐”。倘若从艺术的视角分析，这些内容不仅赋予了中国武术美的特征与内涵，实际上也使中国武术成为一种艺术的必备要素。美是构成艺术的基本条件，中国武术正是因为具备了审美的特性才可以被称为“艺术”。③

---

① 洪辅国．将少数民族传统体育融入现代体育艺术教学[J]．内江科技，2013(3)：203-204.

② 李双俊．中国民族传统体育与舞蹈特征的比较研究[J]．武汉体育学院学报，2012(5)：89-92.

③ 胡小明．中国古典美学与武术[J]．体育科学，1990(10)：3.

王资鑫在《试论中国武术的艺术性》一文中指出："艺术性是中国武术固有的不可忽视的宝贵性质。"作者对中国武术的艺术性进行了阐述，认为"武术艺术美的创造，本质上是人类自身活动的创造，是历史的产物，它有一个从实用到审美的发展过程"。同时，从中国武术艺术性和技击性"相互融洽，不可分离，相辅相成，融为一体"的辩证关系角度肯定了中国武术的艺术发展并非对中国武术的"扭曲"，相反，"中国武术的艺术性是具有技击性实践意义和功放性特点的固定属性"，应当"在注重技击性的基础上，大力提倡和发扬中国武术的艺术性"。①

刘占鲁和苏长来在《武术套路是技击的艺术化》一文中指出，"艺术性是武术套路的本质属性所在"，"艺术是特定的社会生活在人们头脑反映的产物，塑造形象、反映现实，表现作者思想感情是艺术的特性，套路作为中华民族对技击格斗术的艺术再创造"。②

程大力在《完美：再论中国武术与中国艺术》一文中指出："武术不是纯体育，不是纯运动，也不是纯杀人术。武术是一门艺术。"在文中，程大力从艺术并非以实用为目的的角度对中国武术进行了艺术的定位，他认为"艺术不是吃喝用的东西，艺术不必有什么实用目的。艺术本身就是目的"。因此，"纯艺术化的武术虽然脱胎于实战，但不必一定要作用于实战，在实战中实现价值。作为一种艺术，它自身可以外在于实战而相对独立发展"。③ 同时，程大力在《神韵：中国武术与中国艺术》一文中指出，"泛艺术化的中国文化，使得中国许多的文化形态存在浓厚的艺术化倾向"。在他看来，中国武术也存在着"艺术化倾向"。他以中国艺术普遍存在的"神韵"这一特征作为切入点，对中国武术可以被称为"艺术"这一说法进行深入论证，并认为"亦如追求中国艺术般只能靠感悟和体验，只可意会不可言传的'神韵'之类，武术便和其他艺术一样，往往无法用具

① 王资鑫．试论中国武术的艺术性[J]．成都体育学院学报,1983(12):16－19.
② 刘占鲁,苏长来．武术套路是技击的艺术化[J]．体育学刊,2003(2):63－65.
③ 程大力．完美:再论中国武术与中国艺术[J]．搏击·武术科学,2006(8):1－4.

体的、量化的指标来衡量优劣”。①

陈春娣和乔凤杰在《作为艺术的武术》一文中，也对艺术武术的成因和武术艺术的功能进行了论述，提出了“人的心理需求成就了武术的艺术属性”和“人的审美态度强化了武术的艺术功能”的学术观点，这无疑是对中国武术的艺术功能的肯定。②

此外，还有孙汉香和张继生的《武术运动中的美学特征》（2000），赵铃的《中华武术的纯艺术化倾向》（2002），王锐的《艺术视野下中华武术美的要素分析》（2007），郭玉成的《武术的属性：文化性、艺术性、体育性》（2007），吴松、王岗和张君贤的《武术意象：一种典型的艺术化物象——对中国武术艺术理论的初探》（2012），马文友和邱丕相的《论武术的艺术化发展趋势》（2010）、《当代武术的艺术化解析》（2013），吴松、王岗和朱益兰的《武术意境——中国武术艺术理论初探》（2013），等等。

在舞龙、舞狮运动中，也出现了艺术学研究的成果。

杨爱华和李英在《中国舞龙运动审美艺术特征的研究》一文中指出：“舞龙运动是一项愉悦、喜庆、健身的民族传统体育活动，具有较高的审美价值、历史价值和研究价值，表现出‘北刚南柔’‘壮美与秀美’的美学风格，从不同的角度展现出力量美、造型美和动态美的审美艺术特征。”③

姜熙和朱东在《舞龙运动的艺术形态学阐微》一文中，从艺术形态学这个全新的角度，对舞龙运动中体现出的“点”“线”“面”“平衡”“形式美法则”五个方面进行了形态学上的研究，揭示了“舞龙运动是通过舞龙者不同的身体动作，使龙珠、龙体展现出各种点、线、面，从而运用这些有着不同艺术形态学表现力的点、线、面去勾画出各种运动画面，展示出其特有的运动规律和美学特征”。④

这些研究成果的出现，丰富了民族传统体育的研究内容，为民族传统

① 程大力．神韵：中国武术与中国艺术[J]．搏击·武术科学，2005(7)：1－4.

② 陈春娣，乔凤杰．作为艺术的武术[J]．体育科学，2007(6)：77－81.

③ 杨爱华，李英．中国舞龙运动审美艺术特征的研究[J]．解放军体育学院学报，2003(2)：11－14.

④ 姜熙，朱东．舞龙运动的艺术形态学阐微[J]．搏击·武术科学，2007(7)：74－76.

体育科学化、现代化的发展提供了重要的理论依据和支撑。

（三）民族传统体育艺术学研究的领域

1. 民族传统体育的艺术本体问题的研究

当人们在探究有关艺术的话题时，“什么是艺术”是最先遇到的问题，这其实是关于艺术本体的问题。诚如陈望衡所说：“艺术的本体是艺术之所以为艺术的根本道理。”可见，艺术的本体论是艺术学理论中的一个核心问题。对于艺术而言，对客观世界的“再现”与“模仿”是艺术本体在形式上不可或缺的内容。与此同时，发生在主客体之间的情感世界的相互交融，也是艺术本体在精神层面上的一个重要特质。被誉为“天才艺术家”的列夫·尼古拉耶维奇·托尔斯泰在其美学著作《艺术论》中写道：“人们用语言互相传达思想，而人们用艺术互相传达感情”，并认为艺术活动的本质是“在自己心里唤起一度体验过的感情，并且在唤起这种感情之后，用动作、线条、色彩以及言辞所表达的形象来传达这种感情，使别人也能体验到这样的感情”。可见，“传达感情”“体验感情”在艺术活动中是至关重要的内容，只有表现情感的艺术才可以算得上是“真正的艺术”。

在探究民族传统体育的艺术学问题时，必然无法忽视本体的问题。例如，中国武术之所以具有艺术的属性，最显性的表现是其能够通过艺术化的形象呈现于人的眼前，它的存在方式和表现形式是形态各异、活灵活现的各种武术招式、招法，而这些可以被看作一种艺术化的形式本体，它能向人们呈现出武术技击的意象世界。与此同时，演练武术招式、招法的过程可以使观赏者在脑海中产生对武术技击场景的联想，这种由视觉、听觉等感官引发的情感体验着实可以被看作一种艺术化的情感本体。而中国武术的艺术本体（其存在方式和本原）表现为：向所有审美主体呈现出一个个表现真实的典型的艺术化物象，并向审美主体提供一系列可以进行主观想象的艺术空间。中国武术如此，对于其他民族传统体育项目而言，同样如此！因此，想要对民族传统体育展开艺术学的研究，必须探讨其作为一项体育运动的艺术本体是如何存在和体现的，这也是其成为艺术活动必须厘清的首要问题和基本原则。因此，我们应当努力探究民族传统体育的艺术本真，即美的存在及其存在的意义和价值。只有厘清美的意义和价值，才可以真正地从“传达感情”“体验感情”的角度去把握民族传统体育的艺术本质。

2. 民族传统体育的艺术特征问题的研究

中国是世界公认的“四大文明古国”之一，五千年的历史创造了中华民族悠久璀璨的文化。源远流长、博大精深的中国优秀传统文化和其他民族的文化相比，在文化特征上表现出典型的审美特性与独有的艺术倾向。由中国优秀传统文化衍生出的审美意识、审美思想及审美经验，潜移默化地影响着中国古人的生活方式、思维模式、价值取向等诸多方面，这些影响使中国古人在一切人文领域都体现出一种艺术精神。这种艺术的审美取向使得许多传统的文化形态都表现出艺术化的发展倾向，自然也包括民族传统体育。

中西方文化在本质上存在差异，不同类型的文化所衍生的艺术无论是外在的表现方式，还是在内在的精神诉求，无疑都存在着显著的差异。探究民族传统体育的艺术特征，有助于帮助人们更好地把握民族传统体育的本质和内涵，以促进其在当代社会的转型与发展，更加有助于实现民族优秀传统文化的继承与发展。有关西方艺术理论的研究成果无疑能为此提供十分重要的理论支撑和理论指导，并作为解析和探讨民族传统体育艺术特征的有效手段帮助人们更好地发掘和探寻其所具有的艺术属性与艺术特征。与此同时，作为由中国优秀传统文化衍生的中国艺术，其自身艺术问题的研究也不能脱离传统审美文化的范畴，而应当以先贤们推崇的传统审美文化理论为根本，探究民族传统体育的艺术特征。

3. 民族传统体育的艺术价值与功能的研究

对于艺术而言，艺术的价值与功能是其存在和发展的基石。对于任何事物的发展而言，同样如此。

民族传统体育从历史中发展而来，并在不同的社会发展阶段表现出不同的价值取向、发挥着不同的功能。例如，中国武术曾经作为战争的手段和工具，服务于军事战争；也曾经作为宫廷宴会的娱乐活动，体现出观赏性和娱乐性的价值功能；还具有强身健体的价值与功能，满足人们对于健康的需求。随着社会的进步和发展，大众群体的“休闲意识”开始萌生，人们用于休闲娱乐等活动的时间逐渐增多。这一现象说明了大众的“审美意识”在不断提升，人们在日常生活中对“审美化”的生活方式表现出了一种强烈诉求。于是在今天，人们的社会生活方式逐渐呈现出“追求艺术化”“追求审美化”的倾向。这种“生活艺术化”的倾向对于中国武术而言，意味着一个新发展机遇的到来。因中国武术原本就具有“表演性”“娱乐性”“观赏性”“游戏性”等艺术特性，且具备了成为一种艺术活动的先决条件，能给人们的生活带来快乐和享受，故其艺术的价值与功能在当代社会尤为明显。

对于民族传统体育而言，在当代社会要想谋求更好的发展，就必须迎合时代的需求。在人们审美需求日益增加和日常生活审美化的今天，借助艺术的形式展示民族传统体育的内容是一条十分有效的途径。例如，传统杂技通过艺术化的包装（包括与舞台表演的结合、与音乐的结合等）更能迎合现代社会人们的审美口味，更容易得到人们的喜爱，这也是深入挖掘传统杂技自身艺术价值和功能的结果。民族传统体育的发展应当以满足人们的审美需求为重要突破口，让人们在观赏或者参与中华民族传统体育活动的过程中体验到快乐和美感。因此，探讨民族传统体育的艺术价值与功能的研究就显得十分重要，其不仅能为实现民族传统体育更好地融入大众的日常生活提供重要的理论依据，还能有效地推动民族传统体育的转型与发展。与此同时，在大力倡导社会主义精神文明建设的今天，对中华民族传统体育展开艺术价值与功能的研究也能为社会主义精神文明建设发挥出巨大的功能和作用。

4. 民族传统体育的艺术化发展问题的研究

民族传统体育的艺术化发展问题已成为当前体育研究领域中的一个重要研究方向，其中以中国武术艺术化发展的研究为代表。艺术化发展问题本质上就是运用艺术学的理论为民族传统体育的发展提供理论依据，从而指导实践，拓宽民族传统体育发展的思路，谋求民族传统体育发展的新空间。时至今日，民族传统体育的艺术化发展已经成为一种必然，这不仅是其自身发展的需要，也是其作为中国文化的代表走向世界，进行世界文化交流与融合的需要。只有让更多的优秀传统文化走向世界，才能有效地提升中国优秀文化的影响力。民族传统体育作为中国优秀传统文化的代表，应当肩负起这一文化的使命与担当。例如，荣获2005年中国舞蹈艺术最高奖“荷花奖”的大型原创舞剧《风中少林》，荣获2006年第四届中国十大演出盛事“最佳海外演出”金奖的《功夫传奇》，2008年河南省推出的大型实景演出《禅宗少林·音乐盛典》，以及每年的全国武术对练大奖赛、中国大学生武术“竞艺”大赛等，不仅在国内备受好评，而且频频亮相国际文化舞台，在海外也享有盛名，为中国优秀文化的本土传播和国际化发展起到了促进的作用。这些武术艺术化发展的成功案例对于民族传统体育的发展而言，可以给予良好的启示。因为合理运用艺术学理论，实现民族传统体育的艺术化发展，让更多的民族传统体育在当代社会以全新的面貌回归大众日常生活，让更多的具有代表性的民族传统体育以亮丽的形象走出国门、走向世界，无疑是民族传统体育未来发展的方向。

5. 民族传统体育的艺术教育问题的研究

“艺术的教育目的从根本上来说是要净化人们的心灵，提升人们的精神品位，使人们能够正确处理人生问题，最终实现和达到一种审美化的、艺术化的人生境界。”在艺术发挥教育功能的过程中，各种美学要素都会潜移默化地作用于参与者，让他们在不知不觉中感受到美的本质、美的标准、美的表现方式，这些都会转化为审美体验作用于参与者的心灵，使参与者从中获得对于美的认知与启迪，从而受到美的感染，获得心灵上的感动，实现教育的目的。此即艺术理论中常常被提及的“通过感染人、感动人从而教育人”的教育原理。因此，艺术教育就是用艺术去教育人，即通过艺术的各种实践活动对人实现教育的目的。

从历史上看，中国很早就形成了艺术教育的传统。从有文字记载开始，三皇五帝时期就已经开始做“乐夕”，也就是“诗、舞、乐”相结合的原始艺术，并且把“乐”与“礼”结合起来进行“礼乐教化”，逐步形成了西周时代的礼乐制度和艺术教育。先秦时期出现了“艺”的概念，如《论语》中有“游于艺”，这里的“艺”就是“技艺”，包括礼、乐、射、御、书、数，即“六艺”。在“六艺”中，“乐”就是诗、歌、舞、演、奏等艺术的综合体。孔子提出的“礼乐相济”“乐以教合”等主张就是在强调“乐”的艺术教育功能，这也开启了儒家审美教育和艺术教育的传统。此外，古代文人对琴棋书画、诗词歌赋的极力推崇，也使得这些传统艺术成为我国古代教育中重要的组成部分，并说明了中国古人对传统艺术教育功能的认同。

对于民族传统体育的研究及其发展而言，不能忽视其自身具有的艺术教育的功能和价值，而应当深入探讨艺术理论中的教育思想和教育原理，并使这些思想和原理成为人们挖掘和探究民族传统体育艺术教育相关问题的“利器”，为民族传统体育在当代社会发挥更多的功能提供有力的理论支撑和实践指导。同时，人们应当积极地思考和探究如何实现民族传统体育艺术教育内容和形式的当代转型，即在当代社会如何能让学生积极地参与民族传统体育，如何在这个参与的过程中实现民族传统体育的教育目的等，这些问题不仅是具体操作层面的问题，也是值得研究的选题。

第二章　民族传统体育文化的内涵与价值呈现

民族传统体育博大精深，深入探究民族传统体育文化的内涵与价值对其传承和发展具有奠定理论基础的重要作用。本章将逐一对民族传统体育的文化属性、文化内涵、文化的多元价值等展开深入阐析。

第一节　民族传统体育的文化属性

民族传统体育的文化属性有民族性、生活性、地域性、认同性、娱乐性、封闭性等六个特性。

一、民族性

在人类创造文化的同时，文化也对人类发挥了塑造作用，但人类要想创造出模式统一的文化却存在很大难度，原因在于人类自身会逐步被塑造成文化特征与众不同的群体，换句话说就是民族。因此，民族传统体育同样带着不可磨灭的民族烙印，任何一个地区和国家都存在与众不同的民族传统体育内容。

二、生活性

对于人及由人创造的文化而言，人类生活的特定环境往往发挥着极为关键的作用。人类环境的发展，在绝大多数情况下都遵循着持续提升人们生活品位与生活质量的规律。在人类社会刚开始发展的阶段，生产和生活内容是一体的，也就是说狩猎、游牧、耕作等生产活动，庆祝收获、祈祷祭祀等生活内容都离不开人类社会初期形成的活动方式，即体育。可见，体育是人们生产和生活中重要的组成部分。

三、地域性

特定地域是一个民族繁衍后代、休养生息的空间条件。因为我国国土面积辽阔，东西南北的自然环境和地理条件存在很大不同，各民族逐步形成了“大杂居、小聚居”的特点，进而不同地域慢慢形成了多元化的价值观念与审美情趣，多元化的体育文化也随之产生。换句话说，我国不同民族的生产方式、生活技能、社会风尚等逐步形成了别具特色的民族传统体育文化。从整体来分析，形成了“北人善骑，南人善舟”的特色，南方民族传统体育项目的显著特征是集体性，北方民族传统体育项目的显著特征是个体化。

除此之外，相同体育项目会在地点差异的影响下，以不同形式与方法开展。同时，这些体育项目持续汇聚、融合地方特点之后，最终可以形成地域特色鲜明的文化现象。

四、认同性

民族认同的重要基础和前提条件是血缘认同与民族认同，同时，深刻的民族文化认同是各民族精诚团结、和谐相处的重要保障。文化把民族当成重要载体，而民族又把文化当成聚合体。体育充当着构成文化的一个重要部分，在民族文化认同上不仅发挥着符号的作用，还发挥着民族文化形象的作用。

五、娱乐性

娱乐在民族传统体育的发展过程中注入了强大的动力，是体育起源要素中相对主要的成分。身体技能性、谋略性、机遇性是民族传统体育的主要娱乐成分：第一种技术要求较高，具有强烈的自娱性和娱他性；第二种对人的谋略、心智水平要求较高；第三种主要是对机遇的期待。

六、封闭性

在长期的历史进程中，我国各民族文化互相借鉴、吸收和交融，但受自然地理环境、自给自足的小农经济、血缘、宗族等因素的影响，中国传统文化具有一定的封闭性。我国传统文化的封闭性特征使得传统体育同样具备特定的封闭性，对于部分体育活动而言，常常只在少数人中传播，部分地区还出现了体育活动“自生自灭”的情况。

第二节　民族传统体育的文化内涵

民族传统体育的文化内涵体现在三个方面，即物质文化、精神文化及制度文化。

一、民族传统体育的物质文化内涵

民族传统体育的物质文化属于有形文化的范畴，记载着人类能动地作用于环境，它把人类改造和创造环境放在了极为关键的地位。在民族传统体育持续发展的过程中，人类越来越深刻地认识到自己和周边环境之间的密切联系。在这种意识持续增强的前提下，人类慢慢把过去积累的认识物化在更加多样的物质产品上，这些物质产品慢慢在民族传统体育文化中不可或缺，并发展成民族传统体育文化的突出标志之一。为深入理解民族传统体育的物质文化内涵，这里从运动器械方面详细阐析。

中国的民族传统体育项目丰富多彩、绚丽多姿，不同民族的人要高效完成各类体育项目的动作，就必须使用刀、箭等多种运动器械，这些器械是我们的世代祖先在实践活动中慢慢创造出来的，并且被数不清的中华儿女不断革新。民族传统体育运动器械，一方面反映了人类的文化创造，另一方面是世代中华儿女智慧的结晶。由此可知，把运动器械纳入民族传统体育物质文化内涵的研究范畴具有很大的必要性。

例如，龙舟竞渡项目作为我国民族传统体育项目之一，其使用的龙舟主要由龙头、船体、龙尾、装饰品及锣鼓等组成。龙舟船体的形状和宽窄都有明确的规定，同时，不同地区的龙头、龙尾、龙舟装饰品也存在着很大不同，并且很难找出其中的共同点与规律性。除了人类使用频率很高的龙舟，还有造型奇妙的凤艇与龙船等，这些都凝聚着我国各族人民的智慧。

又如，风筝不只是我国的一项民族传统体育运动，还是我国古代的一项发明。受地域因素的长期作用，不同地区的风筝常常会表现出很大的差异，最具代表性的是北京、天津、潍坊的风筝。北京最具代表性的风筝是金氏风筝和哈氏风筝；天津影响力最大的风筝制造者是周树泰、魏元泰等，其中周树泰创作的“三百梅花竹眼硬膀蝴蝶”惊艳全国，他是将汉字风筝飞上天的第一人；潍坊风筝的显著特点是工艺精美、浑厚淡雅，常见样式有立体式、半立体式、平板式、立体和平板结合式，常见构造是软翅、硬翅、活翅，潍坊风筝制作名家有王福斋、陈哑巴等，其中王福斋在人物绘画上表现出了极大的优势，他把国画的传统技法淋漓尽致地应用在绘制风筝上，使风筝艺术水平获得了大幅度提升。

需要补充的是，运动器械除了是物化的文化以外，也是构成体育物质文化发展的关键部分，在民族传统体育物质文化内涵中发挥着十分关键的作用。

二、民族传统体育的精神文化内涵

精神文化包括在无形文化的范畴中。对于文化来说，精神文化是其核心与灵魂，是划分文化类型的关键标志之一。综合分析我国的发展历史可知，我国民族传统体育一直在集封建与农业型于一体的文化中不断优化、不断发展，我国民族传统体育在我国传统文化的土壤中生根发芽，传统文化和传统观念对民族传统体育产生了十分深远的影响。

第一，在群体价值方面，“尊尊亲亲”宗法观念一直以来都处于主导地位，其详细特点就是将“尊尊亲亲”的价值观念以及家庭和家族的重要地位向外部传播，由此传播至社会中的所有群体。在这种宗法观念的长期作用下，我国传统文化价值取向开始看重社会群体。受这种价值取向的长期影响，在发展民族传统体育过程中把个人当成基础的难度持续增加，在这种背景下一定会使民族传统体育受到多个方面的制约。

第二，积极探寻人与自然的和谐统一。我国民族传统体育着眼于全局，基于相对客观的立场概述了运动中人体的形态、机能、意念、精神等。民族传统体育的锻炼手段具备多元化特征，人们使用频率最高的训练手段是把基本功练习和完整练习密切联系在一起，这种训练手段全面彰显了我国各族人民寻找平衡、遵循自然规律的主体化思维方式。

第三，存在守内、尚礼、恋土的民族情结，这可以从体育原理、技术特点、竞赛规则三个方面理解。在体育原理方面，主要反映在我国各族人民始终追求平衡和顺应世间万物的主体化思维方式上；在技术特点方面，主要反映在我国各族人民积极发挥智慧、坚持追求技巧的审美心理上；在竞赛规则方面，主要反映在我国民族传统体育的表演性特点十分突出，民族传统体育项目没有将动作规定和比赛规则两个方面具体化，参与人员在整个比赛过程中都做到文明礼让和点到为止，这突出体现了我国各族人民守内、尚礼的性格特点，如中国象棋就是该特点的充分反映。

我国各民族的发展时间十分悠久，在过去农业型经济、中央集权制、儒家思想的长期作用下，特征显著的民族传统体育逐渐形成和发展。以我国封建社会为例，治人和济世是学校的主要教学内容，学校将脑力劳动定位为重要内容，同时在脑力劳动和体力劳动之间设置了明确的分界线，发展不均衡的问题应运而生。在这种大背景下，民族传统体育良性稳步发展受到限制，尽管伴随着封建统治阶级思想的持续渗透，我国民族传统体育在养生方面与保健方面都取得了较多的发展成果。

第四，倡导伦理教化，等级思想严重，崇文而尚柔。在传统儒家文化的持续影响下，古代体育的具体特点包括伦理教化的价值走向、尊卑有别的等级观念、崇文尚柔的运动形态。道德需要是人类社会最高的需要，道德价值是人类社会最大的价值，这两个观点被绝大部分的封建统治阶级与儒家大学者接受和肯定。在这个时期，“内圣外王”的贤人成为人们的人生奋斗目标和理想高度。然而，因为封建社会将伦理教化摆在了重要位置，严重扭曲了集健康性和合理性于一体的思想观念，仅看重道德而将其他方面完全剔除，造成该思想观念的科学性逐渐消失，最终在错误的道路上越走越远，使人们无法准确理解中华民族传统体育的价值。而且，完全剔除了民族传统体育的娱乐功能与健身功能后，民族传统体育的发展速度越来越慢，并且未对人们的身心健康发展产生有利作用。

立足全局分析我国民族传统体育的发展历程可以得出，尊卑有别的等级观念一直存在于民族传统体育的发展过程中。对于民族传统体育的所有环节来说，参与者和观赏者都要时刻符合君臣有别、长幼有序的体制要求。

三、民族传统体育的制度文化内涵

体育制度文化不但是体育文化学研究的一个关键层面，而且是体育史学研究的一个关键层面。在特定历史条件下，与体育社会关系和与体育社会活动相关的规范体系就是体育制度。对于文化层次理论结构来说，物质文化、精神文化、制度文化都是十分关键的因素。无论是社会发展，还是人类日常行为，制度文化都能发挥规范与约束的作用。对民族传统体育的制度文化展开深层次研究的意义有：一方面，有助于精确剖析特定历史阶段的体育政策、法规的长处、不足；另一方面，可以在对比与研究国家和民族制度的前提下，探索出和时代需求更加吻合的体育发展策略。这里着重阐析宋朝至清朝时期的体育制度，具体如下。

在宋明理学及“八股取士”制度的影响下，重文轻武观念逐步在宋朝至清朝时期的众多思想中占据核心地位，该观念对体育运动的发展产生了很大制约，但在这一历史阶段中军事体育和学校体育的发展速度很快。就宋朝来说，武学以专门军事学校的形式出现，这对学生学习内容的详细化发挥了重要作用。同时，武学将学生的学习内容界定为理论部分与实践部分，并在选拔军官方面开始应用考试制度，大范围推广严格的升留级制度。在军事训练方面，教格法和教头保甲制度的实施范围得到了有效拓展，不仅成功构建了从上到下的“训练网”，也为军事体育全方位的发展注入了强大活力。

自宋朝以后，武术运动向世人展现了良好的发展趋势，相对独立的体系也慢慢形成，其在休闲娱乐体育方面同样取得了很多发展成果。对于这个历史时期来说，瓦舍逐步成为人们进行休闲体育活动和娱乐活动的关键性场所。“社”的产生为休闲娱乐体育的发展历程注入了很大活力，在该发展历程中相继出现了“英略社”“齐云社”等。在休闲娱乐体育的多重影响下，民族传统体育活动要想彻底冲破传统体系的桎梏存在着很大难度，其发展走向不得不遵循以往的道路。

清朝是中国历史上最后一个封建王朝，为了保持政治的稳定其采取了一系列强硬的措施稳定社会，从清圣祖康熙皇帝开始出现了持续 100 余年之久的“康乾盛世”，社会政治、经济、文化在一定程度上呈现了短暂的繁荣，是中国武术发展的又一个兴盛时期。与明朝不同，清朝政府为了政权的稳定对民间习武多有限制，使得清朝民间武术与军事武艺逐步分离，转向与传统文化中的哲学、兵学、宗教、养生思想和方法相互借鉴、融合，极大地丰富了武术的内容。清政府极为重视武举考试，自恢复武举考试之后，就将其制度化。统治者的重视一方面有利于社会对武举的认可，促使尚武风气的形成，另一方面对清朝传统体育的发展也产生了积极影响，尤其在清代前中期，不仅促进了清朝社会运动风气的兴盛，而且促进了传统武术的发展及旗人体质的提高。但随着拥有“坚船利炮”的西方殖民者的相继入侵，传统的武举制度显然已经不再适合现代战争的需要。武举制度的存废也在朝中引起了激烈的争论，最终在清亡前夕被彻底废止。

第三节　民族传统体育文化的多元价值

民族传统体育文化的多元价值体现在提升凝聚力与增进交往、增强健身意识、振兴民族传统体育教育、充实精神世界、发展民族经济、提高民族传统体育竞技水平等方面。

一、提升凝聚力与增进交往

体育是一种群众性的社会活动，对各民族来说，又是一种民族性的活动。这一性质决定了民族传统体育文化与其他传统文化一样，具有民族凝聚的功能。另外，民族传统体育作为一种综合性的民族文化载体，包含着共同文化、共同地域、共同社区背景下人们的生活方式、价值观念和审美情趣，故其在广大的民族同胞中具有较强的共鸣作用与凝聚效应。

立足民族社会学的立场展开深入考察，发现举行民族传统体育活动在各族人民的现实生活中原本就是一种社会群体性的集会手段，为人们完成人际交往过程提供了互助平台。民族传统体育凭借独特的娱乐形式、健身形式及竞技形式，在固定节日和特定社会氛围中，把身处各偏远乡村的人们吸引到特定地点，促使参与和观赏民族传统体育活动的人们进行次数更多、更有深度的交流，增加民族内部和各民族之间的人际交流途径，在一定程度上消除各族人民在地理环境闭塞和社会文化不同的双重影响下产生的隔阂，为各族人民创造情感交流与文化交流的良好环境，促使各民族之间的关系更加亲密、和谐，促使各民族地区的经济和文化事业实现同步发展。

在人类社会，群集是人的本能。只有群集，人们才能传递信息、沟通思想、相互依存、共同发展。在古代，由于生产力水平低下，生存环境险恶，每个民族或部落都无法凭各自的力量而独立存在，都必须依靠集体的力量才能求得生存与发展。因此，团结在人们从中不仅是一种美德，更是一个民族兴旺发展的条件。故而，古人在狩猎猛兽或是在一定的季节便会聚在一起欢度节日、祝贺丰收，其间自然少不了传统的体育活动。久而久之，各民族就把这类具有重大意义和民族精神寄托的日子衍化为固定的节日，定期举行庆祝活动。这些庆祝活动不仅提升了民族凝聚力，还有助于增进各民族成员的交往，促使本民族的文化特点更加鲜明，有效激发人们的民族认同感。此外，开展民族传统体育活动有助于增进民族青年男女的交往，大幅提高各族人民的婚姻幸福指数和人口质量，进而提升民族凝聚力，推动我国各民族实现民族兴盛。

一些少数民族居住在偏远的边疆地区，自然环境对地区交通条件产生了很大的制约，地理环境处于闭塞的状态，即便是民族的聚居地，寨和寨之间、村和村之间同样会受地理条件与交通条件的限制而大大增加密切往来的难度。为此，在农闲阶段和民族节日时常常会举行一些规模较大的民族传统体育集会或民族传统歌舞集会，这为各民族人民密切交流创造了良好的社会环境。民族传统体育活动在娱乐性、竞技性、民族性的共同作用下形成了强大的吸引力，成功激励人们克服交通不便和分散封闭的双重困难，尽全力跨越山川和河流会集在一起，在氛围良好的娱乐活动中交流感情与技艺，在相互了解中实现相互认同，最终提升民族的凝聚力。

以彝族为例，位于滇西北地区的彝族是一个发展历史悠久的古老民族，其沿袭了一种名为“家支”的社会体系。无论是个人还是家庭，“家支”都能发挥出效果显著的约束力，“家支”内成员之间存在相互辅助的共同义务。彝谚中常言：“缺不得粮食，离不开家支。”由此可见，“家支”在彝族社会中的凝聚作用十分突出。在以前，彝族“家支”成员主要采取两种集会形式：一种是召集“家支”成员开会商讨部族械斗等重大事件，另一种是民族的祭祖、庆典和体育节日集会。随着时间的推移，彝族也取得了很多发展成果，各族人民越来越团结，包括“打冤家”在内的很多落后习俗都相继消失，传统节日庆典与文体活动逐步演变成民族集会的重要内容。因此，彝族民间的“春节”“插花节”“火把节”“十月年”等传统节日便成为民族传统体育、歌舞活动的庆典盛会。尤其是在火把节，人们要举行斗牛、赛马、摔跤、射箭、歌舞等文体活动，赛场四周聚集着数万名来自不同地区的各民族同胞。人们欢声笑语、尽情歌舞，通宵达旦地欢庆，不仅提升了民族内部的凝聚力，而且促进了各民族同胞之间的团结与交往。

哈尼族主要聚居在滇南红河与澜沧江中间地带的山区、半山区。哈尼族山寨分布的地区虽然山川秀丽、风景如画，但地形复杂、群山叠嶂、森林密布，交通极不便利，哈尼族聚居的很多地方都存在相对封闭的问题。在哈尼族同胞中，每年农历六月栽秧后，要举行最盛大的节日“苦扎扎节”。“苦扎扎节”的关键内容之一就是打磨秋，这不仅是哈尼族人民参与频率很高的文化娱乐活动，还是哈尼族男青年和女青年交往的重要场合。在哈尼族人民代代相传的故事中，有关于磨秋十分美好的传说，在传说的影响下，每逢“苦扎扎节”，哈尼族人都会打磨秋进行纪念。有一个传说是，天上的七仙女来到哈尼族聚居的地方玩耍，她们七人交替打磨秋，随之唱起了令人愉悦的歌，歌声让天神十分感动，于是就把快乐和幸福赐给了哈尼族。自从这个传说被大范围流传后，哈尼族人民为怀念七仙女，每逢“苦扎扎节”都会通过打磨秋表达自己对美好生活的珍爱之情。发展至今，尽管崭新的秋千架替代了过去的磨秋，但成双成对的青年人还会推着磨秋前后各跑三圈，喻示五谷丰登、人畜兴旺，就连新生儿也要由其父母抱着踩踩秋千，以求健康与幸福。由此可见，哈尼族传统节日的感召、民间传说的美好愿望、民族传统体育的娱乐功能汇聚成了一种特殊的力量，吸引十里八乡的民族同胞相聚一堂，共同参加打磨秋、荡秋千、摔跤、对山歌、跳“乐作舞”“扇子舞”“竹根舞”等活动，共享节日的欢愉，增进民族间的感情。

除此之外，少数民族参与人数多至上万人的活动还有很多。其中，知名度较高的活动有傣族的“泼水节”、苗族的“踩花山”、藏族的“赛马会”等，这些影响力颇大的活动不只是各民族人民交往集会的重要节目，还是人们参与民族传统体育竞技和表演活动的重大盛会。在氛围愉悦的节日中，民族传统体育活动不仅能营造节日的愉快氛围，还为各民族同胞的团结与进步构筑了坚固的桥梁。

对于部分民族同胞而言，民族传统体育活动也是单身男女选择配偶的重要方式。单身男女往往会在参与集健、力、美于一体的体育活动过程中，充分展示自己的体魄、体力、气质、胆略及智慧。体育文艺活动常常可以为青年男女创造相看的大好时机和有利条件，进而便于参与活动的青年男女相互沟通微妙的情感。《云南游记》中记载：“每年春间，男女卜日跳舞，心愿者即为夫妇。”由此可见，参与体育文艺活动是人类社会交往众多方式中的一种。很多情况下，少数民族会受到社会政治、经济、文化的影响，这使得植根于各民族群体中的恋爱婚俗方式存在很多不同之处。采取哪些措施促使本村寨和外村寨的青年男女交往甚至收获爱情，成为很多民族需要深入思考的问题。针对这个问题，各民族逐步形成了独特的交往方式和择偶方式。例如，有些民族通过对歌等方式为异性青年创造交往机会，有些民族则通过跳舞、射箭等方式向异性表达自己的爱意。总之，包括体育、歌舞、游戏、劳动在内的各种内容共同组成少数民族各式各样的恋爱方式。

综合分析人类的婚姻历史可以发现，人们对配偶的相同期许分别是漂亮、健康、能干。大型的民族传统体育节日盛会不仅为青年男女提供了相亲场合，还为青年男女挑选适宜对象提供了评价标准和评价手段。体育活动在体育竞技角逐过程中最容易反映个体身心发展在群体中的优势与劣势。体育活动为青年男女找到自己心仪的对象提供了很大的可能性，同时，它让青年男女在愉快的氛围中相互认识，慢慢从爱慕之情过渡到携手走进婚姻的稳固情感。对于少数民族体育活动来说，优胜者得到异性爱慕的可能性更大，在选择配偶时拥有更多优先权，婚姻幸福的可能性也更大一些。这种情况大大激发了各族青年参与体育锻炼的主动性，同时和优生优育的要求更加贴近，这对各民族的持续发展有很大的积极作用。

对于拉祜族苦聪人来说，占据首要地位的精神财富就是爱。勤劳勇敢是拉祜族苦聪人最崇尚的美德，是苦聪少女择偶的基本要求。苦聪人在深山密林中狩猎的优势十分显著，射弩是他们狩猎生活中的一项基础技能。射弩技能对苦聪人来说具有重要意义，一方面是他们维持正常生活的重要手段，另一方面对苦聪人中的男性青年的婚恋生活成功率有决定性作用。在苦聪人中，如果某位男性青年在生活中颇为中意某位女性青年，想要向她求爱，则需要做的第一步就是向该女性青年的父母献上一只自己在大自然中用弩枪射猎的松鼠，是否可以成功射到松鼠是衡量男性青年生活能力的重要标准。因此，男性青年不得不采取各种方式提升自身的射弩技艺，不然将会影响自己的终身大事。

阿昌族人数较多，主要聚居区是云南西南部的陇川及梁河等县。“蹬窝罗”是在阿昌族中十分盛行的体育活动，这项活动和在乐器伴奏下边唱边跳的舞蹈虽然存在很多相似之处，但其艺术性特征没有舞蹈那样显著。将“蹬窝罗”界定为侧重于腿部锻炼的体育活动更加贴近实际，因为其主要动作是旋转蹲跳，鲜明特征是运动量很大。“蹬窝罗”在阿昌族人民中得到了大范围流传，在盖新房、庆丰收等活动中都可以找到“蹬窝罗”的踪迹。“窝罗节”活动的举行时间是正月初四，每个村寨的人都会在这天身着节日盛装，去窝罗场参加“蹬窝罗”，这种传统体育活动往往会演变成民族集会现场。“蹬窝罗”的主要参与者是青年男性和青年女性，他们通过各种各样的动作展现自身的青春活力。许多青年男女在窝罗场结缘并逐步拥有稳固的感情基础。分析阿昌族人民喜爱“蹬窝罗”的原因：一方面是其健身功能和娱乐功能尤为显著，另一方面是其人际交往功能十分明显。“蹬窝罗”把蹬和唱融为一体，参与者在锻炼身体的同时用情歌对唱来表达内心情感，与其他参与者进行深入沟通。由此可见，这种蹬和唱充分融合的体育活动在阿昌族中拥有十分旺盛的生命力，因此阿昌族人才会踊跃参与。

除此之外，“抛绣球”“丢包”是我国西南地区的壮族、苗族、傣族、瑶族、布依族、基诺族等民族中常见的民间婚恋习俗，其历史源远流长。《云南游记》中记载有“彝女二、三月间抛球，见美少年击之，中则结为夫妇”的少数民族早期的婚俗状况。现代的云南傣族在“泼水节”期间，男女青年要进行互掷“花包”这样一种类似体育活动的择偶游戏。

参与体育运动作为具备群众性特征的社会互动形式，不仅促使人们接受特定的体育规则与体育道德的规范性约束，还促使社会人际交往的途径更加多样化，为人们构建积极向上的人际关系提供了很多便利。民族传统体育运动原本也是社会交往活动之一，不仅能有效消除地理环境、生活习惯、文化传统给各族人民带来的障碍，还为我国各族人民进行情感交流和文化交流创造了有利的社会媒介环境。积极参与和发展民族传统体育、民族传统体育文化，对改善民族关系、推动民族地区经济交流与文化交流都有很大的促进作用。就各民族传统节日来说，其是各族人民举办体育文艺活动的重要契机，人们可以在轻松的文体活动中相互交流彼此的技艺、文化及思想，进而推动民族团结与国家统一。

显而易见，以上这些活动只是体育锻炼的项目，意义比较简单，对人们产生的吸引力十分有限。然而，当活动将民族的文化内涵、民族的节日集会都融为一体后，就可以为民族交往提供良好的场所，充当青年男女广泛接触、相知相爱的有效媒介手段，其具有的意义非比寻常，对人们产生的吸引力同样会大大增加。

二、增强健身意识

（一）增强体育健身意识

体育运动不但能使人的体能得到有效发展，而且能使人的体质水平得到一定程度的提升。提升身体素质有两个方面的重要意义：一方面是满足个体需求，另一方面是保证民族生存与发展的重要条件。在长期发展过程中，民族传统体育凭借十分鲜明的强身健体功能，被越来越多的人进一步发展和应用，进而让体育的健身功能得到越来越多的重视和肯定，推动着民族传统体育在本民族中大范围、不间断地沿袭和发展下去。因为各民族在地域环境、生活方式、生产手段、文化习俗等方面存在很大不同，所以我国各民族在健身活动的形式、风格等方面也存在着很大差异。这些形式多样、风格迥异的健身活动是各族人民顽强生存、强健体魄的重要条件。

体育自身的特征和社会实际需求是影响体育功能的重要因素。体育运动是通过具体的体育项目开展的，要求人充当直接参与者，使人们在参与过程中既愉悦身心，也承受特定范围内的生理负荷。同时，体育运动使人的体力与体内运动能量始终处于从消耗到恢复再到超量恢复的循环过程中，这有助于提升人的体能水平和增强人的体质。各种民族传统体育活动，都拥有极为鲜明的民族特点与健身价值，其在很多情况下会把体育和艺术有机融合起来，将自身在健身和娱乐两个方面的价值发挥得淋漓尽致，对各族人民在空闲时间合理锻炼、恢复体力、调节情绪产生了极大的推动力，使人们在氛围良好的体育活动中体会美、保持身体健康。

（二）在全民健身活动中的作用

《全民健身计划纲要》由国务院于1995年颁布，主要目的是全面发展我国各民族的体育运动，提高各民族人民的体质水平和人口素质，这个目标关系到国家兴旺和民族强大。《全民健身计划纲要》指出："积极发展少数民族传统体育事业，在民族地区广泛开展以少数民族传统体育项目为主的体育健身活动。"其以政策形式对民族传统体育的发展方向发挥了指导性作用，全面肯定了民族传统体育在全民健身计划活动中的重要性和必要性。

1. 体育活动项目丰富

在数千年前就已经出现的少数民族传统体育，是我国民族传统体育中弥足珍贵的文化遗产。民族传统体育活动的特征各异，运动形式十分多样，有些适宜在山区开展，有些则适宜在江河湖海中开展，还有一些则完全不受地理环境制约，在任何时间、任何地点均可以开展。在形式各异的民族传统体育活动中，每一项活动项目都表现出鲜明的民族特色，一些活动项目凸显趣味性特征，一些活动项目凸显对抗性特征，一些活动项目则把力量摆在重要位置，但任何一项活动项目在增强体质和磨炼意志方面的作用都十分突出。各种民族传统体育活动共同构成一个集庞杂性和群众性于一体的项目体系，促使各民族、各地区能结合当地的具体情况选择切实可行的健身娱乐方式，从而推动全民健身活动健康发展。

2. 高度重视身心健康

民族传统体育项目对人们的健康状况与身体素质发展都具备比较鲜明的实用性特征和针对性特征。例如，白族的登山运动对人的耐力素质和心肺功能有比较显著的锻炼成效；哈尼族的摔跤运动对人的力量素质与意志品质有比较显著的锻炼成效；氐族的跳竹竿运动对人体的腿部力量与动作协调性有比较显著的锻炼成效，其爬竿运动对人体的上肢力量有比较显著的锻炼成效。此外，各民族中流传的民族武术与民族舞蹈刚柔相济、动静结合、自然流畅，使人的全身上下协调运动，久练而不乏味，从而达到祛病健身、抗老益寿的目的。

3. 积极推动体育社会化

从内容与形式两个方面看，少数民族传统体育对广大群众有很大的吸引力，逐步形成了广泛的社会基础，具备了鲜明的全民族性特征。除此之外，少数民族传统体育不仅有多种类型，还具备广泛的适应性，让参与者有很大的选择空间，有很多体育项目都没有对参与者的年龄、性别、体质水平提出限制条件。各族人民可以在兼顾自身年龄、身体状况、实际喜好的基础上，挑选出和自身情况相吻合的体育项目。包括赛龙舟在内的多种民族传统体育活动凭借鲜明的竞技性特征和娱乐性特征，逐步发展为跨越空间的运动项目，被成功推广到我国各地区。一些民族传统体育活动由于操作性强、健身性强、审美性强，逐步跳出了起源地，成为城镇职工与城市居民日常生活中的组成部分，受到越来越多人欢迎。

4. 节约体育投资

就现阶段来说，我国人均体育经费十分有限，开展体育活动所需的场馆数量和器材数量短缺，和广大群众参与体育锻炼的需求存在着很大差距。在部分省份，依旧存在经济发展速度缓慢的问题，体育投资也随之严重短缺，在短时间内消除这种情况还存在很大难度。由此可见，我国应当把全民健身活动当成出发点，在各环节都认真遵循因地制宜、因陋就简的原则，促使群众性体育锻炼活动在更大的范围拓展。在此基础上，民族传统体育活动能发展成很多经济欠发达的地区经济性和实用性最强、推广难度最小的群众性体育活动。我国多个民族的生产生活环境是民族传统体育发展的源头，淳朴自然、和生活联系紧密、群众喜闻乐见都是我国民族传统体育的显著特征。民族传统体育的各项活动技术难度偏小，对场地和器材的整体要求偏低，村前寨后的一块平地、一片草地都可以充当开展民族传统体育项目的场所；很多民族传统体育项目的运动器材都是人们日常所用的生产工具和生活工具，以及包括竹、木、藤在内的各类自然资源，这对民族传统体育项目的开发和推广有很大的积极作用。民族传统体育精华荟萃，其活动形式和内容都呈现出了淳朴自然的特征，充分展现了民族文化和民族精神。

5. 促进学校体育与民族传统体育接轨

学校作为教育的关键场所，不但能向学生传授体育知识、体育技能，而且能推动学生德、智、体、美均衡发展。在现阶段，对于我国的部分贫困山区来说，学校的办学条件依旧十分艰苦，体育场地和体育器材短缺的问题尤为突出。另外，体育师资力量薄弱依旧对民族地区学校开展各类体育活动形成了很大限制，对民族地区学校体育工作的顺利开展产生了很多负面影响。为此，现阶段需要利用好各民族赖以生存的自然环境条件，在深入研究各族人民生长发育规律与体质健康发展规律的基础上，科学、合理地挖掘和整理一些民族传统体育活动项目，并将这些项目纳入当地学校的校本课程中，由此编成的和各民族地区学校实际需求相吻合的体育教材，可以在各民族地区的学校展开大范围的宣传和推广。这样做的积极作用是：有效缓解体育资金不足、体育场地短缺、体育师资薄弱三个方面的问题；便于结合当地学校的实际情况开展适宜的体育活动；更好地传承和弘扬民族传统体育，为传承、保护、发展民族传统体育贡献力量；改变我国学校体育中仅以现代体育为主，轻视民族传统体育发展的状况，使民族传统体育与现代体育在我国的学校体育教学中双管齐下。

三、振兴民族传统体育教育

在远古时期，教育和体育还处在萌芽阶段与混沌状态，表现出融为一体的状态。因为原始社会存在语言文字发展的局限，所以人类传授生产技能和生活技能时往往是把人体活动当成教育的内容与重要方式。

体育和教育都是人类社会目的性较强的培养人的活动，从全局角度来分析，两者在人类的进化和发展过程中产生了极为深远的影响。尽管体育和教育在不同历史阶段的侧重点存在着很大差异，有的历史阶段侧重于体育，将体育设定为富国强民、对抗外敌、征服自然的重要方式；有的历史阶段则重教育、轻体育，提出了人类智慧来自教育而非体育的观点；有的历史阶段则把体育和教育融合在一起，提出了体育和教育相互结合是人类均衡发展的必然要求。然而，不管体育和教育的发展走向是怎样的，两者一直都是承载人类意识活动的重要载体，一直都是人类目的性强、计划性强、不断完善自身的重要活动。

除此之外，在人类社会实践活动中形成的体育和教育，在人类对其理解程度和挖掘程度不断加深的情况下，充分发挥了其具备的多元价值，在人类不断满足发展需求的过程中扮演了工具的角色。第一，人类在各项劳动中的实践活动是人类战胜猛兽的本能转变为狩猎能力的结果，是人类把生产中的基本活动转变为增强竞争力与提高实力的实际能力，人类对不同身体活动的需要为体育形成与发展的过程注入了很大的推动力；第二，人类在精神文化、道德规范、伦理信仰多个方面的追求也推动了教育的产生和发展。由此可见，体育和教育就是人类社会有意识地培养人的一种活动。

分析人类社会的开始阶段可发现，当时人类的抽象思维水平普遍偏低，还没有能力准确分辨作用相同或作用相似的一些事物，如人类无法准确分辨体育和教育，因此在早期社会把体育和教育混为一谈的情况也是一种必然现象。文字、语言、符号等方面存在的局限性使得人类只可以借助身体行为向他人说明自身感受、具体需求，与他人有效交流、密切沟通，协同完成维持生存所需的活动，这种情况使得体育逐步变成了尤为关键的教育内容。

深入剖析我国众多少数民族的体育活动发现，一部分运动技能原本就属于人类具备的生产技能和生活技能，如蒙古族的赛跑等项目。各族人民在完成体育活动时，就肩负着向子孙传授生产技能和生活技能的职责。例如，拉祜族芦笙舞中的很多舞蹈套路都是对犁地、割谷子等生产动作进行模仿的结果。有很多少数民族的先辈也对民族传统体育活动的思想教育因素实施了深层次挖掘，从而提高向后代开展社会道德规范教育的实际效果，由此使子孙后代具备良好的民族心理品质。

对于学校教育来说，建议将部分民族传统体育活动引入民族地区的小学和中学，一方面可以让当地人民意识到传承民族传统体育文化的重要性，为民族传统体育不断发展贡献力量；另一方面可以使民族地区学校体育场地和体育器材短缺的问题得到有效解决，促使体育教学内容更加多样化，促使民族地区学生的身体与意志获得充分锻炼。

四、充实精神世界

自娱性与娱他性是民族传统体育娱乐性的主要内容，民族传统体育的娱乐性特征可以让运动者与观赏者凭借民族传统体育活动真正获得运动过程中的快乐和审美体验。在现阶段人类物质生活水平不断提高、空闲时间有增无减的情况下，体育运动成为广大群众休闲娱乐的一项重要内容。民族传统体育活动不光拥有竞技性，其娱乐审美价值更为显著，因此才能在世界各国人民中展开大范围推广。当我国各民族致力于提升民族传统体育的娱乐价值、审美价值、文化品位后，其在各族人民中深受欢迎就成为必然。

在合理比较后可以得出，娱乐性体育活动从形成时就具备现代体育运动的心理机制和行为模式。当人们在生活中被激发出兴奋感后，就能凭借身体的运动向他人说明自己内心的想法，并充分发挥这种兴奋感的推动作用最终达到娱乐目的。

如果说少数民族在十分复杂的生活环境中逐步形成了存在祈求生存色彩的早期体育项目，那么彝族先辈得到生存允诺后，内心就会产生无法抑制的激动情绪，并在体育项目中把人们内心的欢快表现得淋漓尽致。在这些场景中，人们往往会情不自禁地舞动手足，向其他人展现自己获得的奇特生存技能。例如，老鹰捉小鸡等表达人们内心情感的游戏展现了先辈的生存技能，同时已经渗透在竞技色彩和娱乐色彩浓厚的体育运动中，使人们能在获胜后证实自己在求生过程中的显著能力。

分析哈尼族在“尝新节”的爬山活动、猎射活动、跳跃活动可知，参与活动的人在参与目的上不存在功利性，仅仅是通过娱乐性活动来宣泄内心的情感。居住在迪庆高原上的藏族人民往往具备较高水平的骑技，他们选择在马背上提升生活情趣的做法充分展现了草原地区的特色。此外，藏族的“姑娘追”作为一种不追求输赢的竞赛活动，同样是藏族人民得到内心愉悦的特殊手段之一。

综上所述，可以总结出我国各民族在生活中形成的娱乐性体育活动具备以下几个方面的特征。

第一，娱乐性体育活动不要求动作的准确性或实用性。体育活动的全过程都在着重反映参与者的激情，并不刻意让每项动作都达到一定标准。例如，拉祜族在参与“蜡河毕”活动时，因为该活动本身是游戏，所以参与者不会刻意关注自己的动作是否准确，或者具体的运动方式在实际生活中的作用有哪些，举行活动的目的只局限于娱乐与消遣。一般情况下，阿昌族的武术比赛同样表现出侧重抒发激情的特点，没有刻意突出形式与实用效果的作用。分析阿昌族人不同类型的拳棍术可知，其不仅无法被应用在对打的实践活动中，而且未能形成严格的套路变化，参与者着重表达的是内心情绪的形体再现。

第二，娱乐性体育活动不含显著的功利性目的。在许多娱乐性体育活动中，人们追求的既不是内心的祈求，也不是实际的胜利，或是实际物品的获取，整个过程及活动目的都只是单纯的娱乐。例如，各民族中都普遍盛行的掰手腕活动，虽是对抗性较强的竞赛，但无实际的功利意味，人们在其中获得的仅仅是一种尽力尽兴的娱乐。又如，基诺族人在节日期间喜欢开展顶竹竿比赛，他们并没有在形式方面和心理方面存在功利祈求，他们参与活动的目的并不是想要得到具体的结果，如比赛奖品等。人们之所以参与这些活动，是因为此类能使人们身心愉悦的活动在其他体育活动中并不常见。

第三，娱乐性体育动作在模仿中富有诸多的创造性元素。许多少数民族在节庆、闲暇时开展的体育活动，其目的都是以娱乐为主。因此，他们在具体的体育动作中，可以在基本的动作规范内任意发挥自己的想象，增加许多模仿性的动作形态，使传统的体育动作变得生动、随意，富有生活情趣。

例如，彝族的摔跤。各地区彝族民间对摔跤起源的传说不一。因而，他们各自遵循传说的说法举行的摔跤形式也不相同。位于红河北岸的滇南彝族，相传他们在古代是借助频率很高的身体扭动或拒绝惰性来向天神展现自己祈求的诚意，从而让天神被自己的行为感动，最终达到获得天神庇佑的目的，因此彝族人民的摔跤活动被纳入祭神仪式的组成部分，只有在祭祀天神和表达部分祈求愿望时才会举行。分析参与摔跤活动的彝族人民可知，参与者的动作往往会表现得十分粗犷，很多情况下的表情都是痛苦状，并且他们不会刻意强调摔跤动作的技巧。此外，摔跤场地往往会传达一种森严神秘的感觉。

武术是56个民族都有的传统体育运动，武术起源的因素包括多个方面，如战争因素、农事和狩猎生产因素、模仿动物形态的因素、祭祀典仪的因素等。然而，当形成各类武术动作的各族文化被融为一体后发现，不同套路中武术形态的大部分都是娱乐性的。人们多在节庆时举办武术活动，以增添节日的欢乐气氛，这时的武术动作较多地模仿动物的动作，以夸张手法将动作做得形态各异，从而达到娱乐的效果。

除此之外，从部分武术套路及动作的名称中也可看出，这种主要以娱乐为核心的体育活动的特点，如喜鹊拳、龙爪拳、扫地拳等。与此有相同特点的其他体育项目还有老熊抢石头、走子棋、类火果、绵羊拉绳等。

从根本上说，我国各民族体育形态的萌发都包含相当烦琐的因素，这和他们在早期社会中无法清晰地界定具体类别是一样的道理。上面提到的早期体育项目也不只是在特殊环境中才存在产生的可能性，就同一个动作而言，摔跤与挥刀在祭祀、狩猎、战争、采集等多个场合中均会被用到，它们在这些场合中都是人们求生的重要方式。由此可见，倘若我们只是将早期体育的形式总结为“劳动”“宗教”“娱乐”等因素，则无法精准体现人类体育运动在发展之初的情况。由此可知，人类早期生活的内容和生存技能并非有序产生的，也不是在单一环境中形成的，而是早期生活中物质文明和精神文明不断积淀的结果。

就娱乐功能来说，体育运动自身的竞技性、游戏性及艺术性，使其逐步具备了十分鲜明的自娱功能与娱人功能。人们在空闲时间参与体育运动，往往有助于其处于精力充沛、身心愉悦的良好状态，由此将自身的形体美、运动美及体能水平表现得淋漓尽致，使自身在心理方面的具体欲望得到满足，促使社会文化生活更加多样化。这里所说的娱乐功能就是推动民族传统体育产生与发展的一项重要动力。

如今，在各民族地区文化和科技稳步发展的情况下，社会经济呈现出欣欣向荣的景象，各族人民的生活水平表现出了不断上升的趋势，人们的空闲时间持续增加，民族传统体育活动将会成为构成各族人民社会生活的关键部分，为个体、家庭、社会带来更多快乐。

五、发展民族经济

我国文化宝库中有一颗绚丽多彩的明珠，即民族传统体育文化。对于民族文化来说，民族传统体育是一种特殊的存在方式，在我国各族人民的社会生活中发挥着特殊的社会功能与经济功能。

（一）改善劳动者素质，提高社会生产力

在很久以前，渔猎、游牧、农耕、养殖业在我国少数民族社会经济活动的众多内容中占据主导地位。因为体力劳动在不同类型的生产活动中占据很大比例，所以人们的身体素质与生产技能是全面发展民族经济的重要因素。经济学理论明确提出，生产力的三项要素分别是劳动者、劳动工具、劳动对象。其中，劳动工具由劳动者创造与使用，劳动者在三项要素中最活跃、最积极。大范围开展少数民族传统体育活动，既对劳动者的身体素质有明显的改善作用，也有助于劳动者在活动中高效学习各项劳动技能。

（二）召开传统体育集会，促进经贸交流

我国很多少数民族在传统节日盛会都会积极开展各式各样的民族体育

活动，同时还会举办大规模的民族经济贸易活动。各式各样的民族体育活动和民族经济贸易活动，不仅对我国各民族的商业贸易往来有很大的推动力，还对民族地区经贸事业的健康发展有很大的促进作用。

例如，“三月街”是大理白族的传统节日。发展至今，这项活动已经演变成集民族传统体育、文艺、娱乐、经贸活动于一体的民间传统集会。每逢“三月街”，会有来自我国不同地区和世界各地的人们观看多种民族传统体育文艺表演及比赛。在同时间段内，“三月街”还会积极组织大规模的商业经贸活动及牲畜交易活动。各类活动的成功举办不仅扩大了人们的参与范围，还拓展了民族文化地域的概念，同时使“三月街”在国内外的影响力大大增加，为其所在地及周边地区的民族经济发展注入了强大的生命力，因此“三月街”又被誉为“洱海边上的广交会”。地处我国西南部的瑞丽畹町等地区被设定为国家级口岸，居住在这里的傣族、景颇族及德昂族等和东南亚国家的部分民族在族源上比较相近，因此在生活方式和文化习俗上存在很多共同特点。傣历新年到来之后，人们要举行盛大的“滇缅胞波体育狂欢节”，规模较大、参与人数较多的泼水活动和赛龙舟活动都会举行。在节日期间，来自不同国家和地区的人们会相互泼水祝福，观赏不同类型的民族传统体育文化活动，积极参与大规模的经贸活动，促使我国和周边邻国的关系朝着更好的方向发展。

（三）举行民族传统体育竞赛活动，加速民族经济腾飞

体育是最容易沟通人们思想、最容易让人们形成共识的社会文化形式，因此体育被当代人置于越来越突出的位置，如奥运会已经演变成规模最大、影响范围最广的世界各国人民的大型体育盛会。在民族传统体育国际化发展走向日益鲜明的背景下，世界各国家关于民族传统体育活动的交流和竞赛越来越频繁，而且民族传统体育活动往往与经贸活动融为一体，为区域经济健康发展创造有利条件。

当前，我国积极倡导通过民族传统体育竞赛活动推动地区经济发展。例如，山东省潍坊市从1984年开始，每年都举办民族特色鲜明的国际风筝大赛，参赛队伍来自很多国家和地区，同时会举行大规模的经贸活动，活

动中的成交额呈现出了不断上升的良好态势。

截至当前，全国少数民族传统体育运动会已经逐步演变成了少数民族地区推动基础设施建设、推动民族地区经济社会发展的大好时机。这些发展情况都进一步彰显了民族传统体育活动在现代社会经济发展中的桥梁作用。

（四）发展民族传统体育产业，开发旅游业

20 世纪 80 年代之前，我国只提出了体育事业的观点，还未形成体育产业的概念。体育事业的含义大体由两个方面构成：一方面，体育事业就是人们从事已经确定目标、规模、组织、系统的活动；另一方面，体育事业是指体育部门的绝大多数机构都要接受国家机关领导，国家财政支出有关经费、经济核算环节则不在其中。1985 年，国务院颁布《国民生产总值计算方案》，根据三类产业的分类标准划分国民经济，同时将体育列入第三产业类属，体育产业的概念在我国应运而生。体育产业就是从事生产与经营体育服务产品的工作，由此让广大群众的健身需求、娱乐需求、精神需求得到满足的体育部门与体育机构的活动。在 1995 年初举行的全国体育工作会议上，国家体委指出推进体育产业化是我国体育改革发展的重中之重。在此基础上，我国体育产业正式走上正轨，民族传统体育也正式走上产业化发展与社会化发展的道路。

从根本上说，民族传统体育同样具备很大的商业价值潜力，如包括民族传统体育的竞赛与体育表演、民族传统体育器材、民族运动会期间的门票等均具备特殊的商品经济价值，对推动社会经济发展具有深远影响。

当前，我国少数民族传统体育产业越来越向规模化、集约化、产业化的方向发展，各民族地区相继制定了适合当地民族传统体育产业发展的科学规划，并把该规划纳入国家“富民兴边”工程计划内容，全面整合和开发少数民族的体育资源、自然环境资源及人文资源，不仅对民族传统体育文化资源实施深度挖掘、全面利用及大力开发，还对少数民族传统体育旅游业进行高效发展，致力于打造在国际社会具有知名度的少数民族传统体育产业基地及产业集团，对推动民族地区经济社会发展和扶贫致富工作的

全面开展具有显著的积极作用。

六、提高民族传统体育竞技水平

竞技性是体育文化的精粹与魅力所在，竞争取胜、超越自我、战胜对手、“更快、更高、更强”是体育精神的本质内核。体育的娱乐性主要通过体育运动中比赛双方的竞争形式体现，体育竞赛已成为全人类最易接受的“国际语言”，能为拥有不同社会制度、意识形态、宗教信仰、文化传统、地域环境的世界各族人民理解、接受、关注。因此，现代竞技体育发展成了世界各国人民进行体力较量、智力较量、国力较量的国际性舞台，竞技体育发展水平同样演变成判定和权衡国家实际国力、民族体质水平的一项关键性标志。

分析我国部分民族的传统体育活动发现，这些传统体育活动本来就具备极为鲜明的竞技价值，它们向人们展现出的运动形式特征，以及向人们提出的体能素质要求和其他国家的一些现代竞技体育项目存在许多相似点。例如，射箭项目与摔跤项目，对这两个项目的参与者实施科学的指导和培训，就可以向国家体育事业输送一大批综合素质较高的少数民族传统体育人才。

近年来，各族人民都为我国体育事业的发展贡献了很大的力量，先后出现了很多少数民族运动员，其中还有不少运动健将。由此可见，倘若我国把开发少数民族传统活动中的竞技功能摆在突出位置，把融合民族传统体育和现代竞技体育当成一项重要工作来完成，对我国少数民族人民的身体遗传优势、自然环境优势以及社会人文优势展开深层次挖掘，将会对我国体育事业的发展形成很大的推动力。

综上所述，民族传统体育是一种具备多种功能的社会文化现象。在不断变迁的社会背景下，民族传统体育多样化、覆盖范围扩大化的发展走向会越来越明显。当前，我们应当对民族传统体育文化的社会价值展开大范围的宣传和推广，这不仅有助于构建社会主义物质文明与精神文明，也有助于我国早日建设成体育强国。坚信在党的民族政策和体育方针的正确指引下，在我国经济与社会健康发展的背景下，我国民族传统体育文化会在世界体育文化中扮演更加重要的角色，向世人呈现更加绚丽的民族文化，为我国体育事业全面发展和走向世界贡献更大的力量。

第三章　民族传统体育的历史进程与发展现状

民族传统体育是人们真实生活的写照，也是一笔宝贵的精神财富，这些民族传统体育文化在历史的沉淀中具有时代烙印，代表着一种原生态的体育文化。民族传统体育的开展推动民族传统体育文化“活起来、传下去”，促进民族传统体育文化“创造性转化、创新性发展”，增强民族传统体育文化“族性认同、文化自信”，对民族传统体育文化的继承与发展产生积极作用和深远影响。本章就民族传统体育的历史进程、未来发展与走向展开论述，首先探寻民族传统体育的起源、古代民族传统体育的兴盛与繁荣、近代民族传统体育的转型以及现代民族传统体育的发展，其次从加强民族传统体育的挖掘与整理、教学发展方面详述其未来的发展趋势。

第一节　民族传统体育的历史进程

民族传统体育经历了漫长的发展，其起源、在古代的兴盛与繁荣、在近代的转型与改造、在现代的发展与创新等内容都将在本小节呈现。

一、民族传统体育的起源

随着人类社会的不断发展，民族传统体育的产生与发展具备了必要的条件。在人类社会的新石器时代，人们的生产方式开始从渔猎和采集业逐渐向畜牧业与农耕业转变。直到人类进入父系民族社会时期，手工业才开始出现，商品的交换逐渐频繁，人们的劳动生产力得到了很大程度的提高，产生的剩余产品逐渐增多。在父系氏族的发展后期，出现了私有制，并且产生了一定的阶级划分，各部落之间的战争不断爆发，从而逐渐形成了原始的文化、艺术与宗教信仰等，并且原始的劳动技能传授模式也逐渐转变为以模拟劳动动作与提高身体素质为目的的“身体练习”，这标志着民族传统体育开始萌芽。

（一）起源于劳动生产中

在原始社会，生产劳动一直是人们生存、生活的第一活动，正是在这种生产劳动中才逐渐产生了原始的体育活动。我国是一个农业大国，人们通过生产劳动扩大适于居住的环境，改善自己的生活质量。在同大自然较量的过程中，无论南方还是北方民族，都有各种不同形式的克服自然难题的方法。换句话说，在制造并使用工具的过程中，在提高身体素质以利于生产劳动的过程中，在迁移劳动方式用于放松娱乐的过程中，许多民族传统体育活动得以演化。20 世纪 70 年代，考古工作者在距今至少 10 万年前的山西阳高许家窑文化遗址中，挖掘出了古人类化石和数以万计的石器。而其中的 1500 多枚大小不一的石球引起了大家的广泛关注。据考证，这些石球是当时许家窑人狩猎用的最有力的投掷武器。但随着弓箭等先进狩猎工具的发明，用这些石球作为狩猎工具已逐渐成为历史，后来这种石球逐渐演变为一种娱乐工具，扔石球成为人们的一种消遣活动，给生活增添了许多情趣。

弓箭是狩猎民族的又一主要工具。据古籍记载，原始人可能是通过发现桑拓一类树木的弹力而制成弓箭的。“乌号弓者，拓桑之林，枝条畅茂，乌登其上，下垂著地。乌适飞去，从后拨杀，取以为弓，因名乌号耳。”因而，古代良弓亦称“乌号”。弓箭的发明是原始狩猎时代的一件大事，恩格斯在《家庭、私有制和国家的起源》一书中指出：“弓箭对于蒙昧时代，正如铁剑对于野蛮时代和火器对于文明时代一样，乃是决定性的武器”。在弓箭发明以后，人们狩猎的效率有了很大提高。而随着人们庄稼种植和牲畜饲养技能的不断提高，其狩猎行为逐渐减少。人们弯弓射箭已不再是为了射得野兽饱腹充饥，而是为了显示射箭技艺。这也就让弓箭成为我国古代许多民族经久不衰的一项体育活动项目，礼射、射柳、骑射等不同形式的射箭方法及其背后的含义，逐渐被赋予了民族自身的价值取向、审美情趣，从而成为一项富有浓郁民族特色的体育活动。

除此之外，我国很多深受人们喜爱的民族传统体育项目都源于日常的生产劳动。例如，赛马、斗牛、赛牦牛、斗鸡、斗羊等活动都是在各民族家畜家禽的驯化和畜牧业的基础上衍生而来的。这些民族传统体育活动既是各民族顺应自然的产物，也是人们在生产劳动的核心和辅助活动中衍生出来的活动，对人类的发展都是有利的。

（二）起源于军事战争中

在原始社会氏族公社后期，各部落之间因争夺生存空间或复仇经常爆发各种原始的战争，这些部落间的原始战争也成为民族传统体育萌芽的一个重要社会因素。

根据历史文献记载，可以发现一些有关民族传统体育萌发的基本情况。例如，《管子·地数篇》中写道："葛卢之山发而出水，金从之，蚩尤受而制之，以为剑、恺、矛、戟。是岁相兼者诸侯九"。在《述异记》中也有具体的描述："轩辕之初立也，有蚩尤氏兄弟七十二人……与轩辕斗，以角抵人，人不能向。今冀州有乐名'蚩尤戏'。其民两两三三，头戴牛角而相抵。"从这些传说中，人们可以看到角抵（后来的角力、摔跤、相扑等）的创始人是蚩尤，据说蚩尤还发明了铜兵器（剑、矛、戟等）。虽然这些传说的真实性我们无从考证，但是东夷民族英勇善战的蚩尤部落对原始兵器进行改进是非常有可能的。

在古代，射箭、车战、弩射等军事手段都达到了一定的水平，战斗技能在战争中得到了很好的发展，对个体的战斗训练也受到了各国的高度重视。其中，蹴鞠最早就是为了训练将士的身体素质而创造出来的。在南朝梁人宗《荆楚岁时记》所引刘向《别录》中提到，"蹴鞠，黄帝所造，在练武士，本兵势也"。

（三）起源于宗教祭祀中

在原始社会，由于人们对大自然及社会事物的了解十分贫乏，因此当人们遇到自然灾害的侵袭时，常常表现出恐惧和难以理解，于是开始认为自然界中的万物都是有灵的。最原始的宗教就是以此为基础产生的，其祭祀形式非常丰富，例如图腾崇拜、祖先崇拜和自然崇拜，以及在此基础上产生的原始巫术活动等。而在这些原始宗教祭祀形式中，图腾崇拜和原始巫术对民族传统体育的产生有着较为深远的影响。

图腾崇拜常见于古老的宗教祭祀活动，仅在我国就有龙、鸟、蛇、蛙、虎、熊等各种不同的图腾。从 20 世纪 80 年代至今，我国的考古工作者发现了许多重要的图腾崇拜资料。例如，在辽宁红山文化遗址发现的龙形玉雕，它存在于新石器时代的中晚期，由此可以证明我们的祖先对龙图腾的崇拜起源非常早。在我国长江以南地区较为流行的赛龙舟活动，最初也是一种龙图腾崇拜的仪式。在古越族，人们为表示他们是“龙子”，除了有“断发文身”的习俗外，还有乘着刻成龙形的独木舟在水中模仿龙的姿态竞渡的比赛活动。在我国各地的民间传统体育活动中，除了赛龙舟外，纸龙、舞龙等都有龙图腾崇拜的踪迹可循。虎被中国人视为百兽之王，它是力量和威严的象征，被彝族先民敬奉为原始图腾，视为吉祥与幸福的象征。由于虎被他们奉为祖先，因而在一些彝族人家中的神案上供奉虎形祖灵，大门上挂着虎形辟邪，墙壁上挂着虎图腾壁挂。彝族人称虎神为“罗尼”，这是他们心中的神。虎神可以为他们消灾驱邪，可以保佑他们称心如意、吉祥平安。他们把自己、家庭、家族的幸福，都寄托在虎神的护佑之下。

而原始巫术的产生是由于原始人类对各种自然现象的恐惧和不理解，人们幻想自然界对人存在着一种不可见的影响，认为人也可以采取相应的活动方式来影响自然界与其他人。最原始的巫术活动的目的就是通过一定的巫术形式祈祷狩猎成功、庄稼丰收、家畜强壮多产等。例如，拔河作为一种最原始的巫术活动，主要是为了祈祷丰收。人们希望通过众人的拔河之力感应农作物，使之借助这种力量茁壮成长，从而获得来年的丰收。舞蹈是巫术活动中非常重要的组成部分，它基本贯穿宗教仪式的始终，是一种祭祀神灵的行为活动，而原始的祭祀舞蹈对民族传统体育的发展起到了不可或缺的促进作用。

（四）起源于教育传承中

在任何一个时代，都存在着教育。在原始社会，人类教育的主要方式就是将自身的生活经验传授给后代，以此来提高后代的认识和实践能力。但是，当时的教育还没有从生产过程中分化出来，未形成独立的专门性教育，其实质是在生产劳动过程中进行简单生产技能的传授。

人类文明发展到氏族公社阶段后，逐渐出现了最早的文字、信仰、风俗习惯与艺术等，这也使教育的内容变得更加复杂多样。人们不仅在生产实践中受到教育，还在政治、宗教和艺术活动中受到教育。人们参加选择领袖、讨论公共事务及宗教仪式等社会活动，通过游戏、唱歌、舞蹈等形式开展教育活动，并将神话与传说作为教学材料，这使得教育开始从生产劳动中脱离，大量使用人们自己设计的各种动作与活动形式，逐渐用模拟化的劳动动作代替了直接传授劳动技能的活动。

鄂温克族是生活在我国东北黑龙江畔的一个古老民族，他们在中华人民共和国成立前夕依然保持着原始社会末期的生活状态。在鄂温克族中，男子到了十几岁就开始跟着父兄学习狩猎技术，而父亲则有义务为其准备一支猎枪，并负责对其进行相关教育。这种教育通常是以游戏和体育活动的形式进行的。据此可以推断出，原始教育中包含着大量的体育内容，并且这些体育内容带有明显的地域性特征，这是由于散居在不同区域与环境下的各民族，需要学习与掌握不同的生产劳动技能和工具的使用方法。因此，各民族的原始教育中便包含对各自独特的传统体育内容的学习。

（五）起源于经济活动中

任何社会活动都同经济活动有着一定的联系，民族传统体育同样如此。在最早的自然经济时代，各部落之间的生活相对独立，生产劳动较为繁忙，加上交通不便，使得各部落之间大多只是在节日期间才会聚在一起活动。而这些传统的节庆将信仰、社交、娱乐及经济等活动聚在一起，为商人创造了很好的交易机会。许多体育活动都是商人作为一种商业活动而创造出来的。例如，侗族“花炮节”中被称为“侗家橄榄球”的“抢花炮”，是流行于湘、黔、桂的独具特色的侗族传统文化体育活动。节庆期间，村民卖掉自己的土特产，同时买回日常生活用品，因此“花炮节”也是一个活跃经济的盛会。又如，“三月街”是白族悠久的传统节日，这一活动在现代已经逐渐演变成融民族传统体育、文艺、娱乐与经贸活动为一体的民间传统集会。在“三月街”期间，不仅会举办精彩的赛马、霸王鞭、歌舞等民族传统体育演出、比赛等，还会举办各种大型商业活动和牲畜交易活动，有力地推动了大理及周边地区民族经济的发展。“三月街”现在已被人们誉为“洱海边上的广交会”。

（六）起源于健身娱乐中

民族传统体育活动不仅具有健身价值，而且具有娱乐价值。正是出于对健身娱乐的追求，人们才创造出了各种各样有益身心健康、愉悦身心的民族传统体育活动。与生产劳动、宗教祭祀、军事战争中民族传统体育衍生的过程相比，健身娱乐中的民族传统体育更多来源于人们的创造，根植于民族生产和生活方式、风俗习惯、民族意识，因此可以对这类民族传统体育的产生模式进行独立研究。

我国古代的民间娱乐活动本身就极为丰富，人们通过自己的智慧和勤劳的双手创造出了各种戏曲、杂技、舞蹈等具有各地风情的民族传统体育活动。人们在参加这些丰富多彩的活动过程中，其身心健康得到了很好的发展。例如，在宋代，踢毽子是一项非常受欢迎的体育活动，甚至在当时的临安城中，已经出现了专门制作毽子的手工艺人。明代的《帝京景物略》中出现了有关踢毽子的民谣：“杨柳儿活，抽陀螺；杨柳儿青，放空钟；杨柳儿死，踢毽子；杨柳儿，发芽儿，打拨儿。”由此可知，民间娱乐健身活动非常丰富。在我国还有很多传统的体育项目一直延续到今天，如荡秋千、抖空竹、珍珠球等，这些都是以娱乐为目的，借助一些外部自然条件和其他生产劳动成果或经验创造出来的。

二、古代民族传统体育的兴盛与繁荣

秦汉和三国两晋南北朝时期是我国历史上继往开来的重要时期。秦始皇统一六国后，在各族文化长期互相融合的基础上，采取向兼并地区大量移民的方式，向全国推广农耕文化。秦以后，继续推行统一政策。此时，我国北方也建立了多民族的匈奴帝国。由此，我国统一的多民族国家最终得到确立，各民族间的交往日益频繁。而在“永嘉之乱”结束后，中国经历了空前广泛的民族大融合。持续的民族交往和融合，丰富了体育活动内容，促进了一些民族传统体育活动在各地区的传播与发展。

两晋南北朝时期，民族传统体育活动的发展相比秦汉和三国时期稍显逊色。玄学的兴起，匈奴族、鲜卑族等少数民族的大量内迁，使骑马、射箭等传统体育活动与汉族传统节日相结合。这些都为民族传统体育的发展带来了新的突破，使这一时期的民族传统体育带有明显的时代烙印。

在秦汉之前，民族传统体育活动大多具有较强的功利性，而娱乐性则较为贫乏。在实现统一后，战乱的减少使人们在进行传统体育活动时更加关注活动的娱乐性。而在两晋南北朝的玄学冲击下，民族传统体育冲破了礼教、军事等方面的束缚，开始把握住娱乐性、竞技性的本质，并不断向前发展。

秦汉、三国以后，存在于祭祀活动中的传统体育逐渐摆脱了宗教祭祀的束缚，与节令、节日结合在一起，娱乐的气氛日渐浓重。

例如，投壶就是由春秋战国时期的一种礼仪转变而来的。古时诸侯宴请宾客要请客人射箭，但后来因为有客人确实不会射箭，就用箭投入酒壶代替。久而久之，投壶就代替了射箭。汉魏期间，投壶基本摆脱繁文缛节，游戏化和娱乐性得到进一步加强。

我国的传统体育，特别是与节令有联系的传统体育，在长期的流传过程中被赋予了一定的思想内容，如重阳节的登高、元宵节的灯会等。

隋唐时期经济昌盛、社会稳定繁荣在一定程度上为民族传统体育的兴盛创造了有利条件。例如，端午节的龙舟竞渡，娱乐竞技特色尤为突出。

拔河比赛不仅在民间流行，而且进入了宫廷。开展拔河的时间常被安排在正月十五，参加拔河的人数动辄上千，颇有声势。此外，寒食节是我国古代的传统节日。“寒食”蹴鞠最早出现在南北朝，至唐代时十分兴盛。

隋唐时期的统治思想较为开明，对外来文化兼收并蓄，积极发展与外邦的友好关系，从而使许多传统体育项目得以传播出去。同时，异域的体育文化也充实了民族传统体育。

在唐开元、天宝年间，中亚细亚的很多国家曾多次向唐王朝进献胡旋女子，于是胡旋舞被传入中原。据记载，唐太宗李世民听说西番人好打马球，就专门派人去学习，不久马球就在王公贵族间流传开。唐朝时，日本和朝鲜与中国的交往最密切。从公元 630 年开始，日本多次大规模派出“遣唐使”和留学生。中国的投壶、蹴鞠、击鞠、围棋、步打球先后传入日本，日本射手在唐高宗年间也曾来我国表演射技。朝鲜也曾多次遣使来我国，与唐朝建立了深厚的友谊。我国的围棋、蹴鞠等传统体育项目也在此时传入朝鲜。

在南北朝以前，围棋具有强烈的军事性特点，但随着国家的统一和发展，人们逐渐对围棋有了新的认识，围棋不仅具有军事性的特点，还具有娱乐性的特点。《隋书·经籍志》把辑录的围棋著作全部归入《子部·兵书类》，但专门记录唐朝一代藏书之盛的《旧唐书·经籍志》和《新唐书·艺文志》则把围棋著作归入《子部·艺术类》。这说明当初具有较强军事价值的围棋运动，逐渐转变为一种陶冶情操和愉悦身心的民族传统体育活动。

在两晋南北朝后期，由于大量的少数民族进入中原，少数民族中尊重妇女的社会风气对汉族地区男尊女卑的陋习有着很大的冲击。隋唐时期，儒学思想的地位没有达到两汉时期的高度，使得封建礼教对女子的束缚有所放松，在这一背景下，出现了我国古代历史上少有的女子体育繁荣的景象。隋唐时期，常在女子中开展的民族传统体育项目主要有击鞠、蹴鞠、步打球、射箭及舞蹈等。

在封建社会时期，为了提高生产力和增强国力，统治阶级都采取了一系列的新政。在发展过程中，国与国之间还会发生许多大大小小的战争，因此统治阶级对军事训练越来越重视。正是在这样的背景下，与军事相关联的传统体育项目也得到了一定程度的发展。

一些以畜牧、狩猎为生的少数民族参与中原战争后，进一步刺激了具有军事意义的传统体育活动的发展。例如，契丹族、女真族和蒙古族等少数民族为了促进骑术、弓箭术的发展与提高，专门设有骑射节目，目的在于推动骑射技术的发展。蒙古族把角抵（摔跤）放在与骑马、射箭同等重要的位置上，元朝统治阶级大力推崇这项活动。骑射既是满族长期生活和生产的主要手段，又是清代宫廷中主要的军事训练活动和娱乐项目。在清代，除了骑射和摔跤外，冰嬉也得到了快速的发展。

市民体育活动是除宫廷、官僚及军队体育以外，由城市中下层人民进行的一类体育活动。在两宋时期，手工业和商业的发展空前繁荣，城市人口大大增加，文化繁荣兴起。于是，我国民族传统体育中的市民体育就这样得到了蓬勃发展。

宋元时期，市民体育的兴起拓宽了民族传统体育的发展空间，特别是适合市民休闲娱乐需要的具有表演性与自娱性的传统体育得到广泛的开展和传播。

武术是我国重要的民族传统体育运动项目，它的兴盛和发展对我国民族传统体育的发展有着非常重要的促进作用。直到宋代，武术都还未能从军事武艺中分解出来。在北宋，武术表演属于军中百戏，由“花妆轻健军士百余”来表演。至明清，武术才出现从军事技术中分化出来的迹象，逐渐发展成具有健身娱乐性质的运动项目。

武术的内容丰富多彩，在我国的发展非常广泛。我国是一个统一的多民族国家，具有众多不同的人文文化。在这样的背景下，产生了许多不同的武术类别和不同的武术门派。据黄宗羲的《王征南墓志铭》记载：“少林以拳勇名天下，然主搏于人，人亦得而乘之；有所谓内家者，以静制动，犯者应手即仆，故别少林为外家。”可见，当时已有“内家”与“外家”之分。此外，还有“武当”“峨眉”等派别。

随着武术运动不断向前发展，武术理论的研究也取得了一定的成就，关于武术的著述不断涌现，如明清时期程宗猷的《耕余剩技》、戚继光的《纪效新书》、吴殳的《手臂录》和俞大猷的《剑经》等。

三、近代民族传统体育的转型

1840 年鸦片战争至 1949 年中华人民共和国成立期间，中国处于半殖民地半封建的社会状况中。这一时期，中国的体育在形式和内容上主要由两个部分组成：一是中华民族固有的近代传统体育；二是研究西方近代体育传入中国后，民族传统体育在特定历史环境中继承、演变和发展的历史。

西方近代体育传入中国后，以武术为基本内容的传统体育在自然延续、演变的过程中，逐步退出了主导地位而流行于民间，西方近代体育在中国传播发展，并成为中国近代体育的主流。但民族传统体育并没有消失，而是在新的历史条件下继续生存和发展，并且在接受西方近代体育的基础上，进一步完善和发展自己，完成了民族传统体育在近代的转型。

（一）民族传统体育观念的转变

从西方国家发展起来的许多近代体育项目传入中国，这无疑是对中国传统文化的一次冲击。在中华大地上土生土长的民族传统体育，在与西方体育的碰撞中，不断地被重新认识、改造和发展。

这种重新认识的过程，早在洋务运动时期就开始了。洋务派与维新派认为，西方除了有强大的军事工业外，还重视体育活动，全民皆兵，但尚武与重视体育活动非西方国家所独有，我国古代早就有尚武之风。为此，倡导国家大力发扬中国的习武传统，以强国强民。

1915 年，体育界一批有识之士在西方体育传入我国后对民族传统体育的发展进行检讨，认为各国的体育运动因其风俗和习惯等不同各有特点，未必符合我国的国情。因此，发展体育运动应从我国的实际出发。这种观点促使体育界开始了对传统体育文化的再认识，并重新评价民族传统体育。当时不少人认为，由于受到政治、经济、文化发展不平衡的限制，刚刚传入中国的西方体育尚不能完全被人们接受，因而主张对民族传统体育进行深入研究，找出其在时间上、能力上、经济上都合算的“适宜运动”。体育界一些人士更著文称传统体育“较诸新法各游戏（指西方近代体育）优点良多”。上述认识和观点的出现，形成了一场关于西方近代体育与我国民族传统体育比较的大争论，把对传统体育的认识与反思推向了高潮。

（二）民族传统体育内容的改造

在对民族传统体育的再认识与改造过程中，人们不再单纯地从练兵、娱乐、礼教等意义上去认识和看待传统体育，而是认为民族传统体育与西方体育一样具有强身健体和教育等功能，应当受到重视。这样一来，对民族传统体育中的健身术和武术的研究与推进，成为这一时期近代体育演变过程中的重要内容。

20 世纪 20 年代前后，体育界人士开始对传统体育的活动形式进行整理研究。以精武体育会、北京体育研究社等为代表的一些组织和人士，在继承传统的基础上对传统体育（主要是武术）进行了整理。这种整理和改造促进了武术运动的推广与普及。

以马良为代表的一些人利用近代运动形式对传统体育活动进行了改造，如“五四”前后的“新武术”，20 世纪 30 年代褚民谊的太极操等，都采用了近代徒手操的某些形式。这种改造无论成功与否，都不失为一种有益的尝试。

另外，有不少人从民间游戏中整理出一些项目提供给中小学校作为体育教学的内容。金兆钧的《中国游戏》、潘蛰虹的《踢毽术》和王怀琪的《正反游戏法》等，这些著述也对民间游戏的推广起到了积极作用，还有滑冰、空竹、风筝等也都得到一定的整理与研究。在对传统体育活动进行整理和改造的基础上，以传统体育活动为内容的运动竞赛也不断增多。其中，规模较大的有 1924 年长沙风筝比赛、1933 年河南第一届民俗运动会、1933 年天津踢毽子比赛等。这些比赛的规则对民族传统体育项目的普及与提高有着积极作用。

（三）民间流行的传统健身活动

近代在民间还流行着许多与武术有关的健身活动，如八段锦、易筋经、五禽戏等都在这一时期得到了较大的发展。八段锦起源于宋代，原本有文武之分，明清时流行文八段，近人在文八段的基础上增加了四段，取名为“十二段锦”。易筋经最初见于明天启四年（1624 年）的手抄本，但直到清道光以后，才得到较广泛的流传。由于古本易筋经中许多与呼吸结合的方法含有不少糟粕，因而近代流行的主要是易筋经的肢体运动部分。五禽戏相传为汉末华佗所创，是模仿虎、鹿、熊、猿、鸟五种动物的动作编成的一套健身操，至近代已有多种形式，有的偏重内功，有的着重练“刚”劲，有的着重练“柔”功。

近代民间的传统健身活动还有杠子、皮条、石担、石锁等形式。杠子相当于现今的“单杠”表演，皮条则与“吊环”相仿，而石担、石锁则是一种练习力量的方式。这些场地简易、设施简单的健身活动易于普及，主要流行于乡间田野，具有相当强的生命力，它们与传统武术等成为当时民间常见的健身活动的主要形式。

此外，在少数民族居住地区，许多具有地域特征的民族传统体育项目也成为人们强身健体的活动内容。譬如，哈萨克族的“姑娘追”和“刁羊”，藏族的“碧秀”（响箭），以及在蒙古族和朝鲜族等民族中广泛开展的摔跤活动等。

四、现代民族传统体育的发展

中华人民共和国成立后，党和政府提出了“积极倡导，加强领导，改革提高，稳步前进”的民族传统体育发展方针，为各民族传统体育的交流和发展创造了良好条件，民族传统体育迎来了新的发展机遇。

（一）挖掘与整理阶段

部分从政者对少数民族文化（包括民族传统体育文化）持任其自生自灭的态度。中华人民共和国成立后，党和各级政府以“清理古代文化的发展过程，剔除其封建性的糟粕，吸收其民主性的精华，是发展民族新文化、提高民族自信心的必要条件”① 的精神，作为少数民族传统体育发展的根本方针，通过挖掘、整理，不仅使少数民族传统体育逐渐摆脱了地域限制，还使其影响范围逐步由地区向全国扩展。

1949 年，国家对民族传统体育进行了大规模的挖掘与整理，把具有浓厚民族色彩的少数民族传统体育活动发展成对抗性较强的竞技运动。例如，流行于各民族中的摔跤活动经过整合和改造，已发展成具有民族特色的中国式摔跤，被列为第一届中华人民共和国少数民族传统体育运动会（以下简称“全国民运会”）的竞赛项目，并在 1953 年成立了中国摔跤协会。随后，国家体育运动委员会颁布的《中华人民共和国运动竞赛制度的暂行规定》把中国式摔跤列为实施竞赛制度的 43 个运动项目之一，并规定每年举行一次单项锦标赛。1956 年，在北京举行了中国式摔跤锦标赛。1958 年，国家体育运动委员会制定了《中国式摔跤竞赛规则》。至此，我国的传统体育项目——摔跤完成了它的竞技性改造。1984 年，有 21 个省、自治区、直辖市代表队参加了全国民族传统体育形式表演及竞赛大会。大会期间，各队表演了蒙古族摔跤、朝鲜族摔跤、维吾尔族摔跤，以及国际上比赛的古典式摔跤和自由式摔跤，交流了各种摔跤技术，充实了中国式摔跤技术的宝库。

此外，1953 年举行的全国民运会也是民族传统体育获得新生的一个标志，是我国民族传统体育运动史上的一座里程碑。总之，首届全国民运会确定了少数民族传统体育的发展方向，加强了全国各族人民的团结，为民族传统体育的研究和整理打下了基础，标志着少数民族传统体育发展步入了新的历史时期。

（二）停滞与恢复阶段

20 世纪 50 年代后期至 70 年代后期，少数民族传统体育不可避免地受到“左”倾思想的严重干扰。

---

① 毛泽东．新民主主义论[M]．北京：人民出版社，1940.

党的十一届三中全会之后，少数民族地区的经济有了长足发展，为民族传统体育的发展奠定了坚实的物质基础，营造了良好的社会环境，复兴民族传统体育的时机已经成熟，只是 20 多年发展停滞造成的损失难以弥补。进入 20 世纪 80 年代后，国家有关部委召开了全国少数民族传统体育工作座谈会，将民族传统体育工作重新列入工作议题，积极倡导挖掘、整理民族传统体育项目，但民族传统体育发展不及预期。以第二届全国民运会为例，虽然参加人数与第一届全国民运会相比有所增加，但竞赛项目只有两项，并且采用的是其他运动会的比赛规则和形式，缺乏民族特色，比赛规则、项目设置等均有待进一步完善和规范。总之，此时的民族传统体育项目仍处在百废待兴的局面。

（三）普及与提高阶段

到了 20 世纪 80 年代后期，民族传统体育进入普及与提高阶段。从 1982 年开始，全国民运会每 4 年举行一次，至今已分别在天津、内蒙古、新疆、广西、云南、北京、西藏、宁夏等省、自治区、直辖市举办了 9 届。由于国家的支持和各省、自治区、直辖市的共同努力，全国民运会以其民族性、广泛性和业余性为特色，是全国较有影响的大型综合性体育运动会之一，在挖掘、整理各民族传统体育项目，弘扬民族传统体育文化，发展民族传统体育事业和全民健身运动，提高各族人民身体素质，促进各民族团结等方面作出了积极贡献。

此外，民族传统体育的提高还体现在以下三个方面。

第一，对一些民族传统体育项目进行改革和综合创新。譬如，1984 年，国家体委综合蹴鞠、花毽和现代足球、排球、羽毛球运动的特点，推出毽球项目，这是贯彻古为今用、开发民族传统体育的成功尝试。进入 20 世纪 90 年代，北京市民族传统体育协会根据古代人们蹴鞠的方法，结合流传于我国民间的一些球法，挖掘、整理出一项新兴的民族传统体育项目——踢石球（后正式更名为“蹴球”）。1991 年第四届和 1995 年第五届全国民运会上蹴球被列为表演项目，在表演过程中没有统一的规则，对场地、器材也没有统一的要求，运动员在场上随意踢、踹。1996 年，国家体委、国新民委将蹴球项目的研究和整理工作交给了北京体育大学。北京体育大学科研处组织有关专家对蹴球项目进行了为期三年的研究和整理，并为蹴球项目制定了比赛规则，助推蹴球项目成为第六届全国民运会的正式比赛项目。

第二，对一些民族传统体育活动中存在的陋习进行了革除，如傈僳族的“东巴跳”，经过提炼和改革，摒弃封建文化的糟粕，弘扬其健身和艺术的价值，成为一项独具特色的民族传统体育活动。流行于江浙一带的龙舟竞渡活动，具有极强的民族特色，蕴含着我国丰富的传统文化，但其中迷信成分占有很大的比重，经过改进，陈俗陋习被革除，现已成为深受全国各地民众欢迎的一项传统体育活动。

第三，独具特色的民族传统体育开始走出国门、走向世界。1990 年，在北京举行的第十一届亚运会上中国武术被列为正式比赛项目，并成立了国际武术联合会。1991 年，在内蒙古举办了“国际那达慕大会”，向世人展现了具有草原风采的民族传统体育文化。另外，毽球、龙舟、风筝、围棋等项目的国际性表演和竞赛日趋增多，呈现出前所未有的发展趋势。

综上所述，中华人民共和国成立后，在挖掘、整理、研究和提高方针的指导下，民族传统体育项目得到进一步丰富和完善，完成了组织建设，正确处理了继承、改造、创新与发展的关系，并通过各种形式的运动会和竞赛活动增强了各民族之间的相互了解、相互学习和相互促进。几十年的事实表明，民族传统体育已成为我国各族人民体育生活中不可缺少的重要组成部分，并已逐渐成为人类共有的财富。

第二节　民族传统体育的未来发展与走向

本小节主要论述民族传统体育的未来发展与走向，强调一要加强对民族传统体育的挖掘与整理，这对保护和传承民族传统体育十分重要；二要促进民族传统体育在高校中的传播和发展，通过学校这一平台，扩大民族传统体育的影响力和研究领域。

一、加强民族传统体育的挖掘与整理

（一）挖掘可以健身娱乐的民族传统体育项目

随着现代社会的快速发展，参加体育活动已成为人们健身娱乐的一种需要，闲暇体育、终身体育等逐渐成为社会潮流。现代社会，人们外出旅游的机会越来越多，全国各旅游景点也纷纷推出特色体育项目以吸引游客，这对民族传统体育挖掘、整理非常有利，但也对整理工作提出了更高的要求。

（二）挖掘适合学校体育教学的民族传统体育项目

中华人民共和国成立后，一些锻炼价值较高的民族传统体育项目相继被列入全国或地方的学校体育教材中，如武术、八段锦、秋千等。国务院正式颁布实施《全民健身计划纲要》，这标志着中国社会体育进入了一个全面发展的新阶段，民族传统体育项目开始受到各学校的普遍重视，学校原有的竞技体育项目开始受到冲击，很多枯燥无味的竞技体育项目渐渐退出学校体育课堂，而代之以一些民族传统体育项目，如踢毽子、跳绳、拔河等。对这类民族传统体育项目的收集、整理和创新工作将成为体育教材改革的突破点。

（三）加强民族传统体育与体育产业的有机结合

我国的民族传统体育项目众多，但起点较低，发展还很不完善。20 世纪 90 年代以后，人们开始认识到体育的商业价值，开始用市场经营手段经营体育事业，找出了一条以民族传统体育促进全民健身运动，再推动相关体育产业发展的道路。“中国体育由社会体育、学校体育和竞技体育三部分组成，这是中国体育进行、发展和管理的社会现实，也是中国体育决策的依据。”无疑，我国的体育产业应围绕社会体育、学校体育和竞技体育展开。这就给围绕民族传统体育项目的挖掘、整理工作出了一道难题，既要找出好的体育项目，又要有利于体育产业的顺利发展，两个方面要兼顾。在此基础上，还必须考虑到当时我国刚刚起步的体育产业的发展。

（四）民族传统体育的挖掘和整理与国际化相结合

如今，竞技体育得到迅速发展，深受世界人民的喜爱，可见竞技体育有其先进性和合理性。竞技体育赛事中最有代表性的就是奥运会，它起源于西方国家，表达了人们“更快、更高、更强”的愿望，得到了全世界人民的响应，因此就有了今天奥运会的盛况。我国已经举办了令世人瞩目的2008年北京奥运会和2022年北京冬奥会。

通观现代奥运会的项目，基本上都来源于西方文化，而历史悠久的东方文化却很少涉及，这很值得我们思考。如今，奥运大门早已向全世界打开，这给了我们一个宣传东方文化绝好的机会。日本、韩国正是抓住了柔道、跆拳道中全世界都能接受的共性的东西，合理地进行了改革，使柔道和跆拳道成为世界性的正式比赛项目。现在，这两项体育项目都以自己独特的魅力深深地受到全世界人民的喜爱。这是民族传统体育项目挖掘、整理、开发的成功典范。

二、促进高校民族传统体育教学的发展

（一）厘清民族传统体育发展的方向

在高校民族传统体育发展的过程中，要在战略上给予高度重视，厘清民族传统体育发展的方向。学校各相关部门应充分挖掘地方民族传统体育资源和特色项目，将民族传统体育引入高校体育教学课堂，使大学生受到民族传统体育文化的教育和熏陶，深入了解和体验民族传统体育文化的内涵，提升民族传统体育文化的内在品质，让具有时代色彩和现代人文精神的民族传统体育立足世界文化之林。

（二）建立健全高校民族传统体育发展机制

高校具有自身的功能与优势，其在汲取各民族传统文化精华、促进民族团结、培育人才与传承文明等方面负有不可推卸的责任。随着现代社会“休闲时代”的来临，传播和倡导区域性传统体育活动，并使之成为不同区域和人群的健身方式将极大地促进人们的健康。高校应该为所在地的经

济、社会和文化的发展服务，各相关职能部门应该制定各种政策，采取各种措施，建立和健全民族传统体育在各高校的发展机制，确保其在高校体育发展中应有的地位，以调动各高校开展民族传统体育教学与训练的积极性，尽早形成有利于我国民族传统体育发展的良好的高校体育文化氛围。

（三）建立健全高校民族传统体育竞赛体制

定期举办全国民运会和单项邀请赛等，可以激发各高校开展民族传统体育项目的积极性，并形成有效的训练、比赛周期，保证学生的兴趣在课外得到延伸和发展。这样可有效地引导和激发学生的参与热情，推动民族传统体育的普及、发展和运动技术水平的提高，使民族传统体育活动具有较强的观赏性和吸引力。建立和健全民族传统体育的竞赛体制，可以借鉴和采用其他已发展得比较成熟、已形成自己独特体系的运动项目，并结合民族传统体育项目的具体实际，走出一条适宜高校发展的竞赛体制道路。

（四）将民族传统体育教学、科研与训练相结合

从目前我国学校民族传统体育的发展状况来看，仅仅在民族地区培养民族传统体育人才是远远不够的，必须将重点放在青年学生比较集中的高校培养上。可通过鼓励各高校开设内容独特、健身价值高、表现形式新颖的民族传统体育项目课程，并对运用科学的方法和原理选择的项目进行系统性研究，进而使高校成为系统研究某一民族传统体育项目的学术权威，使之开设的项目更容易被具有现代科学意识的大学生认同和接受，激发大学生的学习兴趣和热情，推动民族传统体育的普及与提高。同时，还要鼓励各高校积极申办民族传统体育项目训练基地，培育出一批高素质、高水平的教练员和运动员，带动高校相应民族传统体育项目的开展，不断提高民族传统体育的教学和训练水平。

（五）通过“生活化”促进民族传统体育可持续发展

实际上，任何一个国家或民族的体育形式要被世界人民所接受，首先必须有广泛的群众基础，这样才能便于开展各种活动。随着我国综合国力的增强以及人们物质生活水平的极大提高，人们的日常生活已由过去主要

关注基本的物质生活资料转变为关注自身生活质量的提高。在各民族中，深受人民群众喜爱的民族传统体育项目有着广泛的群众基础，并且符合当前大众的消费能力。一些具备市场发展条件的民族传统体育项目已经进入市场被开发，如舞龙、舞狮等已经走上了产业化道路，并采用了市场化运作模式。

第四章　民族传统体育教学学科理论体系构建

民族传统体育作为一门综合学科，包括文化学、民俗学、民族学、体育学等各学科内容，这就要求不同领域的研究者通力合作，积极探索各学科内容的深刻内涵，把握各学科的发展规律，进而用合适的方法和工具分析出民族传统体育教学学科的未来发展趋势。本章就民族传统体育教学学科理论体系构建展开论述，首先论述民族传统体育教学的构建内容和构建原则，其次论述民族传统体育教学的原则和方法，最后论述民族传统体育教学的课堂组织形式与教学过程。通过层层深入的论述，为读者揭开民族传统体育教学学科理论体系的神秘面纱。

第一节　民族传统体育教学的构建内容和构建原则

本小节重点论述民族传统体育教学的构建内容和构建原则，其中构建内容包括学科体系建设、课程改革、教材建设和人才培养，构建原则包括“文化筛选”“变与不变相统一”“重塑性”“多元一体化”。

一、民族传统体育教学的构建内容

（一）民族传统体育学科体系建设

随着时代的发展和现代科技的进步，大量先进的科学技术被应用于体育教学中，为逐步建立起一个完善的民族传统体育研究的学科体系，为民族传统体育更好地发展奠定了良好的基础。有关民族传统体育的研究需要不同领域的学者通力合作，民族传统体育的发展也需要民族传统体育教学工作者坚持用严谨的科学态度和科学方法对繁杂的民族传统体育项目进行甄别与分析。因此，建立健全民族传统体育教学学科体系能使民族传统体育教学工作者更好地组织和实施教学。

发展到现在，民族传统体育教学有了一定的进步。在现阶段，要从民族传统体育的文化内涵中全面深刻地分析、探寻其本质特征，用现代的理论对民族传统体育中一些古老的命题进行诠释，赋予其新的内涵和意义，再结合现代体育的组织形式，对民族传统体育进行整合，体现民族传统体育的民族性和世界性，促进我国民族传统体育的真正复兴和发展。

（二）民族传统体育教学课程改革

增强学生身体素质，培养学生“终身体育”意识是对学生进行体育教育的主要目的。“终身体育”思想的形成不仅可以促使人们形成良好的体育健身习惯，促进身心发展，而且可以促进和谐人际关系的形成，利于社会的发展。因此，要始终贯彻“终身体育”思想，积极推进学校民族传统体育教学课程的改革和发展。

学校教师和相关部门领导应积极发掘地方特色资源并引进少数民族传统体育，激发学生的学习兴趣。对民族传统体育的发展，各高校应结合自身条件和地域特点，形成自己的特色教学，使我国高校民族传统体育教学斑斓多姿、丰富多彩，只有这样才能真正促进我国民族传统体育的发展。

（三）民族传统体育教学教材建设

教材是进行教育的基础，民族传统体育教学教材对民族传统体育教学的发展至关重要。因此，在现阶段，各学校要不断加强民族传统体育教学教材建设，创编出优秀的民族传统体育教材，促进民族传统体育教学的发展。

关于民族传统体育教学教材的创编，武术是中华民族传统体育文化的重要组成部分，其教材在编写内容上要力求创新，创编那些具有丰富攻防内涵的精简套路，完善和充实武术理论，增加武德教育、优秀传统文化教育及健身机理等理论内容；将具有浓郁地方特色的民族传统体育及少数民族传统体育纳入教材，充分体现民族特点。此外，将具有代表性的项目编写成双语教材，供世界各国的留学生和华侨生学习，促进东西方文化交流，提升我国民族传统体育文化在世界体育文化中的地位。

（四）民族传统体育教学人才培养

人才既是社会发展的动力和保障，也是民族文化传承的保障。当前，我国的民族传统体育教育存在着人才紧缺的现象，这是制约我国民族传统体育发展的重要因素之一。因此，各地区的体委、民委、教委和文旅部门应密切配合，一方面有计划地培养一批民族传统体育干部、体育骨干和体育教师；另一方面应以多渠道、多形式的方法培养多种层次的民族传统体育人才，逐步扩大高等体育院校招收民族学生的名额或开设民族传统体育班，积极培养民族传统体育后备人才。

二、民族传统体育教学的构建原则

（一）坚持“文化筛选”原则

文化发展的实质是原创文化实现文化当代性的变迁，而文化变迁的实质是将原创文化融入现时社会，并与现时社会的发展背景、外来相关文化等进行全面或部分的接触与碰撞，并在这一接触与碰撞过程中形成鲜明的现代社会意义和价值对比，从而实现民族传统文化的当代转型与变迁，这一过程就是文化筛选。文化筛选的基础是建立在对民族传统体育文化再认识和再发掘过程中的，并要求在其中找到一个新的民族传统体育文化与社会发展相适应的结合点。

我国的民族传统体育项目众多，这些项目的文化内涵、运动形式以及参与运动的主体都相对或多或少地保留着封建的、不科学的成分。这些成分的存在，从某种意义上讲是同社会发展潮流不相适应的。因此，要想促进我国民族传统体育的发展，就必须坚持“文化筛选”的基本原则。

在全球一体化发展的今天，文化的全球化趋势也越来越明显，但需要注意的是，文化的融入和变迁是需要一定的环境与时机的。它是建立在一定基础上的，必须由原创文化本身的现代价值所决定。因此，文化筛选必须坚持“古为今用”的思想原则，坚持文化发展的先进性特质，认清民族传统文化遗产中民主性精华不同于封建性糟粕的性质，在发展的过程中要取其精华、去其糟粕。只有这样，才能保证我国民族传统体育得到更好发展。

（二）坚持“变与不变相统一”原则

在体育全球化发展的背景下，如果我们仍然坚持民族传统体育在传统意义上的发展，就会故步自封、毫无生气，致使民族传统体育跟不上时代发展的潮流和步伐。民族传统体育是随着时代的脚步不断向前发展的，其带有的时代性、地域性和民族性的内容都会随着时代的发展而不断发展与变化；在与不同文化的交流中，民族传统体育受到异质文化的影响也会改变自身的内容和形式。例如，花毽变为毽球运动，竞技武术以竞赛方式开展，这就是我们应该认可的“变”。但文化又具有稳定性和延续性，在不断发展、变化的过程中，其具有的普遍性内容会被保存和延续下来，成为贯穿整个发展过程的基本精神、基本特点，形成文化的传统，这就是我们追求的“不变”。

在民族传统体育发展的过程中，我们要坚持“变与不变相统一”的基本原则，实现民族传统体育本身“具有普遍意义的精神和内容是不变的，其具体内容和形式则是变动不居的”目的。

（三）坚持“重塑性”原则

民族传统体育的发展，一定要坚持“重塑性”的基本原则，该原则主要包括以下两个方面：第一，先进的西方体育思想、机制和观念指导民族传统体育的改良与发展；第二，民族传统体育发展的现代化进程亟须加快。只有坚持用科学的理论与方法对民族传统体育进行甄别、选择、更新和转化，才能实现真正意义上的民族传统体育的复兴。

民族传统体育的重塑和发展，必须坚持体育服务大众、服务现代社会的发展改良观。另外，还必须同时建立文化的可同化观、可融合观，否则势必将削弱民族传统体育的社会效用和文化效用。在民族传统体育的重塑和发展过程中，必须认识到传统体育存在的局限性及发展的不利因素。

民族传统体育本身存在着诸多要素，如主流文化和非主流文化、学术文化和大众文化、精英文化和糟粕文化、官方文化和民间文化、本土文化和外来文化等。从某种意义上说，今天的民族传统体育的表现形式和内容相比以前已有了很大不同，形成了既有本土文化又有外来文化因子的形式。因此，就民族传统体育发展的总趋势而言，应当从内容、形式、作用等多个方面对民族传统体育进行挖掘和整理，从而使其成为世界体育的有机组成部分，使我国的民族传统体育在显示民族特性的同时具有鲜明的世界特性。

民族传统体育的重塑必须建立在对民族传统体育现实意义的追求和改良上。将民族传统体育中的固有命题用符合社会发展的理论进行阐释，赋予其新的内涵，使其富有社会时代意义。民族传统体育的重塑要从现实需要出发，通过重塑民族传统体育的形式和内容，寻求传统体育中的民族智慧和当代效用，为解决当代体育健康、社会健康等方面的问题提供新的体育发展思路与历史借鉴，补充并丰富现代体育的内容，这才是真正意义上的民族传统体育的重塑。

（四）坚持“多元一体化”原则

文化的多元一体化，是指文化存在本身的多元化。文化的“多元化”表现在两个方面：一是具体文化形式和风格的多样化，二是文化的主体、坐标和取向的异质性等实质性内容。在长期的发展过程中，民族传统体育的全球化发展成为一种历史发展的必然，在这一全球化发展过程中，如何处理好全球化背景下体育文化多元一体化的问题、民族传统体育内部多元一体化发展的问题，已经成为我国发展民族传统体育必须解决的关键问题。

在以前，我国的民族传统体育深受西方体育的影响，但中华民族传统体育在与西方体育碰撞、交流与融合的过程中，仍然逐步实现和体现出了世界性与全球性，其生命的延续和在世界范围内的传播及普及推广仍有着内在的发展逻辑。在当今全球化发展形势下，民族传统体育也受到来自各方面的巨大挑战。因此，民族传统体育应该顺应时代发展的潮流，坚持“多元一体化”的发展原则，只有这样才能取得更好的发展。

在现代社会快速发展的今天，人们必须加强民族传统体育一体化发展进程中的革新和改良，将民族传统体育的一体化发展建立在多样化的基础上。人们应充分认识到民族传统体育的一体化发展是无法阻挡的，多元一体化的民族传统体育的继承和发展是历史的必然选择。

第二节　民族传统体育教学的原则与方法

民族传统体育教学的原则包括直观性原则、巩固性原则、地域性原则、创新性原则、兼收并蓄原则、全面发展性原则、循序渐进性原则、自觉积极性原则，教学方法则有语言教学法、直观教学法、完整与分解教学法、预防与纠正错误教学法、游戏教学法、多媒体教学法、自主学习教学法。

一、民族传统体育教学的原则

（一）直观性原则

直观性原则是指在民族传统体育教学过程中，教师应结合体育运动规律及特点，充分利用学生的听觉、视觉、肌肉本体感觉和已有的知识、技能，以获得生动形象的表象，通过正确示范和广泛运用直观教学手段（图片、电影、录像等）促进学生掌握体育运动的知识、技术与技能。

在民族传统体育教学过程中，遵循直观性原则应做到以下几点。

1．讲解要准确

教师准确的讲解有助于学生科学认识民族传统体育的相关知识、技能和运动规律，准确的讲解是科学教学的前提和基础。

2. 示范要正确

在体育教学中，教师正确的示范具有重要作用。民族传统体育教学的直观性原则要求在教学实践中，教师应充分利用动作音像教材的演示特点和作用，加深学生的直观印象。

3. 重点要突出

民族传统体育教学的直观性原则要求教师突出教学重点，让学生知道看什么和如何看。

4. 引导要有效

教师在教学时，应引导学生有目的、有重点、有层次地观察，使学生能运用抽象的思维，透过现象了解动作技术的特点和关联，弄清动作的技术结构、技术关键和完成方法与要领，并最终掌握该动作或技能。

（二）巩固性原则

民族传统体育教学的巩固性原则是由条件反射强化、消退的理论与人体技能适应性规律决定的。民族传统体育的教学过程，是学生认识、理解、掌握、巩固和提高民族传统体育项目运动技能与运动水平的过程。在教学中，要想使学生牢固地掌握民族传统体育的技术，获得逐步提高和完善，建立正确的动力定型，就必须督促学生长期反复地学习和练习，以量变促进质变，使学生不断巩固所学知识和技能，实现增强体质、全面发展的运动目的。

民族传统体育教学的巩固性原则主要包括以下内容。

1. 增加练习次数，组织学生进行经常性、反复性的练习

在民族传统体育教学过程中，当学生初步掌握动作后，就应组织学生进行大量的练习，促进学生的动作从量变到质变，使学生逐步形成正确的动力定型。需要说明的是，这里提及的反复练习并非简单的重复，而是指教师在组织学生进行练习的过程中要不断对学生提出新的、更高的要求，并经常对学生进行技术评定，使学生看到自己的进步和不足，从而巩固与

提高运动技能。

2. 改变练习条件，逐步提高练习的难度

在民族传统体育教学中，适当改变练习条件不仅可以检查学生掌握技能的熟练程度，使学生的运动技能得到更好的发展，还可以丰富教师的教学手段，提升学生学习的新鲜感和积极性。

（三）地域性原则

由于我国地大物博，我国的民族传统体育项目呈现出明显的地域性特点，不同项目之间存在着较大差异。因此，在民族传统体育教学过程中，教师应因地制宜，以本土民族传统体育项目为主，充分展现本地师资力量优势。在此基础上，不断拓展其他民族传统体育项目教学，使学生广泛地了解和掌握我国民族传统体育知识与技能。

（四）创新性原则

在民族传统体育教学发展过程中，必须坚持创新性原则，因为创新是推动事物不断向前发展的主动力。目前，被全国民运会采纳的民族传统体育项目的不同程度创新为我国部分民族传统体育项目向全球传播奠定了基础。但需要注意的是，在对我国部分民族传统体育项目进行改造和创新的同时，应保持其原有的风格特点，保留和保护蕴含民族意识与民族情感的内容，使之向更加合理、科学与规范的方向发展。

（五）兼收并蓄原则

民族传统体育教学可以吸收很多传统教法中的优秀成分。第一，可以借鉴使用相近学科的成功教学方法。例如，武术项目中的悟性教法可以充分发挥学生的潜能，帮助学生深入领会技术。因此，教师可以针对技巧型的项目鼓励学生积极动脑，通过合理利用自身多种感知提高技术。第二，其他学科的成功教学经验可以被民族传统体育教学借鉴使用。例如，学导式教学法首先让学生进行自学，其次让学生进行自我总结，最后使学生通过教师的指导具有一定的理论储备，养成良好的学习习惯。这种方法有助于培养和提高学生的学习能力，为学生自主学习民族传统体育新知识和新技能奠定必要的基础。

（六）全面发展性原则

全面发展性原则是指民族传统体育教学应有助于加强学生体质与促进其全面发展。在民族传统体育教学过程中，教师应充分了解每个学生的身体、心理和智力水平，注重学生综合素质的全面提升。

在民族传统体育教学过程中，遵循全面发展性原则应做到以下几点。

1. 重视现代体育教学价值观念

树立现代体育教学价值观念，用现代体育教学价值观去评价民族传统体育教学的质量。具体来说，民族传统体育教学不仅要具有生物学价值（改变学生的生物学特征），还要具有教育学、社会学、心理学、美学等价值。

2. 重视学生的长期发展和身体发展

民族传统体育教学应为使学生精力充沛地顺利完成各项任务的近期效益而服务；同时，重视对学生进行终身体育教育，为延年益寿和提高中华民族素质的长期效益而服务。具体来说，民族传统体育教学应使学生身体各个部分、各种运动能力、身体素质及生理机能都得到平均协调的发展。并在此基础上，结合体育教学，学习心理学、美学和社会学等知识，培养社会主义现代化建设人才。

3. 保证学生身体的全面发展

各项教学工作计划的制订应以保证学生身体的全面发展为根本依据，教师在编写教案时尤其要注意这一点。在民族传统体育教学的准备、实施、复习与评价等阶段中，通过制定教学任务，选择教学内容和运用各种教学方法、手段，重视学生身体的全面发展。

（七）循序渐进性原则

循序渐进性原则是指民族传统体育教学应遵循学生的认知规律、动作技能的形成规律，以及人体生理机能活动能力的变化规律，正确安排教学内容和运动负荷，教学过程和方法应由简到繁、由易到难逐步深化，使学生系统地学习、掌握和提高知识、技术与技能。

在民族传统体育教学过程中，遵循循序渐进性原则应做到以下几点。

1. 教学文件的制定应具有系统性

教学文件是进行民族传统体育教学的辅助性教学准备，主要包括课程教学大纲、学期教学进度、课时计划等。可行的、完整的教学文件是民族传统体育教学工作系统、有序进行的保证。

2. 教学内容的安排应具有合理性

在民族传统体育教学过程中，教师应认真研究教材，了解教材的系统性，把握各种教材和各种运动项目，以及同一运动项目不同运动技能之间的关系，以便在编制教学文件时，使每次课的教学内容能前后衔接、符合逻辑、系统性提高。

3. 教学方法的运用应具有有效性

教师对体育教学方法的选择和使用应利于学生的学习与掌握。各种教学方法的应用应有助于促进学生由易到难、由浅入深地学习和逐步提高。

4. 运动负荷的提高应具有科学性

教师在民族传统体育教学中，应逐步提高运动负荷，一次课的运动负荷应从小到大逐步上升，让学生的身体机能逐步适应运动强度。在一个季度或一个学期的教学中，教师对运动负荷的安排也要遵循循序渐进的原则，以增强学生的体质和提高其运动能力。

（八）自觉积极性原则

学生是学习的主体，因此教师在教学中应遵循自觉积极性原则。在民族传统体育教学中，教师应正确引导学生，激发学生学习的积极性和主动性，使学生能自觉积极地完成学习任务。

在民族传统体育教学过程中，遵循自觉积极性原则应做到以下几点。

1. 发挥教师的主导作用

教师在教学活动中具有主导作用，在教学中遵循自觉积极性原则要求教师积极发挥主导作用。在教学活动中，教师的一举一动都对学生有着深远影响。因此，教师应注意自己的言行举止，在教学工作中精益求精，如上课时精神振作，口令清晰洪亮，手势清楚大方，讲解生动易懂；努力提高示范的质量，通过准确、优美、轻松、自如的动作示范，激发学生的学习兴趣；重视良好师生关系的建立，塑造和谐的教学氛围。

2. 明确学生的学习目的

在教学之初，教师要对学生进行学习目的的教育，使学生认识民族传统体育在健身、竞赛等方面的意义，这对提高学生学习的自觉性和积极性具有重要意义。教师在进行民族传统体育教学的开始阶段，应使学生充分了解和理解民族传统体育教学的目的、任务、要求及考核等相关内容。在每次课开始前，教师都应使学生明确该次课的任务、内容、要求等，使学生在整个学习过程中有目的地学习。

3. 培养学生的学习兴趣

在教学过程中，教师重视对学生学习兴趣的培养是体育教学工作的基本要求。实践证明，学生对学习有兴趣，就会努力克服各种困难，认真研究、自觉练习，不断提高。在民族传统体育教学的各个阶段，教师应根据学生的实际情况，提出切实可行的要求，使学生通过一定的努力完成学习任务、达到学习目标；使学生能不断看到自己的进步，学会自我思考、自我控制和主动学习。

4. 了解学生的学习心理

在教学过程中，教师应正确了解和把握学生心理活动的规律，及时对学生出现的不良心理现象进行分析和解决，有助于引导学生科学地学习和不断提高学习能力。在教学实践中，教师应全面了解学生的实际情况，因人而异、“对症下药”。民族传统体育教学应该注重个体差异和多样性，让每个学生都有自己喜欢且擅长的运动项目，教师应积极评估和监测学生进行体育活动的效果，通过科学的评估方法和工具，及时了解学生的心理健康状况和锻炼前后效果。

二、民族传统体育教学的方法

（一）语言教学法

在民族传统体育教学中，语言教学法是一种基本的教学方法。其中，常见的主要有讲解法、口令法、指示法等。

1. 讲解法

讲解法是指教师通过语言的描述，向学生说明课堂教学任务、要求、动作名称、动作要领等教学内容的教学方法。具体方法主要包括讲述法、重点法、对比法、联系法、比喻法、复述法等。在教学过程中，讲解法通常在理论教学、思想教育和技术动作描述中使用。正确使用讲解法能有效启发学生的积极思维，帮助学生加深对教材内容的理解，促进学生对传统体育运动技能的正确掌握。教师在运用讲解法时，要着重注意运用的科学性和艺术性，以保证目标教学效果的实现。

2. 口令法

口令法是指教师利用具有一定形式、顺序、确定内容的简要词句，以命令的方式指导学生活动的教学方法。在教学过程中，队列队形的练习、队伍的调动、动作的配合等都需要运用相应的口令。教师在运用这些口令进行教学时，应做到洪亮、准确、清晰、及时，并注意根据人数、队形、内容等控制声音和节奏。

3. 指示法

指示法是指教师运用比较简明的语言，组织指导学生活动的教学方法。在教学过程中，指示法通常在布置场地、收拾器材时，或学生在练习时未能意识到关键的动作时使用。运用指示法时，教师的指示应准确、及时、简洁，同时注意尽量使用正面词汇。

（二）直观教学法

直观教学法是教师通过对技术动作的实际演示或外力帮助，让学生使用视觉、听觉、触觉、肌肉本体感觉器官等直接感知动作的一种教学方法。在民族传统体育教学过程中，常见的直观教学法主要有以下两种。

1. 动作示范法

动作示范法是指将教师或由教师指定的学生完成的动作作为教学动作范例，帮助学生进行技术动作学练的教学方法。在民族传统体育教学过程中，教师经常会通过直观的、高质量的动作示范进行复杂技术动作的教学，这不仅能帮助学生建立起初步的动作表象，还能有效激发学生的学练兴趣，为学生掌握正确的技术动作提供帮助。在运用和实施动作示范时，教师应注意动作示范的目的要明确、形态要优美，示范位置和时间的选择要合理，动作的重点和难点要突出，必要时教师还应进行正确和错误动作的对比示范，以使动作在学生大脑中正确定型。

2. 教具演示法

教具演示法是指教师通过图表、照片等直观教具进行教学的一种教学方法。在民族传统体育教学过程中，教师可以充分利用图表、照片等直观教具帮助学生学习技术动作。直观的教具演示不仅可以让学生进行长时间的观摩，还可以让教师根据情况重点讲解某些难点或细微的环节。运用教具演示法时，教学目的要明确，演示方式与时机要合理和恰当，必要时可与讲解示范法结合使用。

（三）完整与分解教学法

1. 完整教学法

完整教学法是指教师将技术动作从头到尾地连贯性教学的一种教学方法，能有效保持技术动作的连贯性和完整性。其通常在技术动作较为复杂但难以进行分解，或为了不破坏动作结构时使用。

在民族传统体育教学中，完整教学法能使技术动作各结构之间的内在联系不受破坏，方便学生完整地掌握正确的技术动作。

2. 分解教学法

分解教学法是指教师在教学过程中通过将一个完整的技术动作合理分解，然后对各部分进行具体教学，最终帮助学生掌握完整的技术动作的一种教学方法。其通常在教师教授较为复杂的动作时使用。

在民族传统体育教学中，分解教学法能化繁为简、化难为易，使复杂的动作变得简单明了，从而简化教学过程，增强学生学习的信心，有利于学生更快、更好地掌握复杂动作。例如，太极拳中的“云手”动作，不仅要求手脚同时运动，而且要做到上下协调，学生在学习“云手”动作时有较大难度，而教师通过分解教学法，可以大大加快学生学习的进程。

需要注意的是，分解教学法有时会对动作结构造成破坏，从而影响学生正确技术动作的形成，因此教师应将完整和分解两种教学法结合起来使用。

（四）预防与纠正错误教学法

预防与纠正错误教学法是指教师在民族传统体育项目的动作技能教学过程中，针对学生形成与掌握运动动作中可能产生和已经产生的错误动作及其原因及时发现、认真分析，并采取有效的手段预防和纠正学生错误动作的一种教学方法。

通常情况下，体育教学中对错误动作的预防和纠正是相互联系的，对一个错误动作的预防措施很有可能成为该错误动作的纠正手段。预防具有超前性，纠正具有针对性，在民族传统体育教学过程中，预防与纠正错误教学法应有机统一起来。

（五）游戏教学法

游戏教学法既有竞争性，又有娱乐性，能使学生积极主动地练习。游戏教学法可以培养队、组和人与人之间的团结互助关系。民族传统体育大多是从日常生产生活和节庆中演变而来的，具有较强的娱乐性。并且，许多民族传统体育项目本身就是一种游戏。因此，在教学中运用游戏教学法十分有利和有效。

在民族传统体育教学中，运用游戏教学法应注意以下几个方面。

第一，教师应利用适当条件在游戏中加强对学生的思想品德教育，以避免游戏中的某种情节导致学生在扮演角色时出现强烈的个人行为。

第二，教师应科学制定游戏的内容、规则、时间等，合理地控制和调节游戏过程中学生的运动负荷。

第三，游戏具有一定的竞争性，因此教师在教学过程中以游戏的方式组织学生练习时，应注意对学生情绪的控制，避免学生出现过激行为，从而造成伤害事故。

（六）多媒体教学法

多媒体教学法是一种借用现代媒介手段帮助学生提高对知识的感知能力和积极性的一种现代教学方法。目前，我国的多媒体教学得到了普及，并逐渐在体育教学过程中得到使用。多媒体教学法的应用，不仅能改变学生按照传统的方法被动接收信息的学习模式，还能利用以校园网络平台做成的网站型课件充分调动学生的积极性和主动性。这对于加深学生对动作结构和技术的认识、提高教学质量等具有重要的促进作用。

（七）自主学习教学法

现代教育改革重视许多新的教育思想在学校教育中的应用。我国的体育教学也越来越重视对学生学习自主性的培养，自主学习教学法就是在此基础上产生和发展的。自主学习教学法的目的是实现民族传统体育的教学目标，使学生在体育教师指导下根据自身条件和需要制定目标、选择内容、规划学习步骤，独立自主地完成学习目标。

在民族传统体育教学过程中，自主学习教学法的应用可以有效确立学生的主体地位，激发学生的学习热情，提高学生的自我学习能力，培养学生“终身体育”的健康思想，改变传统的教学模式，减轻教师的教学负担。教师在教学中运用自主学习教学法的步骤如下。

第一，自定目标。客观分析、评估自己的能力，充分发挥潜能，确定学习目标。

第二，自我调控。对照学习目标，运用学到的知识和已有的经验自主选择学习活动与学习方法，及时调整学习目标，改进学习策略和方法。

第三，自主评价。依据学习目标，对自己的学习状况进行客观的观察、分析、反思，找出经验和不足。

第三节　民族传统体育教学的课堂组织形式与教学过程

民族传统体育教学的课堂组织形式有个别教学、分组教学、集体教学三种，教学过程则包括备课、撰写教案、上课、课后小结四个环节。

一、民族传统体育教学的课堂组织形式

（一）个别教学组织形式

个别教学组织形式是教师对一个或者几个学生进行单独辅导的一种教学方式。教师可以通过个别教学组织形式对学生进行个性化指导，纠正学生的一些个性问题，进而树立典型，培养优秀学生骨干。但是，个别教学组织形式可能使教师不能做到对学生全面的照顾。教师在运用个别教学组织形式时要注意以下几点内容。

第一，教师必须在安排好课堂的整体活动、形式和内容后，才能进行对学生的个别辅导。

第二，在教学过程中，教师要注意做到抓重点带一般，也就是人们常说的“抓两头带中间”。

第三，在教学过程中，教师要认真做好个别辅导，严明纪律，兼顾全班的教学活动。

第四，对于个别辅导中的一些共性问题，教师要采取灵活的方法及时提醒学生。

（二）分组教学组织形式

分组教学是民族传统体育教学中一种常见的教学组织形式，通过分组

的形式将整个教学群体分解开来，让学生以小组的形式进行知识技能的复习、巩固和提高。分组教学组织形式可以有效地发挥班级中的骨干作用，提高学生之间团结协作的能力，激发学生的积极主动性，非常有利于对学生的一些共性或个性问题进行纠正。而分组教学组织形式的主要缺点是时间较长，提高了课堂纪律管理的难度。教师在运用分组教学组织形式时还应注意以下问题。

第一，注意分组人数的控制，每个小组的人数一般在 4 ~ 8 人较为适宜。

第二，要将各组需要完成的任务明确化、合理化。

第三，练习的地点、组织的形式和练习的方法都要在练习前进行明确的说明，并且不要随意变更。

第四，要注意对班级骨干的利用，要充分发挥他们在班级中管理、指挥、指导、督促的作用。

第五，要注意适时地对各小组进行个别的指导，“抓两头带中间”，并时时注意观察全班，提醒个别人或个别组，对较差的典型学生要时时关注。根据情况，可中间叫“停”，讲解、示范共性的技术问题，并对学生提出新的要求等。

（三）集体教学组织形式

在民族传统体育教学过程中，集体教学是最基本的一种教学组织形式。它是将所有学生集中起来进行教学，学生人数通常可以在 15 ~ 20 人不等。教师采用集体教学组织形式可以更好地指挥学生的学习和管理课堂纪律，有利于优化自身教育教学理念，但不利于对学生进行个性化指导。教师在运用集体教学组织形式进行课堂教学时，应着重注意以下几点内容。

第一，注意加强纪律教育。

第二，讲解、示范、领做、指挥的时机要恰当。

第三，口令要适合，集体教学一般不做个别纠正。

第四，集体教学中要适当调剂运动量，配以踏步、讲解、正误对比、示范等形式。

二、民族传统体育的教学过程

（一）备课

备课是一名教师进行课堂教学必须做的一项工作，是学校教学中的一个基础环节，做好备课工作是教师上好课的前提条件。备课是指教师在上课之前，对其上课的内容、方法和课堂中的特殊情况有一个全面的预测与准备。备课的形式多种多样，大致可分为个人备课、集体备课、导师批改式备课等几种。教师在备课时，要明确备课中的相关要素和要求，以做到科学合理地备课。下面就介绍在民族传统体育教学过程中，教师备课的一些基本要素和要求。

1．教学大纲和教材

教学大纲和教材是教学活动的重要组成部分，是教师进行教学工作的基本要素，因此体育教师在进行民族传统体育教学的备课工作时，要认真学习、了解和掌握本节课在教学大纲中的总体内容与要求。在备课工作中，教学大纲一直是一项指导性文件，它为本节课的知识范围、教学内容、教材深度、结构体系、教学进度和教法要求提供了重要依据。如果教师对教学大纲没有充分的认识和理解，其备课工作就会很盲目，也缺少实施的依据。而教材作为教师备课的重要知识参考，同样要求教师对其认真钻研。教材是根据教学大纲要求编写的，是教学大纲的具体化。钻研教材、全面系统地掌握教材内容既是备课的基本要求，也是写教案的依据。教师在钻研教材时，要充分掌握教材中与民族传统体育有关的基本内容、做法、特点、重点、难点等方面，了解该教材的相关内容，掌握其特殊性、思想性，以及在整体内容中的作用、意义等。

教师还要适当选阅一些参考资料，以拓宽自己的知识面。教师选阅的参考资料可以对教材有一定的补充，并且这一过程本身就是一个学习的过程，可以很好地提高教师的理论素养。

2．场地、器材

场地、器材是完成教学任务的物质保证，因此也是教师在备课工作中要着重注意的基本要素之一，主要包括对场地规格、布局，器材种类、数量等方面的了解。教师之间要学会对教学资源的分享，做好场地和器材的协调工作。条件越差，教师就越要认真对待，越要千方百计地创造条件以完成教学任务。

3. 学生

学生是体育教学的对象，是教学活动的重要组成部分，没有学生就谈不上教学活动的组织和实施。在教学中，教师要对学生有一个全面、详细的了解，这样可以有效地提高教学质量，并能贯彻好因材施教的教学原则。高校教师对学生进行了解的主要内容是班级中学生的人数、姓名、男女比例、年龄层次、政治面貌、知识基础、兴趣爱好、对本课的认识和期望、思想表现、基础文化知识、组织纪律、课堂常规秩序、对教师教授本课程的看法等。通常教师可以采用观察法、访谈法、调查访问法、参与活动法等对学生进行了解。

4. 教法

在备课时，教师在教法的选择上也需要综合考虑各方面的因素，要把已经了解和掌握的各种情况与课堂教学紧密结合起来，拟定符合实际的教学手段与方法。也就是说，教师在进行教法的选择时，要以教材内容、教学任务、项目特点、学生实际、场地和器材现状等情况为依据，选择单元教学计划和本次课的内容。

（二）撰写教案

教案是教学中的规范性文字材料，也是备课工作的进一步延续。在教学过程中，撰写教案既是对教师的基本要求，也是教师上好课的根本依据。教师的教案不仅可以有效反映其基本的教学态度，还可以了解其实际的业务素质。对于教案的撰写，主要有以下几个方面的要求。

（1）教学任务要具体、全面，内容要适宜，文字表述要言简意赅，措辞要妥当。

（2）教案内容安排要科学，动作要领要准确；教案版面布局要合理，条理要清楚。

（3）重点要突出，要有主次，且前后内容要有内在的关联性；练习时间、数量、负荷要符合对象实际。

（4）文字要精练，字体要工整，用词要恰当，结构要规范。

（三）上课

上课是民族传统体育教师进行教学活动最重要的一个环节，上课质量的好坏将直接影响到教学的效果。教师上课需要注意以下几点要求。

（1）做好物品准备、心理准备、业务准备：教案随堂自带，以备查看；提前到场，着装整洁；神态谦和，精神饱满；关心学生，诚信仁爱。

（2）认真执行教案。

（3）充分发挥教师的主导作用，调动学生学习的自觉性和积极性，贯彻以思想教育为先导的教学训练指导思想，严格要求课中纪律；教学组织严谨有序；教法客观、清楚、有实效；运动量、密度合理；安全保护到位。

（4）讲解清楚，示范准确到位，语言生动形象。

（5）仪表端庄，态度热情，辅导耐心细致，师生共鸣，感情融洽。

（6）教学效果测评达标。

（四）课后小结

课后小结主要是指对本次教学课的综合评价，起到总结的作用。它主要是通过简要的文字对本次课的实施情况、成功原因做一个重点的分析和记录，对课中存在的一些问题和不足提出具体的改进办法。通常，课后小结的具体内容包括对教案的检查，如教案中有关教法、重点、难点等方面的内容，还有对教案执行情况的检查等。

第五章　区域民族传统体育文化的传播与发展

我国共有56个民族，不同的民族在各自的生态环境中创造出属于本民族的灿烂文化。每种民族文化都有十足的区域性，不同的地域会形成不同的风貌，折射出不同的地域文化，形成独具魅力的地域景观。中华民族受到地理环境变化的影响，形成了多姿多彩而又各具特色的民族传统体育项目。本章就区域民族传统体育文化的传播与发展进行论述，首先概述民族传统体育文化的区域分布概况、地域分布特征，其次分别论述各区域少数民族传统体育的典型项目与发展情况。

第一节　民族传统体育文化的区域分布概况

我国地大物博、民族众多，不同的区域、不同的民族诞生不同的民族传统体育文化，本小节将详细阐述华北、东北、内蒙古、西北、长江中下游、东南沿海、西南及岭南八个主要区域的民族传统体育文化分布概况。

一、华北地区

自古以来，华北地区就是历朝历代的政治、经济、文化中心，是孕育中华优秀传统文化的沃土，华夏五千年的文明史就是在华北地区诞生和发展的。华北地区在历史上也是战争频繁的地区，历代兵家、政客、商贾都把该地区视为必争之地。华北地区得天独厚的社会、自然环境造就了内涵丰富、影响深远的民族传统体育文化。

（一）区域地理环境

华北地区位于黄河中下游，大部分地区属于我国北方。按照中国地理上的划分，华北地区的地理范围是东起山海关，以老哈河、滦河分水岭的七老图山至红山子一线是华北与东北地区的分界线；北由红山子，西至河北省的独石口长城到陕西省定边县，离长城经宁夏同心县南至沙坡头一线，是华北地区和内蒙古地区的自然分界线；由沙坡头西至甘肃乌鞘岭，越过达坂山及拉脊山东段的分水岭到青海省的湟源县和黄河积石峡一线与西北地区为邻；南部区界为我国公认的南北方分界线秦岭—淮河线。

华北地区的整体地势是西北高而东南低，自东南部至西北部显现出温带湿润森林地带向半湿润森林草原与温带半干旱草原地带过渡的自然景观特征，属于大陆性季风气候。亘古而生的地质构造、层次分明的多级阶梯、旱涝分明的自然气候，以及广泛分布的土地资源，就是华北地区独特的地理环境。

（二）区域文化特征

华北地区是中国猿人的发现地，在历史上孕育了马家窑文化、仰韶文化、齐家文化、龙山文化、大汶口文化等史前文化，是公认的中华民族的发祥地。在中国版图中，不论是大一统王朝还是割据政权，多建都于华北地区的河谷盆地或大平原边缘。中华人民共和国成立后，国家的首都北京就属于华北地区。

自古以来，南方百姓的农耕文化和北方少数民族的游牧文化在此不断碰撞与融合，各种社会矛盾激烈爆发，中西方文明不断碰撞、交流、融合。在历史上，我国政治、经济、社会、文化等方面的重大事件大多发生在华北地区，这里几千年来不断发生着生产斗争和阶级斗争。从西周到春秋战国，从东汉末年到东晋十六国，再从南北朝到北宋、辽、金、南宋，各民族之间东征西讨、攻城略地，王朝更替，群雄逐鹿，华北地区就像是一个巨大的狩猎场。从历史来看，华北地区是中国民族文化冲突最激烈、战争最频繁的地区。

华北地区是中华民族的摇篮，也是中华文明的源头，这是我国历史研究者公认的事实。中国有八大古都，属于华北地区的就有五个，周易八卦、儒道学说在华北地区应运而生。在上古时期，当华夏民族聚居在黄河中下游一带时，自认为本地是“天下之中”，是文明礼仪之邦，因此自古就称自己为“中国人”，对于周边尚未发展起来的地区称为“东夷、西戎、南蛮、北狄”，有傲视群雄的感觉，具有政治、文化优越感。同时，受大一统专制政治“驯化”思想影响，加上儒家思想的长期熏陶，华北地区的人们形成了相对保守的民族文化特征。

（三）区域内的主要民族传统体育项目

远在新石器时代晚期，即仰韶文化和龙山文化时期，远古人类就已经在华北地区过着相对稳定的定居生活。这种优越的自然条件具有强大的吸引力，不断吸引着邻近的北方游牧民族。农耕文化和游牧文化相生相克，不断产生着文化冲突和战争，频繁的战争锻炼并提高了人们的战斗技能。为了保持部落稳定和国家强盛，维护本族的安全，尚武之风绵延不绝，华北地区自古以来就形成了以汉族武术为主体，其他民族传统体育相融并进的民族传统体育格局。

1. 河北地区

如今的河北省范围宽广，内含北京和天津两个直辖市，周围邻省有山东、山西和河南，同时作为华北地区的咽喉地带，自古以来就是农耕文明与游牧文明碰撞和融合之地。春秋战国时期，河北地属燕国和赵国，因此现在依旧用“燕赵大地”称呼河北。在这片土地上，武术名家荟萃，众多流派云集，中华传统武术中的众多拳法都能在这里寻觅到发展痕迹。

据相关研究证实，河北地区的武术门派有六十多个，蕴含了九十多个拳种。武术文化在长期传承过程中，形成了鲜明的地域特点。例如，沧州有六合、燕青、八极、劈挂、通背等，衡水有六合、翻子、功力、梅花等，保定有形意、八卦等，邯郸有太极、梅花、佛汉等，唐山有燕青、猿功等，邢台有通背、梅花、洪拳等。北京由于离河北很近，而且在近代以来一直是国家的首都，因此吸引了众多优秀的武术家，创造了更庞大、更丰富的拳种。

除了武术外，河北地区还拥有被誉为“东方艺术明珠”的吴桥杂技、气势磅礴的正定常山战鼓、细腻风趣的昌黎大秧歌，这些都是当地人民喜闻乐见的体育活动。此外，空竹、井陉拉花、木球、珍珠球、毽球、高脚马等民间体育项目也在河北地区盛行。

2. 山西地区

山西地处千沟万壑的黄土高原，独特的地理环境与艰难的农业生产条件培养出当地人质朴、勤劳、务实的民风。山西同北方游牧民族接壤，这里既聚集着北方游牧民族，又是中原王朝的北部边陲。不间断的战争让武术得到了发展，当地居民也因保护自身安全而习武。到了明清时期，山西的商业十分发达，涌现出“晋商”，这些商人对精武之人为其保驾护航的需求十分迫切。明清时期也是山西地区武术发展的鼎盛时期，涌现了大量的武术家和拳法。据《山西武术拳械录》记载，山西地区流传至今的武术有形意拳、螳螂拳、通臂拳、心意拳、炮捶拳、八极拳、八卦拳、通背拳、大成拳、滑拳、轻拳、短拳、醉拳等42个拳种。

除了武术外，山西地区还有舞狮、赛牛、挠羊赛、掼牛、抽陀螺、踢毽子、滚铁环等多姿多彩、富有趣味的民族民间体育项目。

3. 山东地区

山东地区自古就有习武的习惯，诞生了众多英雄好汉和武术名家，在春秋战国时期就有“拳勇”之称。齐鲁大地上诞生和流传了众多武术，如华拳、醉拳、查拳、弹腿、四通捶、孙膑拳、螳螂拳、二郎拳、文圣拳、燕青拳、地功拳、太乙拳、八极拳、佛功、牛郎棍、梅花拳等。

山东地区的民族传统体育也有历史传统，常见的有跳方、跳绳、跳皮筋、滚铁环、摔跤、举石锁、举石担、掰手腕、爬竿、按腰、顶杠、扔沙袋、打门神、跳狮舞、打瓦、拔河、爬绳、打沙袋、走五福、踩高跷、打腰鼓、盘杠子、耍龙灯、跑旱船等。

二、东北地区

东北地区是我国的老工业基地，有着悠久的历史。东北地区有着广袤的黑土地，不同民族的中华儿女在此繁衍生活，无论是农耕民族，还是游牧之民，都在这里发扬、传承着民族文化。

（一）区域地理环境

东北地区是指辽宁、吉林和黑龙江 3 个省份。在宋代，曾经入主中原的辽、金政权的“老家”即现在的东北。东北地区的地形特点是三面环山、平原中开，东北平原是我国最大的平原；东北地区冻土广泛，有广阔的沼泽，属于温带湿润和半湿润大陆性季风气候，同时是我国气候最寒冷、纬度最高的地区。东北地区的东部与南部面朝大海，西边是内蒙古草原，北部是冻土荒原，与四周相隔绝，因此东北地区显示出半独立半封闭的地理空间特征。

（二）区域内主要少数民族

除了汉族外，东北地区聚集了锡伯族、满族、鄂温克族、鄂伦春族、赫哲族等多个少数民族。

锡伯族是我国北方古老的游牧民族，也是我国人数较少的少数民族，据统计约有 19 万人，在东北地区主要分布于辽宁省和吉林省。锡伯族是古代鲜卑人的后裔，最初发源于大兴安岭东麓，世代以狩猎、捕鱼为生。长期的狩猎生活铸就了锡伯族人骁勇善战的性格，也让他们逐渐形成了在大自然中生存的各种能力，摔跤、射箭、赛马等各种技能就是锡伯族在自然中搏斗的证明。他们可能是目前世界上唯一保留着鲜卑文化的少数民族。

满族是女真族的后代，发源于东北地区。如今全国各地都有满族人的身影，其中以辽宁省的满族人口最多。据 2020 年第七次全国人口普查数据，全国满族人口约为 1041 万人。

鄂温克族是我国少数民族中人口较少的民族，只有 3 万多人，主要分布在黑龙江省讷河市。“鄂温克”在本族语言中意为“住在大山林里的人们”，而大部分鄂温克族人的生活是以放牧为主，少部分人从事农耕。驯鹿曾是鄂温克族人唯一与外界沟通的交通工具，被誉为“森林之舟”。

鄂伦春族生活在大兴安岭和小兴安岭的茫茫林海中，身着兽皮，依靠着一匹马、一只猎犬、一杆枪，一年四季追逐着獐狍野鹿，狩猎在茫茫的林海中，世世代代均是如此。长期的狩猎文化、宗教文化和娱乐生活使鄂伦春族形成了独特的民族体育文化。

赫哲族是我国北方的少数民族，也是一个人口稀少的民族。据2020年全国第七次人口普查数据，赫哲族人口仅为5373人。赫哲族同胞世世代代居住在黑龙江、松花江和乌苏里江的三江流域，以捕鱼为生，被称为“鱼皮部”“使犬部”。

（三）区域内的主要民族传统体育项目

首先，东北地区有着独特的自然景观和生态环境，加上该区域有着与众不同的生产生活方式，相应产生了鲜明的东北地区民族体育文化。在东北地区，可以体验到我国其他地区玩不到的体育项目，如滑冰、滑雪等冰雪运动；此外，托日乞（狗拉雪橇）、叉鱼、滚木轮、挡木轮、冰球、打冰磨、冰陀螺等也是东北地区的传统体育活动。其次，东北地区有山地、草地、丘陵等地形，人们出行需依靠骑马，因此旅居在东北地区的少数民族不仅把马当作交通工具，还将其视为生活伴侣，当成家庭的一员，由此形成了多种马上运动，如赛马、套马、马球、骑马射箭等。最后，独特的生态环境造就了东北地区少数民族以渔业、狩猎业、畜牧业、传统农业为主的生产生活。

东北地区长期以来形成了独特的民族体育文化。满族的马术、赛马、珍珠球、骑射、射箭、赶石弹、跳马、跳骆驼、打瓦、冰嬉，朝鲜族的荡秋千、铁连枷、跳板、顶罐走、拔河，鄂温克族的打棍、套马、抢枢、滑雪，鄂伦春族的斗熊、打靶、滑雪、赛皮爬犁，赫哲族的叉草球、叉鱼、打冰磨、顶杠等。众多民族产生了众多的民族传统体育项目，但这些传统体育项目也会受到诸多影响和制约，如生产劳动、自然环境、宗教习俗、军事战争等。

三、内蒙古地区

内蒙古自治区是我国首个实行民族区域自治的地区。内蒙古自治区属温带半干旱气候，土地富饶，牧草生长良好，是天然的牧区，是全国最主要的畜牧业基地。

（一）区域地理环境

内蒙古自治区地处我国北部，东面与东北三省接壤，南面和西面与河北省、山西省、陕西省及宁夏回族自治区、甘肃省毗邻，北接蒙古国和俄罗斯联邦。内蒙古草原地区的范围，大致上东起大兴安岭，西至阿尔泰山，南部呈弧形，与大马群山、燕山、大青山、阴山相接，北至外兴安岭向西延伸的山地。历史上，内蒙古自治区是草原诸部纵横驰骋的地带，曾被看作边缘地区。内蒙古自治区的高原、山地大部分海拔超过了1000米，按地貌可划分为阴山地区、内蒙古高原区、河套平原区、鄂尔多斯高原区和大兴安岭山地丘陵区。

历史上，北方草原的生产生活方式被形容为“逐水草而生”，《辽史》中记载“秋冬违寒，春夏避暑，随水草，就畋渔，岁以为常”。蒙古高原的气候环境制约着当地人的生产生活，一方面当地人们的经济方式受到了大自然的影响，北方草原相对脆弱，容易受到环境变化的影响，为了合理开发和保护，牧民按季节实行转场放牧制，使畜群不在同一地点停留较长时间，有利于草种来年再生；另一方面牲畜的生长周期有一定特点，不同种类的牲畜在不同季节需要不同种类的牧草。

（二）区域内主要少数民族

内蒙古地区有着多个少数民族，蒙古族、回族、满族、朝鲜族、达斡尔族、鄂伦春族、鄂温克族、赫哲族、土家族、苗族、维吾尔族、彝族、侗族、布依族、瑶族等都在这里生活。全国境内的蒙古族总人口接近600万人，居住在内蒙古自治区的人口约为380万人。达斡尔族是内蒙古自治区的主要少数民族，分布在莫力达瓦达斡尔族自治旗。据2010年第六次全国人口普查数据，内蒙古自治区的达斡尔族人数为131992人。

（三）区域内的主要民族传统体育项目

蒙古族始终生活在北方辽阔的草原上。“以车马为家”的蒙古族同胞长期以来因追逐水草而迁徙在内蒙古广袤的草原上。严苛的自然环境要求他们必须具备顽强的毅力、雄浑的体魄及敏捷的身手，才能适应游牧生活，因而蒙古族历来重视体育竞技。

内蒙古地区最盛大的体育节日是“那达慕”。“那达慕”是蒙古语，意为“娱乐、游戏”，表现出丰收的喜悦之情。“那达慕”大会是蒙古族人民最重要的传统节日之一，在蒙古族人民心中占有很重要的位置。

“那达慕”大会在每年七八月份举行，这时牲畜肥壮、气候宜人，人们为了庆祝丰收举办隆重的文体娱乐盛会。在“那达慕”大会上，有惊险刺激的赛马、摔跤，有令人击节叫好的射箭，有棋逢对手的蒙古象棋，有自由奔放的歌舞。

大会中摔跤、射箭等比赛吸引着众多牧民参与和观看，但最精彩的还是赛马比赛。赛马是“那达慕”大会竞争最激烈的赛事，比赛开始，骑手们排成“一字长蛇阵”，个个头缠彩巾，身着彩色腰带，显示出蒙古族男子的青春与活力。赛马的起点和终点都插着鲜艳的彩旗，待到号角长鸣，骑手们飞身上鞍，策马奔腾，一时彩巾飞舞，如万箭齐发。前五名抵达终点的健儿将会成为草原上最受人赞誉的骑手。

四、西北地区

西汉时期，汉武帝派张骞出使西域，开辟出以长安为起点，经甘肃、新疆到中亚、西亚，并连接地中海各国的陆上通道，这便是举世闻名的“丝绸之路”。“丝绸之路”不仅是一条横亘欧亚大陆间的商贸大道，也是连接东西方文明的交流之路，历来受到中国与沿线各国的重视。而我国的西北地区是“丝绸之路”的必经之道。

（一）区域地理环境

西北地区地处我国内陆，也是亚欧大陆中亚洲地区的腹地，地理范围：东到狼山、贺兰山西坡至河西乌鞘岭一线与内蒙古毗邻；南到青藏高原；西起帕米尔高原，经昆仑山北坡、布尔汗布达山；北至日月山、拉脊山与华北区界相接。西北地区的自然环境特点是高原、高山、盆地星罗棋布，平均海拔较高；降水量很少，干旱干燥，气温变化剧烈，多风沙天气，是典型的大陆性气候特征；大部分区域的河流为内流河。

西北地区人民的生活方式非常鲜明，重点发展畜牧业，中国的五大牧区中有四个都在西北地区。而西北少数民族地区特色最鲜明的地貌景观就是沙漠，西北地区的宗教寺院是我国宗教文化的重要地点，除寺院建筑群外，寺庙文化凝聚和浓缩了西北地区的地域文化，是这一区域独有的文化景象，吸引着国内外的游客前来探寻。而寺院的宗教活动显露出民族传统体育的特征，这一类型的传统体育文化有着厚重的宗教色彩。

（二）区域内主要少数民族

西北地区少数民族众多，主要少数民族有回族、维吾尔族、东乡族、哈萨克族、裕固族、撒拉族、塔塔尔族、土族、塔吉克族、锡伯族、乌孜别克族、柯尔克孜族、俄罗斯族、保安族等。

回族在我国有着众多人口，是我国西北地区人数最多的少数民族之一。据2020年第七次全国人口普查数据，中国回族人口是1138万人，在全国56个民族中排在第四位。回族同胞具有英勇、强健、喜好锻炼、不畏强暴的特点，自古以来，回族同胞聚居的地方大都开展武术活动。

维吾尔族在我国的人口大约为1007万人，主要聚集在新疆维吾尔自治区，大部分居住在天山以南。维吾尔族同胞能歌善舞，节日庆典中男女老少身着盛装，载歌载舞，并开展多项体育游戏。

东乡族是生活在甘肃省的少数民族，本民族没有创造自己的文字，而是通用汉字。大多数东乡族人都兼通汉语，信仰逊尼派伊斯兰教。东乡族人口超过了62.15万人，东乡族人大多生活在宁夏回族自治区东乡族自治县境内，少数分布在甘肃省的兰州市、广河县、和政县、临夏县等。

哈萨克族现有人口约为146万人，主要分布在新疆维吾尔自治区，大部分从事畜牧业。哈萨克族人少部分经营农业，生活比较固定，但绝大多数牧民都过着逐水草而居的游牧生活。

裕固族是甘肃省 3 个特有的少数民族之一，共有 14378 人，集中聚居在肃南裕固族自治县境内和酒泉市黄泥堡裕固族自治乡。

撒拉族的人口约为 13 万人，是我国西北地区少数民族中 5 个“小民族”之一，主要居住在青海省循化撒拉族自治县、化隆回族自治县和甘肃积石山保安族东乡族撒拉族自治县的黄河谷地。

塔塔尔族是我国人数最少的民族之一，现仅有 3556 人，主要分布在新疆维吾尔自治区的伊宁市、塔城市和乌鲁木齐市。

塔吉克族原是一个游牧民族，在我国的人口为 51069 人。塔吉克族同胞参与的大部分民间活动与西北地区其他信奉伊斯兰教的少数民族同胞参与的民间活动大体相同，以“善骑”著称。

（三）区域内的主要民族传统体育项目

西北地区流传的众多民族传统体育项目具有内容丰富、形式多样的特征。西北地区有着众多少数民族，这些民族在各自的民族传统节日当天举办丰富的体育活动，活动主要围绕着畜牧业生产展开。

西北地区信奉伊斯兰教的少数民族大多围绕古尔邦节、肉孜节等传统节日举办盛大的宴会，以此开展体育活动；而蒙古族的主要节日是“那达慕”大会和祭敖包，会在这两个节日当天举办体育活动。由此形成了具有西北地区特色的民族传统体育活动，其项目有赛马、走马、马术、马球、骑马射箭、马上角力、骑马技巧、赛骆驼、摔跤、射箭等。在节日中举办的体育项目中，有表现民族风俗的，如姑娘追、香浪节等；有反映生产生活的，如撒拉赛瓦、套马等；有体现军事武技的，如武术、射箭、骑马劈刀等；有满足群众文化娱乐的，如达瓦孜、刁羊等。

西北地区的民族传统体育项目种类非常丰富，可以说西北地区是全国民族传统体育项目数量最多的地区之一。据西北五省区的体育志统计，至少有 110 多种不同的传统体育项目在西北地区流传。西北地区地域广阔，除了武术、打秋千、摔跤等传统项目在每个省、自治区、直辖市皆有展开外，打毛蛋、打抛儿、射箭、跳绳、游水、赛马、马术、踢毽子、刁羊、拔腰、地棋、赛骆驼等项目也广为流传。

但也有很多项目主要在某一个省份流传，如青海省主要流传拔河、赛牦牛、赛骆驼、美生卓舞、打炮儿、踢毽子、下搭裢、打车轮、搬羊头、立马桩等项目；宁夏回族自治区主要流行打烙、惯牛、滑冰车、踏脚、木球、爬木城、跳鳌等项目；甘肃省主要流行羊皮筏子渡黄河、夹木过河、骑木划水、万人拔河、打瓦、社火拳、打梭、压走骡、赶老“牛”、抹旗比赛、骑雪马、夺腰刀等项目；新疆维吾尔自治区主要流行赛马、民族式摔跤、刁羊、赛骆驼、姑娘追、斗羊、射箭、斗鸡、麦热球、达瓦孜等项目。

五、长江中下游地区

长江中下游地区是我国南方地区人口最集中、农业集约化程度最高、综合发展程度最好的地区。该区域内农业资源条件优越，农村经济发达，农、林、牧、渔各业在全国都有着很高的发展水平。

（一）区域地理环境

长江中下游地区主要包括湖北省、湖南省、江西省、安徽省、江苏省、浙江省及上海市。该地区位于北纬26°～34°，地处欧亚大陆东部，东临大海，沿海地区和陆地地区有明显的温度、湿度等气候差异。因为该地区大部分省份离海较近，气候受到海洋影响较大，而且受到冷暖洋流的季节性影响，某些自然季节具有鲜明的特色。

根据全国的气候区划，长江中下游地区淮河以北为暖温带，南部的洞庭湖、鄱阳湖、杭嘉湖平原属于中亚热带，其余大部分地区属于温带向热带过渡的丘陵、山地、平原、盆地，冬夏季风明显交替，降水量十分丰沛。

（二）区域内主要少数民族

长江中下游地区是我国人口最稠密的地区，人口密度约为374人/平方千米，约为全国平均水平的3倍。长江流域的众多少数民族中，人口超过

10 万人的民族依次为土家族、苗族、彝族、侗族、藏族、回族、布依族、白族、瑶族、仡佬族、纳西族、傈僳族、羌族，人口在 10 万人以下的民族依次为蒙古族、满族、壮族、傣族、水族、普米族。

长江中下游地区人口最多的少数民族是土家族，总人口为 8353912 人。据 2010 年第六次全国人口普查数据，土家族在全国 31 个省、自治区、直辖市中都有分布，主要分布在湖南省湘西土家族苗族自治州，湖北省鄂西土家族苗族自治州、长阳土家族自治县、宜昌五峰土家族自治县，以及四川省秀山县、石柱县、酉阳县、黔江县等地，一般与汉、苗等族杂居在一起。

长江中下游地区维吾尔族分布在湖南省的桃源县和常德县，共有 7000 余人；而瑶族人口约为 230 万人。

（三）区域内的主要民族传统体育项目

长江中下游地区的地理特征是地势低平，江河湖泊众多，水道纵横，植物丰茂，气候十分温暖，很少有寒冷天气。这种生态环境与人们日常的生产生活紧密相连，具体表现为人们与水有着密不可分的缘分，该地区的人们种水稻、划扁舟。长江中下游地区的环境和生活方式塑造出了光辉灿烂的民族传统体育项目，湖北地区有毽球、蹴球、陀螺、押加、高脚竞速、跷旱船、武术、巴山舞、民族式摔跤、板鞋竞速等，湖南地区有赛龙舟、梅山武术、巫家拳、岩鹰拳、高脚、秋千、板鞋竞速、射弩、陀螺、蹴球、押加、毽球、民族健身操等，江西地区有武术、舞龙舞狮、龙舟、傩舞、蹴球、射弩、高脚竞速、板鞋竞速、毽球、陀螺、民族健身操等，安徽地区有芜湖马灯、走太平、赛龙舟、徽州板凳龙、《淮南子》养生操、轩辕车会等，江苏地区有风筝、石锁、龙舟、舞龙舞狮等，浙江地区有竹马舞、叠牌坊、天台山易筋经、水火流星、春明太极拳、草塔抖狮子、诸暨赵家拳棒等。

六、东南沿海地区

东南沿海地区自古以来就是南方人民生产和生活的重要地区，既是我国对外交往的门户，也是国家抵御外来入侵的重要关卡。随着社会经济的快速发展，海岸带也逐渐成为当今世界经济、文化和科学的汇聚之地。

（一）区域地理环境

东南沿海地区地理条件优越，土地肥沃，气候温暖，河网纵横，降水充沛，物产丰富，经济发达，是典型的海陆结合地带。东南沿海地区东临大海，西靠欧亚大陆，地势非常平坦。东南沿海地区的代表省份是浙江省，浙江省是我国陆地面积最小的省份之一。“七山一水二分田”就是对浙江省陆地地貌结构特征的通俗概括，其中山地、丘陵占70.4%，平原、盆地占23.2%，河流湖泊占6.4%。浙江省的海岸线曲曲折折，港湾众多，分布着大大小小的岛屿，岛屿总数量超过了2100个，因而浙江省是中国岛屿最多的省份。

福建省也是东南沿海地区的一个主要省份，其地理特点是“依山傍海”，超过90%的陆地面积为山地和丘陵，被称为“八山一水一分田”。福建省的森林覆盖率达65.95%，居全国第一位。福建省的海岸线长度仅次于浙江省，居全国第二位。福建省以侵蚀海岸为主，共有1500多个岛屿。福建省自然环境的特点是山岭耸峙，地表结构错综复杂，分布着高低起伏的丘陵，河谷盆地错落其间，水热资源比较丰富，土壤、植被类型多样。

（二）区域内主要少数民族

浙江省是少数民族散杂居省份，人数最多的少数民族是畲族。畲族是我国东南沿海地区最主要的少数民族，畲族人自称“山哈”，意思是“山客”。据2020年第七次全国人口普查数据，我国的畲族人口为70.96万人。景宁县是我国唯一的畲族自治县，并设有18个畲族乡镇，少数民族人口占30%的行政村有400多个。《越绝书·记地传》中记载了越王勾践对当地人民的描述:“水行而山处，以船为车，以楫为马，往若飘风，去则难从。”越王勾践非常形象地描绘了东南沿海地区人们的生活方式。

福建省居住着很多的畲族同胞，是我国畲族人口最多、分布最广、保留民族传统文化最丰富的省份。隋唐时期，畲族人就已在福建、江西、广东三省交界地带生存繁衍；到了元代，畲族人开始陆续向福建省的中北部迁徙；明清时期，畲族人大量迁居福建省东部和浙江省南部。

在中国的宝岛台湾，世代居住着“高山族”同胞。“高山族”是中国台湾所有少数民族人民的统称，主要分布在中国台湾的中部山区，人口数量大约为50万人。中国台湾四面环海，该地区人们拥有聪慧、秀美、浪漫和进取、开放、崇文、尚礼的天然性格。

（三）区域内的主要民族传统体育项目

东南沿海地区气候适宜，雨水充沛，因此盛行水上运动项目。此外，东南沿海地区受到儒家文化影响，也流行武术运动，常见的拳种有畲族硬气功、畲家拳、畲族打尺寸等。福建地区的传统体育项目有蹴球、陀螺、射弩、民族武术、高脚竞速、板鞋竞速、毽球等。

七、西南地区

西南地区在生态地理环境、经济发展、宗教文化、民俗节庆等方面有着独特内容，造就了其独特的多民族文化。

（一）区域地理环境

我国地理行政区域内的西南地区主要指四川省、重庆市、云南省、贵州省和西藏自治区，但自然地理上的西南地区则指的是秦岭以南的四川盆地、云贵高原及青藏高原等地。我国西南地区深居内陆，除了号称“世界屋脊”的青藏高原外，其他地区多属于从青藏高原下降到低海拔的丘陵、平原之间的过渡带，在我国地势的三大阶梯中属于第二级阶梯。西南地区大部分的海拔高度在500～2000米，大部分地形结构是山地与高原。从纯粹的地理角度来看，西南地区并不是一个完整统一的区域，而是由多个地理单元组成，不同单元之间有着巨大差异。西南地区突出的地貌特征之一是山地众多，这一地貌特征对整个区域的政治、经济、文化的发展和民族分布的状况有着重大影响。崇山峻岭阻碍了古代人们的沟通和出行，重峦叠嶂将西南地区围绕成一个相对封闭的地理单元和文化区域。

（二）区域内主要少数民族

西南地区的主要少数民族有苗族、藏族、彝族、布依族、白族、侗族、哈尼族、傣族、羌族、瑶族、纳西族、景颇族、基诺族、德昂族、水族、傈僳族、拉祜族、仡佬族、氐族、布朗族、门巴族、独龙族、怒族、普米族、阿昌族、路巴族等，自古以来一直都是多民族聚居地。其中，云南有傣族、佤族、彝族、纳西族、白族等26个民族。西南地区生活着全国1/2的少数民族。

西南地区内各民族同胞从事传统农业，在生产生活方式上各不相同，其发展也体现出各民族的独特性。居住在半山区的少数民族从事梯田和旱地农业，过着稳定的农耕生活；而居住在河谷和坝区的民族，则从事水田农业生产。

以居住在高山区的瑶族为例，中华人民共和国成立前瑶族人频繁迁徙，主要生产方式是采集、狩猎、刀耕火种，过着原始的耕种生活，住草棚，品酒御寒，这些文化特点都与原始农业的生产方式相适应，并具有明显的民族文化特征。

居住在半山区的哈尼族的生存环境是崇山峻岭和遍布荆棘杂草的原始森林，他们用极简陋的工具创造了如今让人惊叹的梯田文化。纳西族创造了象形文字——东巴文，并创造了动感十足的音乐。彝族人民崇尚黑色，认为黑色是美丽和尊贵的代表；而白族人民崇尚白色，喜欢穿着白色的衣服。西南地区少数民族人民创造的独特文化都具有浓厚深沉的历史渊源。

（三）区域内的主要民族传统体育项目

西南地区的特点是地广人稀，道路崎岖，不同季节有着较大差异，区域内的独特环境导致当地人们有着独特的生活方式，进行独特的体育活动。当地人们生产方式中最重要的内容是狩猎和农事，通过狩猎进行的体育活动主要有跑、投、跳、攀、射、骑等。西南少数民族群众酷爱赛跑运动，如普米族在转山会期间举办的赛跑活动，苗族举办的穿针赛跑活动等。由于西南地区山地众多，因此登山运动相当流行。此外，还盛行跳高运动，如苗族的跳鼓，是根据犁地、插秧、耕田、割谷、挑担等众多农事过程改编的，反映了劳动人民在丰收后的喜悦心情。

西南地区大多数民族的生活环境都是依山傍水，“水文化”起主导作用，有着别具一格的水上运动项目，使得民族传统体育表现出柔美、细腻、传情、祥和、修身养性等文化特质。西南地区的民间技艺多种多样，有棒术、刀术、拳术等，也普遍开展赛马、马术等运动。

八、岭南地区

岭南地区在我国南部是一个重要地段。由于岭南地区的北部边界是南岭，南端是大海，这种相对独立的地理条件使得本地区相对独立，在得天独厚的地理环境中经历代人的发扬与传承，孕育出了独特的岭南文化。

（一）区域地理环境

岭南地区位于我国的最南端，包括陆地与岛屿两个部分。陆地部分是广东省和广西壮族自治区，岛屿部分包括两广沿海岛屿、海南岛、香港特别行政区、澳门特别行政区，以及三沙市和南海诸岛。岭南地区地跨中亚热带、南亚热带和热带地区，有着湿润的气候和丰沛的降水，汛期超过了半年，降水量和气候直接关系到农作物的布局、生长与产量。广西壮族自治区的各种坂、堰、塘、渠，普遍使用水转翻车、高转筒车，许多山区亦开辟出梯田、冲田，最令人惊叹的是龙胜龙脊梯田。

因为岭南地区相对封闭，崇山峻岭极大地限制了当地人与中原地区的沟通，所以岭南人很少翻山越岭踏入中原，反倒是中原人频频南下，如北宋著名的苏东坡就曾被流放到海南。广东省面朝大海，海洋给当地带来了高水平的开放环境，生活在这种环境中的人们，依靠得天独厚的优势，愿意接受海外文化的熏陶，在自身文化的基础上加入外来文化，形成“中西合璧”的文化特征。正是这种较为特殊的地理环境，使得岭南文化成为一个十分复杂的物质财富和精神财富的混合体。

（二）区域内主要少数民族

岭南地区既有在本地土生土长的民族，如壮族、侗族、毛南族、松佬族、黎族，又有宋朝以来从湖南和贵州等地迁徙而来的瑶族、彝族、苗族、水族、畲族、仡佬族、京族、回族等。广西是我国少数民族自治区之一，世代居住的民族多达12个，分别为壮族、汉族、瑶族、苗族、侗族、仡佬族、毛南族、回族、京族、彝族、水族、仫佬族。此外，还有25个其他少数民族，这些少数民族同胞主要以捕鱼为生，还进行农业劳作和卖盐，因此他们天生对海洋有着特殊感情。

据专家考证，岭南人自古以来就把水视为最崇拜的东西之一。"上善若水"，水的流动性和变化性在潜移默化中使得岭南人热爱大自然、追求自由，在潜意识中不愿意受到禁锢和约束，这种原生态意识根深蒂固。岭南地区农业社会的支柱并非单一的粮食生产，渔业和经济作物生产至少占据了当地农业生产的1/3。

（三）区域内的主要民族传统体育项目

在岭南文化中，水文化和龙文化非常著名。有水的地方就有蛇，而龙在传说中是蛇的神化，可司水布雨、腾云驾雾。龙的拟人化有龙王、龙子、龙公、龙母、龙孙、龙女。在文娱体育活动中，有龙戏、龙灯、龙歌、龙舞和龙舟等。岭南地区渔业生产和居民出行的主要方式是船，深受岭南人欢迎的舞龙活动具有镇灾辟邪、吉祥如意的寓意。广东地区有赛龙舟、太虚拳、咏春拳、抛锣、惠州李家拳、醒狮、太极拳、健身气功、毽球、蔡李佛拳、连山抢花炮等；广西地区有壮族的板鞋竞速和投绣球，瑶族的射弩，苗族的爬坡杆和打草球，侗族和壮族的抢花炮，仫佬族的步虎掌和草龙舞，毛南族的同填、同顶和同拼，回族的摔跤，京族的跳竹竿，彝族的打磨秋，水族的赛马，仡佬族的荡秋千和打花笼，以及深受各民族喜爱的打陀螺、踢毽球、赛龙舟、武术、舞龙舞狮等。

第二节　民族传统体育文化的地域分布特征

我国是一个统一的多民族国家，各民族之间早已形成"大杂居、小聚居”的“混居”状态，长时间接触、交往、融合，不仅各民族之间我中有你、你中有我，其民族文化更是复杂。作为民族文化重要组成部分的民族传统体育文化，由此也具有了“大杂居、小聚居”、相对落后性、民族交融性、环境依附性等地域分布特征。

一、“大杂居、小聚居”

费孝通在其民族理论研究中指出：“中华民族的主流是由许许多多分散孤立存在的民族单元，经过接触、混杂、联结和融合，同时也有分裂和消亡，形成一个你去我来，我来你去，我中有你，你中有我，而又各具个性的多元统一体。”

通过上述论述可以看出，我国从古代开始就是一个多民族国家。从整体来看，中华民族的居住状态是一个多民族的“大杂居、小聚居”的“混居”状态。从我国不同民族进行的传统体育项目中可以看出，我国各民族的传统文化长期依附于民族主体，各民族长期存在着“混居”或“大杂居”的状态。

从这样的状况来看，我国民族传统体育项目必然也会呈现出独特的“大杂居”的特征，即不具有明显的地域和民族的界限，且每个项目都有相当宽广的覆盖范围，包括各省、自治区、直辖市。

所谓“小聚居”，是相对“大杂居”而言的。我国民族传统体育项目中，体现出“小聚居”特点的主要是地域分布相对集中和地域特性突出两个方面。比如，对某地所有民族传统体育项目的种类数进行统计，云南地区的民族传统体育项目超过了 220 种，与全国其他省、自治区、直辖市相比，种类数是最多的；此外，广西、甘肃、新疆、西藏等地都是民族传统体育项目发展相对集中的地方。另外，还发现了一个特征，就是在某个行政区域中，民族传统体育项目的分布也呈现“小聚居”的特征，如湖北省的民族传统体育项目集中发展于恩施土家族苗族自治州境内，湖南省的民族传统体育项目集中发展于武陵山区等。

二、相对落后性

受自然环境、历史变迁等诸多因素的影响，开展民族传统体育项目的少数民族区域大多具有相对落后性的特征，具体表现就是发展缓慢，社会整体依旧落后，与东部沿海等地相比有着巨大差距。此外，这些地区依旧存在着脱贫脱困的难题，且人力资源开发依旧滞后，基础设施资源依旧短缺，产业发展、城市化进程相对缓慢，生态环境依旧艰苦等，因此当地人民的生活水平依旧落后。

大多数的少数民族人民虽然也进行着农业生产，但由于种种原因，有些少数民族人民至今还过着原始社会的生活，如赫哲族人民长年靠捕鱼为生，鄂伦春族人民还以狩猎为生，哈萨克族、柯尔克孜族、蒙古族、藏族等人民还在从事着畜牧业。

从历史的进程来看，少数民族所处地区在社会经济形态方面也有很大差异。20 世纪 50 年代，藏族、傣族、哈尼族等尚处于封建农奴制，在大凉山等地区，约有 100 万人口的彝族人民依旧生活在农奴制的枷锁和镣铐中，云南边区的独龙族、怒族、基诺族、景颇族、拉祜族、傈僳族、氐族、布朗族和东北地区的鄂伦春族、鄂温克族及海南的黎族等，一共有大约 70 万人依旧生活在原始、落后的社会环境下。

由于不同地区社会经济形态的差异，少数民族人民喜爱的民族传统体育项目具有不同的宗教习俗和祈祷仪式的色彩，且这些项目的发展情况不一。青海南部的高原藏区是全国最贫困的地区之一，目前该区有 14 个县，其中 7 个县是国家级扶贫重点县，另有 7 个县是省级扶贫重点县，贫困县数量占青海省贫困县总数的一半以上；贫困户数目超过了 4 万户，贫困人口超过了 25 万人，分别大约占青海南部高原藏区农牧民总户数的 32% 和 45%。

三、民族交融性

我国各民族之间进行文化交流是时代发展的必然趋向，在不同民族交融的过程中可以发现，在多个民族中都能觅得某些民族传统体育项目的身影。从各种项目的起源来看，某一民族传统体育项目在一开始总是在某一区域、某一民族中发展、流传与传承，经过不同民族不同文化间的交流，逐渐被多个民族所认同和接纳，从而使得该项目不断发展、完善。

当前，许多民族传统体育项目在内容上都整合了不同民族的文化，汲取了不同民族的文化特色，进而形成了多民族共有的优秀传统文化。也有些项目在发展道路上发生了改变，最初仅仅为某些民族独有，如今也融合了多个民族的特点，已成为中国人民共有的文化遗产。

在华夏五千年的发展历史中，由于各少数民族不断汲取汉族及其他民族的优秀文化来充实本民族的文化，加上有些民族有着近似的生活方式和生活环境，许多少数民族传统体育项目在其他民族中也被广泛开展。就拿赛马运动来说，从事畜牧业的哈萨克族、柯尔克孜族、维吾尔族、蒙古族、藏族人民都有赛马的习俗，赛马成了多个民族共有的民族传统体育项目。因此，从历史的发展角度来看，我国民族传统体育项目逐渐体现出民族交融性的特征。

四、环境依附性

地理生态环境是各族人民的生活空间，各民族在不同的地理环境中生产、生活，在适应自然和改造环境的过程中显示出各自的特点。一个民族长期繁衍生息的重要条件就是其具有的特定生产方式，一个民族形成的具有宗教观念、审美情趣等特征的民族传统体育文化现象和民族传统体育活动，在很大程度上受到当地经济发展水平的约束，而民族传统体育的内容和形式又反映了当地生产生活方式与社会风俗习惯。

中华民族的传统体育具有差异性，导致这种差异性的主要因素是自然地域环境。例如，华北地区有着深厚的历史积淀，这里既是儒家的诞生之地，也是道家的渊源之场，因此武术、养生、棋类等项目十分盛行；东北地区气候严寒，是滑冰、滑雪等冰雪项目的圣地；内蒙古地区曾经是众多草原部族纵横驰骋的区域，其许多传统体育文化活动都与马有关，“那达慕”大会是其他地方特色；西北地区有着茫茫的沙漠和戈壁，遍布着土质平地和山地荒漠，该地区最主要的景观是沙漠，而沙漠中主要的交通工具是骆驼，因此赛骆驼、滑沙等民族传统体育项目是西北地区的特色；长江中下游地区有着最密集的淡水资源，降水丰沛，因此该地区重点发展水上项目，如赛龙舟、潜水游戏等；西南地区分布着盆地、平原、丘陵、山地和高原五种类型地貌，有着丰富的山地资源，因此该地区与登山、跑步、跳高、投掷等运动相关的民族传统体育项目十分流行；岭南地区位于我国的最南方，有着丰富的水源，因此赛龙舟、游泳、跳水、水上抓鸭是该地区的代表性民族传统体育项目。

因此，千姿百态、纷繁复杂的少数民族传统体育从诞生、发展到成熟都具有地理环境差异，表现出显著的环境依附性。

第三节　各区域少数民族传统体育典型项目与发展

本小节将重点介绍四个区域的民族传统体育典型项目及其发展状况，包括东北及内蒙古地区的珍珠球、射箭、狩猎、打布鲁和顶罐走，西北地区的木球、刁羊和赶羊跑，东南地区的稳凳和跳竹竿，西南地区的抢花炮、押加和朵加。

一、东北及内蒙古地区民族传统体育项目

（一）珍珠球

珍珠球来源于采集珍珠的生产劳动，是满族同胞的特色运动项目，从模仿劳动者采集珍珠演变而来。

珍珠球的竞赛方法非常简单。参加珍珠球竞赛的每支队伍派出 6 名运动员，站在端线的持网运动员等待捕捞“珍珠”，3 名运动员手持蚌形木拍想方设法拦截珍珠，其他 3 名运动员下“水”与对手争夺珍珠，夺到后把珍珠投向本方捕捞珍珠的队友，而对方的“防守者”要想办法用蚌形木拍

把对手投来的珍珠拦截出去，不让珍珠落入对方运动员的网中。因此，只有想办法让自己扔出的珍珠躲过对方的拦截，落入本方持网队友的网中才算有效得分，落进一次即得一分。比赛一般分上、下半场，每个半场15 分钟，中间休息10 分钟，但各地的玩法也不太一致。

1991 年第四届全国民运会上，珍珠球成为正式比赛项目。同年 5 月，国家体委、国家民委在河北承德召集专家、学者重新修订了珍珠球竞赛规则。

此后，珍珠球进入了校园体育课堂，并受到了学生的喜爱。在北京、河北、黑龙江、吉林、辽宁等省份中，珍珠球被列为当地民族运动会的正式比赛项目；一些高校也逐步把珍珠球运动列为大学体育的选修课或必修课。而部分城市的满族同胞聚集区甚至开始进行珍珠球场地资源建设，专门设立和修建了珍珠球比赛场地与场馆。

（二）射箭

早在13 世纪时，在成吉思汗统率下的蒙古就已经开始了射箭运动，蒙古士兵以能骑善射为荣。蒙古族人常用牛角弓、皮筋、木头制作箭矢，其射程只有 20 米。

蒙古族的射箭比赛分骑射和静射两种类型。大型骑射比赛活动的参赛者多达上百人，比赛场地在宽 4 米、长 8 米、深 0. 66 米的一条沟里举行，共设 3 个靶位，每个靶位之间相距 25 米。从射手的视角来看，第一、第二靶位在左侧，第三靶位在右侧。比赛规定“一马三箭”，即每人每次射 3 支箭，一场比赛共有 3 轮，总共射 9 支箭。比赛开始后，射手背上弓，将 3 支箭插入背后箭袋，骑上马在骑马线后待命；裁判员发令后起跑，骑手就可以骑马、抽箭、搭弓、发射。蒙古族的射箭比赛没有年龄和性别的限制，参赛者需要自备马匹和弓箭，其中对弓箭的样式和轻重没有太多的限制。

（三）狩猎

狩猎也就是捕猎、打猎，是人类在原始社会里为了生存必须具备的技能之一。在满族人中，“狩猎”意为“阿巴兰比”，是满族同胞为庆祝胜利的娱乐活动项目之一。狩猎运动作为一种民族传统体育项目，以模仿野兽捕猎为主要内容，参与该体育项目的人分成两队，每队 3 人。两队队员身穿异色服装，背不同颜色背篓，分站在 15 米 ×15 米的正方形场地中线的两侧。当比赛开始后，队员可在场内任意地方活动。持“猎物”（猎球）的一方通过传球、接球等方式，力图将猎球扔进对方的背篓，而另一方则要力争抢下对方扔出的球，并向对方反攻。扔进一次得 1 分，投中后由被进球的一方从背篓中把球取出，再向对方进攻。每场比赛 20 分钟，中间休息 5 分钟，以得分多少判定胜负。

（四）打布鲁

打布鲁是蒙古族的民族传统体育项目。布鲁是蒙古族同胞特有的狩猎工具和防身武器，能击打飞禽、野鸡、野兔和狐狸等，俗称“撇拉棒子”。取一根 0.67 米左右状似镰刀且有一定硬度的木棍，将其钻孔后穿上皮绳，绳端拴心状铁器。

在野外放牧时，牧民随身带着布鲁，遇到野狼、野兔等猎物便翻身上马，手持布鲁追击，待时机合适时运足力气，瞄准猎物，用力掷出布鲁，猎物被布鲁击中后基本当场毙命。

如今社会不是以前的游牧时代了，打布鲁更多呈现出娱乐和体育的色彩，并逐渐发展成一项民族传统体育运动。打布鲁运动要求表演者在 15 米外将一只兔子模型作为目标，边骑马飞驰，边摇动手中布鲁向目标掷出，击中目标。打布鲁能锻炼人的敏捷性和上肢力量，深受蒙古族同胞的喜爱。

打布鲁也是“那达慕”盛会上最常见的传统项目之一。打布鲁竞赛就像田径比赛中的铁饼、铅球，看谁扔得更远。1953 年在天津举办的全国民族形式体育表演大会和 1982 年在呼和浩特举行的第二届全国民运会上，打布鲁是表演项目。1957 年，在庆祝内蒙古自治区成立 10 周年举办的“那达慕”大会上，打布鲁是正式比赛项目，该项目的冠军被库伦旗三家子运动员获得，成绩是 99.85 米，创造了新的内蒙古自治区纪录。1985 年，在通辽市举行的内蒙古第一届少数民族传统体育运动会上，冠军是来自库伦旗的选手，成绩是142.10米，刷新了当地纪录。如今，打布鲁仍然是内蒙古人民生活和节日中必不可缺的运动项目之一。

（五）顶罐走

在我国东北一带，当地的朝鲜族妇女有一种特殊的负重行走的劳动形式，叫顶罐走。这种技能被不断发展和流传，逐渐成为一种民族传统体育活动。

据有关研究表明，当一个人头上负担的重物增加到体重的2/3时，行走所需的体力只比不负重多50%；而在同等情况下，一个人用其他方法携带这些重物，所耗费的体力是平时的2倍。因此，当人头顶货物时需要依靠自身的平衡性和灵敏性，尽可能地节省体力。

在朝鲜族聚居区，妇女们用头顶瓦罐的方式运送水、食物及其他物品。在插秧、锄草的农忙季节，妇女们常头顶瓦罐把米酒、饮用水等物品送给在田间辛苦劳作的男人们。这些朝鲜族妇女虽然头负重物，但她们脚下生风，令人赞叹。

而作为艺术表演和体育活动的顶罐走，则有另一番韵味。随着头顶的物品不同，舞蹈动作也相应地有所改变。如顶水舞，基本步法有“垫步”“挫步”“碎步”“踏波步”，主要动作有“甜泉舀水”“玉指弹珠”等。在顶罐走的过程中展现出优美轻盈的姿态，抒发朝鲜族人民迎接美好生活的喜悦心情。在顶罐走的竞技比赛中，所顶的水罐约重5千克，对参赛者的腰背、颈部、腿部肌肉以及全身的平衡能力都有较高的要求。长期参与顶罐走活动，身体的协调能力和平衡能力会有明显提高。

二、西北地区民族传统体育项目

（一）木球

木球项目在很多少数民族间都有开展，有着各种各样的说法和故事。在湖南，传说清顺治年间，瑶族人在欢度传统节日时，有坏人往庙堂中扔石子，一位长者看见后相当愤怒，举杖还击，把石头挡了回去，打得这些坏人抱头鼠窜。从此，瑶族同胞深受启发，纷纷尝试练习，逐渐创造出了木球游戏。北京等地则认为，木球项目起源于清朝的“打卯球”，相传其在乾隆年间传入承德的回民区，因受到大家的喜爱而流传开来。

改革开放以后，随着国家繁荣、社会安定，我国宁夏地区的回族青年开始进行木球运动，在乡村间举办各种木球比赛，引起社会的强烈反响。1982 年 9 月，内蒙古自治区举办的第二届全国民运会上进行了木球表演比赛。1983 年，湖南、宁夏、北京等地更新了木球比赛规则，并把木球比赛列为省、自治区、直辖市民族运动会的比赛项目。

1986 年，在乌鲁木齐市第三届全国民运会上，宁夏木球队再次进行了表演，木球从娱乐性逐渐发展为竞技性。1989 年，在宁夏首届全国木球邀请赛上，比赛场地在端线设置了门，以足球形式的打球进门取代了之前类似高尔夫的赶球进洞。自此，木球运动的场地和竞赛规则初步形成，至今基本发展成熟，木球运动也成为我国重要的民族传统体育项目。

在 1991 年的第四届全国民运会上，木球运动成为正式竞赛项目。至今，木球运动在我国部分少数民族聚居区和一些少数民族小学中广泛开展，部分地区还将与木球运动相关的内容列入中小学体育教材。

（二）刁羊

刁羊运动起源于中世纪，在哈萨克族同胞中广为流传。在古代，牧民和部落把草原上的野狼视为劲敌，一旦捕猎到狼，牧民便将其驮于马上奔跑，相互争抢，以表达喜悦的心情，这种行为逐渐成为一项经常开展的体育活动，并将抢夺狼改成了抢夺羊。在西北地区，刁羊比赛多在蒙古族、哈萨克族、柯尔克孜族、塔吉克族、乌孜别克族和维吾尔族人民中举行。

刁羊比赛既比谁勇敢，谁有力量，又看谁的骑行技术好，谁更有智慧，因此被誉为“勇敢者的运动”。优秀的刁羊运动者是非常受人尊敬的，被誉为“草原上的雄鹰”。刁羊比赛的参赛者分为两组，每组先出一人，在争夺过程中上来夺羊的人会越来越多，最后谁把羊抢到手谁就是赢家。

1986 年 8 月，新疆举行第三届全国民运会，刁羊运动被列为正式比赛项目。刁羊运动既有健身性也有娱乐性，广受牧民朋友的喜爱。参加刁羊运动的骑手必须具有坚强的意志品质、英勇无畏的精神，并充分利用自身的协调性和灵活性。由此可见，“草原上的雄鹰”称号不是简简单单就能获得的。

（三）赶羊跑

中国人对羊这种动物有着特殊的偏爱，有很多民族传统体育项目都跟羊有关。赶羊跑是从“打卯球”发展而来的民族传统体育项目。在赶羊跑活动中，赶羊人双手持棒赶羊，羊在木棒控制下向前跑动；队员将羊赶进圈后，即可与下一位队友击掌接力；4 个人完成 3 次接力后，即为完成比赛。

赶羊跑要求接力双方在接力区交棒，有点像田径中的接力跑，因此是比拼速度的项目。另外，良好的灵敏素质、身体协调性和爆发力也是不可或缺的，因此参与者在训练中应多进行灵敏素质练习和速度素质练习。需要指出的是，这个项目也考验着队员之间的合作与配合，对队员团队协作能力也是一种培养。

三、东南地区民族传统体育项目

（一）稳凳

稳凳又被称为“问凳”，是浙闽一带畲族同胞流行的民族传统体育项目。上古时期，人们的知识水平有限，也没有很好的医疗条件，当人们身染疾病时，就以问凳方式祈求神灵庇佑，远离疾病灾害，因此问凳在古代其实是一项具有宗教色彩的祈祷活动。具体方法是在三脚架的一条长板凳上，两端各坐一人，上下翘动板凳，同时左右旋转，一人问另一人回答，巫医告知除病的消灾方法，因此被称为“问凳”。

随着社会发展进步，稳凳活动逐步发展为具有民俗特色的民族传统体育活动。1987 年，民族传统体育工作者对其进行挖掘、整理和改进，把“问凳”变更为“稳凳”。经过民族传统体育工作者的不懈努力，“稳凳”项目在保留民族特色的基础上，更具健身性、观赏性和竞技性，在社会上广泛普及，深受广大人民的青睐。

（二）跳竹竿

跳竹竿活动也被称为“竹竿操”“竹竿舞”，最早是黎族群众用于祭祀的活动，盛行于海南五指山区，距今已有上百年的发展历史。跳竹竿活动具有浓厚的乡土风情，所用的竹竿取材于当地盛产的毛竹、金竹。

跳竹竿形式多样，有单人表演、双人表演和集体表演，动作也丰富多样，有单腿跳、双腿齐跳、分腿跳和翻跟斗等。跳竹竿者要模仿多种生活方式与行为，如磨刀、筛米、穿门、鹿跳等，动作时而优美舒展，时而敏捷灵巧，节奏突出、风格迥异、富有朝气，因此跳竹竿的人必须有一定的舞蹈基础。

经常参加跳竹竿活动能强身健体，发展身体的灵敏性、协调性和耐久力等多项素质。此外，跳竹竿活动对活动开展的条件没有很多要求，参与者使用一套竹竿在空旷的平地就可以进行，且对参与者的年龄、性别均无限制，因此适合在各行各业中推广普及。如今，跳竹竿活动早已褪去祭祀的外衣，成为一种具有民族特色的健身运动，在全国各地的中小学都有开展。

四、西南地区民族传统体育项目

（一）抢花炮

抢花炮在我国广西地区的壮族、侗族和仡佬族等民族中十分盛行。据考证，抢花炮运动的发展历史已经超过了 500 年。每逢农历三月三，或者秋天时节，人们纷纷盛装出行涌向赛场，或参赛或加油呐喊。抢得花炮的人不仅会获得主办方提供的奖品，还会给其所在的村寨的村民带来来年将会获得丰收、家族兴旺的好意头。

由于抢花炮运动对抗激烈，且具备娱乐性和独特的民族特色，数百年来长盛不衰。抢花炮运动在广西、湖南、广东一直延续至今并进一步发展，已经成为一项知名的民族传统体育项目。

（二）押加

在藏语里，“押加”是指“用脖子拔河”。押加是流传于藏族群众间的民族传统体育项目，流传于西藏、青海、甘肃、云南等藏族聚居区，至今已有百余年的历史。

押加产生于西藏地区特殊的自然环境和特殊的民族生活基础上，并被世世代代传承下来，形成浓厚的民族特色，具有深厚的群众基础，流传至今，成为一项老少皆宜的民族传统体育项目。不论是逢年过节还是农忙闲暇之余，不论是在牧场还是在田间，每两个人用两条背带或腰带连在一起，各自往自己的方向拉拽。人们通过这种方式锻炼身体，丰富业余生活。

在进行押加比赛前，需要在平地上画两条平行线当作“河界”，由两名男子将一条长约 10 米的绳子在其两头打结，从各自胯下穿过，经腹部套在脖子上，背对背站在“河界”两边，两人就像大象一样，手部与脚尖着地，以脚、腿、肩、颈部位发力向前，当一名运动员把系在绳子中间的红布拉过自己的“河界”时便说明获胜，比赛可以停止。

押加运动在第一届至第五届全国民运会上是表演项目，在第六届全国民运会上成为正式比赛项目。押加比赛设有男子项目，按运动员的体重分出等级，主要设有 55 公斤级、61 公斤级、68 公斤级、76 公斤级、85 公斤级、95 公斤级及 95 公斤以上级。

（三）朵加

“朵加”的意思是“抱石头”，在藏族同胞中广为流传，深受当地人民的欢迎和喜爱，是一种技巧性和力量性相结合的体育活动。

朵加起源于唐代松赞干布时期。到了公元 7 世纪，第 34 代赞普芒松芒赞主张张员当地人们参加角力大会。到了 15 世纪，五世达赖喇嘛规定成年男子必须学会“九术”，朵加就是“九术”之一。闻名中外的大昭寺、桑耶寺、布达拉宫等寺庙壁画中，记载了朵加这一传统体育活动。在壁画中，抱石者均身强体健，虎背熊腰，威风凛凛，梳着大辫子，身穿长袍，下着长裤，腰间系带，足穿翘头鞋，把石头举到肩部，这些壁画把抱石者参加朵加比赛的过程和神志描绘得栩栩如生。由此可以看出，朵加在西藏人民生活中的重要性。

中华人民共和国成立后，朵加运动继续发展和普及，不管是喜庆节日还是劳动闲暇或赛马会上都会举行朵加比赛，大力士都会为了夺取荣誉而抱起几百斤重的大石头。在1982年的西藏自治区第四届体育运动会上，朵加成为西藏民族传统体育表演赛项目。比赛方法在保留传统的基础上略有革新，比赛的石头呈椭圆形，重量分为50斤、200斤、250斤和300斤4个等级，比赛采取参与者先抱轻、后抱重，从易到难，循序渐进的方式。

第六章 民族传统体育文化在学校中的传承与发展

作为中华民族传统文化的重要组成部分，民族传统体育文化已经得到了一定的传承和发展，这种传承和发展在很多方面都有所体现。学校作为文化传播和发展的重要基地，也是民族传统体育文化得以传承与发展的重要场所。本章主要对发展学校民族传统体育文化的战略意义、学校民族传统体育文化的发展探索，以及文化软实力背景下我国学校民族传统体育文化发展的路径等进行分析和阐述。

第一节 发展学校民族传统体育文化的战略意义

发展学校民族传统体育文化具有十分重要的战略意义，主要体现在提高文化生产力、扩大文化传播力、增强文化凝聚力三个方面。

一、积极提高民族传统体育文化生产力

生产文化产品和提供文化服务的能力，就是所谓的“文化生产力”，其不仅是社会生产力的重要组成部分，也是文化软实力的基础部分，可以说，这两者的关系是相辅相成、互为支撑的。具体来说，文化生产力的增强有利于文化软实力的提升，而文化软实力的提升又从客观上促进了文化生产力的增强。

学校民族传统体育凭借其丰富的民族传统体育文化产品以及为学校学生提供文化服务的能力，极大地提高了文化生产力。“享受资料”和“发

展资料”的需求，日益成为社会生产的目标和动力，文化产品的生产和交换，越来越成为国民经济的重要内容。要想使文化软实力得到有效提升，就要将文化生产力发展起来，不仅要注重文化的传承、发展，而且要注重文化的兼收并蓄，这两个方面在学校民族传统体育上都会得到较好的体现。

（一）民族传统体育文化传承、发展深受学校民族传统体育的影响

从历史经验中可以得知，不管是哪一个国家，其文化软实力都是在民族传统文化的基础上得到提升的，如果将文化软实力与民族文化、传统文化割裂开来，那么文化生产力就无从谈起了。在全球化愈演愈烈的今天，只有在继承和弘扬中华优秀传统文化的基础上，才能进一步推动中华民族文化生产力的发展。在纷繁复杂的文化分支中，民族传统体育也是各民族文化发展的重要部分。

当今世界每个民族的传统体育文化，都成了提升其民族文化生产力不可或缺的部分。相较于现代体育来说，学校民族传统体育在实施教学的过程中更具备民族传统文化传承的本质。通过民族传统体育的教学，能使学生的民族自信力、民族自豪感有所提升，长期坚持下来，一定能使中华民族的文化软实力得到有效提升。

当前，民族传统体育的发展遇到一些阻碍和挑战，具体来说，民族传统体育自身的资源开发和社会日益物质化的冲击都是重要源头。在城镇化发展的带动下，许多传统体育发达地区的青壮年外出打工，民族传统体育得以维系的人群大量流失。尽管民族传统体育依旧得到较好发展，但不可忽视的是，这种发展是不纯粹的，是不可持续的。而学校作为文化的“象牙塔”，受到社会不良价值观的影响较少，民族传统体育在此能获得更纯粹的发展，并将实现形式教育和实质教育、科学学科和人文学科平衡发展的良好前景，使文化生产力得到有效发展和提高。

（二）文化生产力在学校民族传统体育文化兼收并蓄的推动下得到发展

文化之所以得到发展，是因为存在一个重要的必备条件，即不同文化之间的相互学习和借鉴。从当前的形势来看，发展文化生产力必须与世界文化竞争和交融相存的新趋势相适应。封闭和保守的文化政策曾给中华民族文化发展带来了巨大的阻碍，而开放与创新的文化政策曾给中华民族文化发展带来了灿烂辉煌。由此可以得知，中华民族拥有的胸襟博大、海纳百川、博采众长、兼收并蓄的文化传统，要想获得更加辉煌的成就，就必须以自信的心态和开阔的视野面向世界；否则，只能使中华优秀传统文化的沃土惨遭践踏。

中国传统文化的兼收并蓄为学校传承和发展民族传统体育提供了良好的生态环境。具体来说，主要从以下几个方面得到体现。

首先，作为文化交汇的场所，学校有着活跃的交流活动，不管是国外留学生还是孔子学院的学员，丰富多彩的文化交流方式都会使民族传统体育借助一个个平台走进他们的生活，进而为学校和国家文化软实力的提高提供有力保障。

其次，学校是一个包容的环境，在这个环境中思想碰撞出激烈的火花也是较为常见的，这给民族传统体育文化兼收并蓄提供了较好的人文条件。

最后，学校是文化汇集的地方，在这里真理得到升华，教师在教学的过程中能将学校民族传统体育的深刻文化内涵更好地反映出来，进而去伪存真，做到“既尊重差异、包容多样，又有力抵制各种错误和腐朽思想的影响”。

从上述几个方面的内容可以得知，学校民族传统体育文化的兼收并蓄对文化生产力的发展起到了积极的推动作用。

二、进一步扩大民族传统体育文化传播力

在世界政治、经济、文化、社会快速发展的当代，正在崛起的中华民

族亟须强大的文化传播力与之相适应。要想让世界对中华民族五千多年丰富的文化资源加以关注，并且共享中华民族发展的文化成果，就必须大力提升文化传播力。文化的传播方式具有多样化特点，传播的文化内容也丰富多彩。学校民族传统体育对于中国文化的传播，是以学校为平台进行的。文化的传播作为“在人们的社会交往过程中产生于社区、群体及所有人之间的一种文化互动现象”，需要满足其在共享性、传播关系、传播媒介、传播方式四个方面的条件。学校民族传统体育作用于扩大中华文化的传播力，同样从这四个方面来实现。

（一）学校民族传统体育具备文化传播共享性

一方面，作为众多文化传播类型中的一种，体育文化具备文化传播的可能性，国际上举办的各种学生运动会为实现学校民族传统体育的文化传播功能提供保证。

另一方面，文化传播是在人与人之间交流和沟通的基础上进行的，人们需要通过语言理解外来文化。人类的语言是多种多样的，可以将其大致归纳为有声的话语语言和无声的肢体语言两种。在不了解民俗习惯，并且不熟悉话语语言的情况下，肢体语言的优势不言而喻。正因如此，不同肤色、不同语言的学生可以一起参与到民族传统体育项目中。在参与过程中，肢体活动能使话语语言的障碍得到有效克服，进而使民族传统体育文化的共享性特点更加显著。

（二）学校民族传统体育为文化传播建立传播关系

一方面，学校是一个开放的空间，吸引来自不同文化背景下的学生在这里为文化的交流传播搭建桥梁。在学校民族传统体育活动开展过程中，由于其对团队合作精神方面的要求高于个人英雄主义，因此活动形式的多样化程度更高，学生之间的沟通机会更多。

另一方面，文化交流与传播的形式是多种多样的，而学校之间的合作是其中一种非常重要的形式。随着世界一体化的加强，国际学校之间的交流越来越多，民族传统体育作为良好的载体，一定会使中华优秀文化的传播力得到进一步扩大。

（三）学校民族传统体育为文化传播提供传播媒介

一方面，我国学校的学生来自五湖四海，特别是包括国外来的留学生。他们通过学习我国民族传统体育文化的精髓，对真实的中华民族传统文化有了一定的了解和认识，从而能担负起文化传播者的责任。当前，中国教育对学生的关怀提升到了前所未有的高度，学生作为文化传播者，将是最活跃的传播媒介，能对学校民族传统体育的发展起到积极的促进作用。

另一方面，我国学校的中国学生也是将来走出国门、走向世界，代表我国先进文化生产力的使者，他们在学校接受与民族传统体育相关的教育，得到民族优秀传统文化的熏陶，进而在文化传播中做好优秀传统文化的友好使者。

（四）学校民族传统体育为文化传播提供传播模式

一方面，在文化传播过程中，如果采用的传播方式是不合适的，那么进行的宣传就不可能达到增强文化传播力的效果，而可能造成对文化的损害和歪曲。近年来，西方主流媒体不断地将中国妖魔化，尤其是在北京奥运会后，许多国外民众被别有用心的舆论误导，形成了“中国威胁论”。在这样的环境下，中华民族传统体育以“中庸、求静、求和”的思想，通过容易被西方人接受的宣传风格和“潜移默化”的方式，把中国和平崛起的方针政策和发展现状传达到国际友人心中，从而消除他们对中国崛起的恐慌心理，进而使正确的文化传播方式得以形成。

另一方面，通过体育提升中国的国际话语权。国际话语权是以国家利益为核心，就国家事务和相关国际事务表达意见的权利。作为国家文化软实力的重要组成部分，国际话语权集中体现了一个国家的信息传播力、舆论引导力、政治参与力和文化影响力。在提升中国体育话语说服力方面，需要从国际体育组织中的领导权、体育话语权中的语言权和话语表达技巧等方面多管齐下、共同努力。中华优秀传统文化早已嵌入奥林匹克文化中，成为其重要组成部分，而当代中国体育精神更是深刻影响了今日奥运精神的内涵和外延。对当下志在提升国际话语权的中国体育而言，如何在国际舞台持续有力地发出“中国声音”，更睿智地讲述中国体育故事，是亟待解决的问题。

三、增强民族传统体育文化凝聚力

凝聚力原指物质结构中分子与分子、原子与原子之间黏合在一起的某种内在力量，是一个物理学概念。后来其才逐渐被引申为文化学、伦理学概念，指集体或某一社会共同体内部各成员，因共同的利益和价值目标结为有机整体的某种聚合力。

文化凝聚力能在一定程度上体现出国家文化软实力，拥有文化凝聚力的各族人民通过长期一致的生活方式，形成了类似的民族心理，进而形成了文化上的认同。这种凝聚力表现出来的社会人生观、价值观，对社会团结、教育人民和凝聚人心起到非常重要的引导作用。作为文化的重要组成部分，体育在我国社会主义发展过程中所占的地位越来越高。随着国家对体育的重视，广场舞、健身操等各种体育活动层出不穷，这些活动将更多的人民群众组织到一起，共享社会主义精神文明，进而从客观上使凝聚力得到进一步增强。在这样的社会环境下，学校民族传统体育对于文化凝聚力的影响也日益凸显。

（一）学校民族传统体育环境为增强文化凝聚力创造良好条件

随着现代化社会建设的深入，学校环境逐渐开放。在这里，有来自不同地区、不同民族甚至不同国家的学生，他们的文化背景各不相同，在学校接受文化教育的同时，进行着世界观、人生观、文化观的“同化”“顺应”，进而形成自身的世界观、人生观和文化观。在民族传统体育——武术教学中强调，“小学武术教学内容，应加强基本功的练习，以拳术组合动作为主，强调武术的特点，以强身健体为本。在教学过程中，要加强爱国主义、民族自豪感和文明礼貌教育”。其中，对爱国主义、民族自豪感的高度重视，是增强民族凝聚力的有力支撑。学生通过耳濡目染形成的民族凝聚力文化观念，一定会使其步入社会或回归家庭后影响着身边的人，进而使民族文化凝聚力得到进一步的增强。

（二）在学校民族传统体育教学中文化凝聚力得到增强

本质上，学校民族传统体育的教学是民族传统文化的教育。中华民族传统体育项目具有自发性、娱乐性等农耕文化的深厚基础，鉴于此，在项目中很少有个体单独作战，强调的是集体观念和团结精神，以群体价值为本位。例如，部分学校开展的舞龙运动，每个动作的完成都需要全体队员的通力合作，如果有一个人跟不上整体的节奏，就会打乱演示的效果，周围同学的加油呐喊，更是给舞龙的队员以精神上的鼓励。这样的民族传统体育活动在学校中经常可以看到，这就从客观上培养了学生的团队精神，也使团队文化凝聚力得到进一步的提升。

（三）学校民族传统体育教学使文化凝聚力的内涵得到充实

学校民族传统体育教学能使民族传统体育文化的思想价值得到进一步丰富，其中值得重视的两个方面为“尚礼”“恋土”，这在学校民族传统体育实践中已得到充分体现。比如，太极拳讲究“形不破体，力不尖出”，武术拳法讲究“相生相克”，战术思想讲究“以柔克刚”，这些思想价值潜移默化地形成了中国学校体育中的特色口号“友谊第一，比赛第二”。学校民族传统体育活动教学中对目标的淡化、对竞争的淡化使得学生之间的关系更融洽，相较于竞技来说，其对合作的重视程度要更高一些。在合作的过程中，学生之间的凝聚力得到进一步提升，文化凝聚力的内涵更是得到进一步充实。

中华民族在经历了几千年的磨砺之后，自身具备的文化凝聚力已经较强。鉴于此，在任何时刻总能保持完整的社会共同体，一旦文化凝聚力消失，这一社会共同体便岌岌可危。在历史的长河中，将民族凝聚力作为已任的民族传统体育文化形式有力保证了中华民族文化软实力的不断增强。

第二节　学校民族传统体育文化发展的探索

现阶段学校民族传统体育的发展还不完善，需要人们积极探索，包括对民族传统体育课程进行开发、对传统体育项目进行开发、与各项教育政策接轨、结合社会资源进行开发利用、结合现代科技开拓新路径、实施国际化战略、坚持特色化发展等，这些新的探索将有助于学校民族传统体育更好地发展。

一、对民族传统体育独立课程进行积极开发

当前，学校民族传统体育教育往往是以课程形式在教学中实施的，是重要的教学内容。这种形式不仅不能使学校民族传统体育与西方体育并行发展得到有力保证，也很难有足够的课时和场地使配套的专业师资得到保障，对民族传统体育文化进行传承与发展就更无从谈起了。因此，学校民族传统体育单独成为一门课程，便成为一条可供选择的新路径。

（一）将学校民族传统体育工作纳入法治化轨道

当前，法治体系日趋完善，学校民族传统体育工作需要法治保障。鉴于此，便应当将民族传统体育活动纳入正常的学校体育教学活动，作为一门独立的课程进行开发，将学校民族传统体育应有的重要地位确定下来。各级各类学校不仅要将民族传统体育教学计划制订出来，还要开展一定的民族传统体育教学活动，让学生有足够的时间和机会参与到民族优秀传统体育活动中。相关的课程标准及实施要求，在后续的研究中也应不断地深入。

唯有在教育法规和制度方面积极跟进，才能对民族传统体育文化课程这样一门以中华优秀传统文化为落脚点的课程起到积极的促进作用，并使其得到可持续发展。

（二）将课程的文化内核作为追求目标，真正实现课程价值

从某种意义上说，将学校民族传统体育单列为一门学科本身就是一种

创新，这种创新也是改革的必然。究其原因，主要表现在以下几个方面。第一，我国的教育已经逐渐从应试教育向素质教育转变，这也在一定程度上成为教育的出发点由双基式教育转变为强调对学生全面能力培养的重要标志。学校民族传统体育课程由于其“天时、地利、人和”的优势，可以成为培养学生全面发展的课程之一。第二，有关我国民族传统体育学科的科学研究日益深入，这在一定程度上进一步丰富了其学科基础，为其被单列为一门课程提供了良好的课程基础。第三，当前社会对文化软实力发展的关注程度越来越高，这就使各民族在践行文化使命时非常重视对内的继承和对外的宣传，民族传统体育教学同样承载这一使命，理应成为文化传承与发展的有效途径。

由此可以看出，要想使当前部分学校唯西方现代体育为纲的思想和行为得到改善，并最终达到提高民族文化软实力的目标，就必须在民族传统体育文化课程中把握其文化内核，并将其文化内核作为课程的本质价值。

（三）对技术与文化进行双重把握，打造文化导向型民族传统体育课程

通常情况下，可以将传统的体育课程按教学形式分为两种类型：一种是理论课，另一种是技术课。在当前知识经济社会背景下，学校民族传统体育不仅要让学生了解、学习、掌握运动技能，还要重视培养他们对民族文化的认知、理解和认同，这就是所谓的“文化导向型民族传统体育课程”，从某种程度上说，这是对课程人文功能的一种强调。这种课程定位，一定会对学校民族传统体育教学内容侧重点的调整起到积极的带动作用。课程的重点不仅是单纯的项目训练，还包括与之相关的民俗风情和文化内涵的解读。

通过课程学习，学生不仅了解了民族传统体育项目的基础知识，掌握了相关技术，还了解了该民族的历史文化，这对于增强社会主义文化自信，提升讲好中国故事的能力，具有重要意义。

（四）将灵活评价与全面评价结合起来

民族传统体育学科本身就具有一定的特殊性，针对该学科教师和学生

的评价更是一项非常复杂的实践活动。要想让评价对学校民族传统体育课程发展起到积极的推动作用，就需要转变目前只关注教师工作量和学生最终成绩的单一终结性评价方式，转向多角度、多方法的综合质量评价，着眼于发现并发展教师和学生的潜能。关心教师的实际需求，关注学生的个体差异，将科学的、可操作的评价考核体系和激励机制建立起来。新的评价体系要在评价的激励功能方面进行强化，选拔、甄别功能则应该适当淡化。在教师方面，将基本素质、工作过程、工作绩效和专业发展等纳入评价范围，将完善的教师评价制度和反馈机制建立起来，并给予教师充分的人文关怀，力争对其工作的积极性起到积极的促进作用。课堂观察、学生成就、学生评价、家长评价、自我评价、同行评议、纸笔测验、问卷与面谈等评价方法都是可以采用的。在学生方面，把学生的学习态度、合作精神、体能与技能等纳入其学习成绩评定范围，鼓励学生参与评价过程，从而将学生的主体地位体现出来，提高学生的学习兴趣。除此之外，以教师评价、客观测试、学生互评为主，以表演、竞赛活动为辅的评价方法也是可以采用的。

以上举措对确立教师正确的价值取向，促使学生更好地投入民族传统体育的学习和活动中，充分感受中华优秀民族传统文化带给他们的充实和快乐都是有所助益的。

二、对学校民族传统体育项目进行多渠道的开发

联合国教科文组织以文化发展的现状为依据，制定了《保护非物质文化遗产公约》。其中，对非物质文化遗产的定义为“被各群体、团体、有时为个人所视为其文化遗产的各种实践、表演、表现形式、知识体系和技能及其有关的工具、实物、工艺品和文化场所”。学校民族传统体育中的一些项目已经进入保护目录，但是该保护目录并不能覆盖全部项目，只是包含了投壶、蹴鞠等少数项目。虽然这些项目只是进入地方或国家的保护目录，但它们却具备文化传承的重要意义。因此，对民族传统体育非物质文化遗产保护渠道的开发力度要进一步加大，以优势促建设，以产业带发展。

（一）将资源整合发展的重点放在与自然和谐共生的项目上

文化优势是文化软实力的重要来源，而我国民族传统体育文化优势中很重要的一点就是“和谐”。因此，选择学校民族传统体育项目需要遵循的一个重要原则就是开发与自然和谐共生的项目。走观赏型、体验型、分享型发展之路，将各项目资源整合，开发出类似“西南风情周”主题的民族传统体育学习活动，通过资源整合达到事半功倍的效果。并以此为基础，形成以点带面的良好趋势，逐步实现学校民族传统体育全面发展的长远目标。

（二）通过社会实践活动使学生对民族传统体育文化的体验感进一步加强

随着我国经济的发展，人民生活水平的提高及国家政策的引导，目前国家城镇化趋势越来越显著，许多民族传统体育活动往往只在少数民族聚集的地区才能开展起来，这就使得很多民族传统体育活动都面临着失传的窘境。在这样的情况下，应该借助当前学生社会实践活动的平台，通过采风、春游等活动，使学校民族传统体育社会实践主题活动得到进一步的开展和普及。

（三）学校冠名产业，使产业开发途径进一步拓展

民族传统体育的未来发展方向逐渐趋于产业化，学生不仅是学习者也是消费者，学校民族传统体育可以在发展良好的基础上，冠名产业，走上产业化的发展道路。产业化的发展能为民族传统体育文化发展提供更优良的发展环境和更广阔的发展空间，由此可以得知，产业化发展之路是学校民族传统体育未来发展的一条重要路径。

三、与各项教育政策全面接轨，使发展学校民族传统体育的执行力进一步增强

人民利益是我国教育政策的出发点，相关政策制定者以不同时期历史使命为主要依据，将教育发展目标、任务和行动准则制定出来。从古至

今，中华民族都是非常重视教育的，“百年大计，教育为本”就体现了这一观点。对于方兴未艾的学校民族传统体育发展，只有其将实践与教育政策全面接轨，才能进一步增强发展学校民族传统体育的执行力。

（一）使民族传统体育课外活动的执行力得到增强

学校民族传统体育广泛开展的有效途径主要有体育课、课外活动等，也就是说，民族传统体育活动的开展应是多渠道的。其中，课外活动是学生在课堂教学以外进行的多种多样的学习活动，是促进学生全面发展的重要组成部分。让学生参加或者组织课外活动，能使学生的知识领域得到进一步扩展，学生的精神生活得到丰富，也使他们的学习兴趣、才能和特长得到培养与发展。

2011 年 4 月 26 日，教育部颁布的《关于在义务教育阶段中小学实施“体育、艺术 2 + 1 项目”的通知》中提出“通过学校组织的课内外体育、艺术教育的教学和活动，让每个学生至少学习掌握两项体育运动技能和一项艺术特长，为学生的终身发展奠定良好的基础”。该通知不仅给学校民族传统体育的开展提供了时间保障，为其跳出路径依赖提供了良好的契机，还明确指出各学校可“聘请有体育、艺术专长的人才进校园，对学生学习体育、艺术技艺进行辅导”。这也在一定程度上解决了当前学校民族传统体育教师资源匮乏的困难。

鉴于此，应抓住这一机遇，使对国家相关文件的执行力得到有效增强。课外活动可以不受课程教学大纲和教学计划的限制，采取引进符合当地特色的民族传统体育项目，聘请非物质文化遗产的传承人授课等多种方式，将民族传统体育课外活动落到实处。让学生接触到生动、真实的活动形式，对其中的乐趣有更直接的感受和体验，使我国优秀的民族传统体育文化得到有力的保护和切实的传承。

（二）使民族传统体育后备人才的培养工作力度进一步加大

要真正成为一门课程进入学校，学校民族传统体育的前行之路上还有许多亟需解决的问题。其中，较为典型的有：第一，由于缺乏整理和提炼，大部分民族传统体育散落在民间的自娱活动中，这就需要广大教育研究者深入各民族中，将一些有代表性并易于在学校开展的优秀项目分类整理出来；第二，要将与不同阶段学生相适应的民族传统体育教材编制出来，同时将科学规范的运动规则制定出来，为民族传统体育进入学校创造条件。

师资队伍建设的关键就在于以上问题的解决，高校师范教学需要培养一批既有教学思维，又有研究眼光的学校民族传统体育后备人才。当前正值高校体育教学改革的深入阶段，各种国家级、省部级项目得到了国家政策的大力扶持，这给学校民族传统体育的发展提供了坚实的基础。因此，要充分把握住这一契机，推进相关培养目标、课程、实践方式的改革，对师范类民族传统体育学生的培养起到积极的促进作用。

除此之外，当前对教师再教育的关注程度也越来越高。早在 2012 年，教育部在年度工作要点中就提到，要着力提高教师素质，推动中小学教师、校长全员培训，“扩大‘特岗计划’实施范围，建立中央补助经费标准动态调整机制。实施新的‘长江学者奖励计划’，加大对学科领军人才和创新团队支持。配合做好‘千人计划’‘青年拔尖人才支持计划’的实施工作”。这些举措的提出为教师再教育提供了良好的时机，其的多样化与民族传统体育自身发展的开放性非常契合。可以以这些举措为依托，不断深化教师再教育工作，对学校民族传统体育的深入发展起到积极的助推动作用。

四、对社会资源进行合理开发和利用，对学校民族传统体育走可持续发展之路进行深入探索

相较于普通学科课程对学生认知能力的培养，学校民族传统体育课程的文化使命要高出许多，并且其还承载着继承优秀传统文化和弘扬民族精神的历史使命。因此，在发展路径上不能局限于校内教学，应该开拓思路，将具体的体育项目转变为社会行为，这样不仅能使学校民族传统体育文化源于社会命题的需求得到较好满足，还能使其与未来的发展方向相适

应。具体来说，应该从以下几个方面着手进行。

（一）将民族传统体育文化电影周创办起来

作为文化产业，电影对人民生活的影响日益深入，在一定程度上起到了积极宣传和发展民族传统体育的作用。比如，最早的外国人对中国人的了解就是从李小龙开始的，好多外国人一见到中国人便说“KongFu”，李小龙已经成为中国功夫和中国人的代名词。这种民族传统体育对文化的影响，正是源于电影在人们意识领域中的映射。近年来，我国创作了《霍元甲》《叶问》《新少林寺》等一大批优秀的宣传中华民族传统体育的电影，成龙、李连杰、甄子丹等优秀的电影实力派演员先后涌现。这些优秀作品和电影演员，对培育当代学生的民族精神影响深远。因此，要加强学生对民族传统体育的了解，可以在校内外举办与民族传统体育文化相关的电影周活动。

（二）将社会民族传统文化资源合理利用起来

国家对民族传统文化的重视程度越来越高，这就对“博物馆”“科技馆”“风情园”等许多社会文化资源的建设起到了积极的促进作用。中国武术博物馆就是比较典型的例子，虽然该馆的面积相对较小，藏品的数量也不占优势，但是其珍藏的有关武术方面的文物和设置的数字化多媒体互动区域，是任何一家博物馆都难以望其项背的，这与其“世界上第一家全方位展示武术历史与文化的博物馆”的美誉是相适应的。这些馆藏珍品和互动体验，清晰地展现出了中国武术的发展历程，将中国武术的魅力充分诠释了出来。如此优秀的民族传统体育社会资源，却并没有为全国人民所知，目前仅为上海市部分学校和全国武术圈内人士所知，这是非常可惜的。因此，要进一步加大宣传力度，扩大中国武术博物馆的知名度，进而吸引全国乃至世界各地的教师和学生前来参观。如此一来，一定会对学校民族传统体育实现更快发展起到积极的促进作用。

（三）将民族传统体育“三送活动”启动起来

近几年来，国家越来越重视民族传统文化，各种政策的出台也相对频繁，但是物质保障相对滞后。因此，“政策很好，但难于实施”的窘境时常出现。在这样的背景下，相关职能部门应当对政策进行更好地跟进和落实。例如，可以采取“送表演、送资料、送器材”等类似的“三送活动”，这些活动不仅能将实际教学中物资匮乏的状况较好地解决掉，而且能使教师和学生的眼界更加开阔，将他们从事民族传统体育活动的积极性充分调动起来，从而让好的政策持续发挥应有的作用，对良好的发展环境产生积极的影响。

（四）将“百千万工程”积极开展起来

学校民族传统体育的发展需要每个人的文化自觉，在中国这样一个人口大国，要做到人人自觉，就需要调动更多的社会力量参与其中。因此，在这样的背景下，可以在全国范围内开展“百千万工程”之类的活动，通过“以点带面”广布网络的方式，对学校民族传统体育的广泛开展起到积极的促进作用。这里所说的“百千万工程”具有多种多样的组织形式，不管是“百所民族传统体育项目学校”“千名优秀民族传统体育培训教师”“万名民族传统体育小明星”，还是“百所民族传统体育推广先进学校”“千名优秀民族传统体育传承人走进学校”“万名民族传统体育优秀志愿者”，都是可以的，具体的命名可以在今后的实践中不断摸索。总之，要大力推广“百千万工程”，将政府力量与群众的努力结合起来，将学校民族传统体育带入良性循环的发展轨道，从而对我国文化软实力的提高起到积极的促进作用。

五、通过“现代化、信息化”路径的开拓，使学校民族传统体育竞争力进一步增强

各地区民族传统体育的发展情况不同，具体来说，西部地区有着先天优势，但是在财政支撑上存在着较大的不足；东部发达地区财政资金充足，但在原始资源方面缺乏。二者如果能突破各自瓶颈，将当今社会信息化优势充分发挥出来，进行资源的合理调配，充分把握教育面向现代化这一原则，那么不仅能对我国民族传统体育的发展起到积极的促进作用，还

能有利于我国进行对外宣传，使民族传统体育国际竞争力得到有效增强。教育部颁布的《教育信息化十年发展规划（2011—2020 年）》，为学校民族传统体育“现代化、信息化”提供了指导思想。工作方针中提到的“坚持面向未来，育人为本；坚持应用驱动，共建共享；坚持统筹规划，分类推进；坚持深度融合，引领创新”，也给学校民族传统体育“现代化、信息化”之路指明了方向。

（一）将 CAI 技术应用于教学，激发学生学习兴趣

示范、练习、讲授相结合往往是学校民族传统体育教学的主要形式，这种教学形式取得的效果较为显著，能使学生对项目技能有较为熟练的掌握，但是其在文化内涵和文化体验方面较为缺乏，这是不能忽视的。将计算机辅助教学（CAI）技术应用于民族传统体育教学，是民族传统体育教学从经验教学的传统模式走向科学化、信息化、现代化的一条重要途径。在民族传统体育教学中科学、合理地开发且有效地应用 CAI 技术，对于有效激发学生学习民族传统体育的兴趣，提高学生的理解能力和学习效率具有其他手段无法替代的作用，势必形成民族传统体育教学的新模式。在学校民族传统体育课程教学中使用 CAI 技术能迅速地将准确将准确的信息、先进的技术、有效的方法直接传送给学生，让他们更快地接受和掌握所学的知识与技术。

CAI 技术可以让学生立体化、全方位地了解民族传统体育项目的本质和特征。例如，各校由于所处地域不同，在校师生无法现场感受侗族的花炮节、藏族的赛马会、瑶族的盘王节等某项民族传统体育项目的文化氛围，这时，教师就可以通过 CAI 技术积极引导学生进入特定的情境感悟民俗民风，进而激发学生学习的兴趣。

（二）将远程教学体系构建起来，实现优质资源的共享

当前，我国教育信息化水平虽已经得到较大程度的改善，但相较于人民群众的需求，存在的差距较大。在加快推进教育信息化方面，还面临着诸多的困难与挑战，具体来说，主要体现在支持偏远地区、少数民族地

区、经济欠发达地区和薄弱学校享用优质的教育资源服务等方面。在这种教育的大环境下，学校民族传统体育面对的问题更加突出。上述偏远地区、少数民族地区等，大多是当前民族传统体育文化保留良好的区域，这些区域在先进的教学理念和优秀的教师资源方面较为欠缺；东部发达地区，虽有较好的师资和硬件条件，但在民族传统体育文化原生环境方面较为欠缺。要想解决以上问题，就需要将远程教学体系构建起来。远程教学体系不仅能打破传统的时空限制，还能将高水平的教育资源充分利用起来，最大限度地发挥教育功效。东西部地区可以通过远程教学进行信息传递和交流，达到教学资源和教师资源的良好结合，进而共享优秀资源，对共同发展学校民族传统体育起到积极的促进作用。同样，也可以将这种远程教学体系运用到学校民族传统体育的国际教学中，从而使民族传统体育的国际竞争力得到有效增强。

（三）将精品平台搭建起来，使质量工程得以保证

精品课程建设是一项综合系统工程，教学队伍建设、内容建设、教材建设、实验建设、机制建设、方法建设和手段建设都是精品课程建设的主要内容，能使优质教学资源共享得以顺利实现。这些内容通过资源共享，可以达到完善和优化课程教学的作用，将高校人才培养的优势和知识文化传承创新的作用充分发挥出来。学校民族传统体育的发展同样需要搭建这样的精品平台，使更多学生能够接触到优秀的教学理念和丰富的项目资源。

当前，在国家精品课程资源网上，有关民族传统体育的特色课程资源主要见表4。这些课程将大量优秀的教师和教学资源集合在一起，为学校民族传统体育信息化发展奠定了良好的基础。从相关的实践中可以得知，精品课程不仅给学生学习课程提供了良好的平台，也为教学工作者的教学反思提供了源泉，对民族传统体育教学的顺利进行起到积极的促进作用。

表4 国家精品课程资源（民族传统体育）

学校	云南师范大学（国家级）	吉首大学（省级）	广西师范大学（省级）	厦门大学（省级）	湖北民族学院（省级）	长安大学（校级）	兰州大学（校级）
特色课程	烟盒舞、爬坡杆、踩高跷等	陀螺、秋千、舞龙、舞狮、蹴鞠等	抢花炮、打陀螺、抛绣球等	木兰拳、木兰扇、形意强身功等	拔腰带、摆手舞、板凳龙等	腰鼓、传统养生、健身、秧歌等	藏族锅庄舞、“冈朵”游戏等

六、实施“请进来，走出去”国际化发展战略，使学校民族传统体育文化的亲和力有效提升

在学校民族传统体育发展中，文化的交流也是必不可少的，要因势利导，积极整合民族传统体育文化资源，并将其纳入对外国际文化交流活动中，从而使新的文化格局得以实现。由此，才能达到提升民族传统体育文化亲和力的目标。当前，我国对外文化交流中的重要指导思想即“请进来，走出去”。在这一思想指导下，各校以自身的情况为主要依据，进行了较为广泛的文化交流，民族传统体育作为中国文化的“身体语言”，也被涵盖在交流内容中。在众多的交流平台中，从目前发展的态势来看，效果最明显的莫过于“请进来”的“文化交流周”和“走出去”的“孔子学院”这两个优秀平台。

（一）通过主题“文化交流周”的定期举办，让学生对民族传统文化有一个全方位、立体的感知

我国民族传统体育文化是由很多要素，或者说因子构成的，节日文化就是其中不可或缺的一个因子。究其原因，主要是中华民族传统体育常与节日文化结合在一起。较具代表性的节日文化有：壮族有了“三月三”，才有“赶歌”等活动；彝族有了“火把节”，才有摔跤、斗牛、赛马等活动；京族的“唱哈”、竹竿舞等活动，也只有在“哈节”上才会出现。这些活动都需要持续一定的时间，才能将其文化内涵充分展现出来。因此，

采取主题“文化交流周”的形式，充分保证学生在较为稳定的时间和空间范围内，对民族传统体育蕴含的优秀传统文化有深刻的体会和感知。同样地，异国来的留学生对各民族优秀传统文化的了解，相对于中国学生而言更生疏，他们只有参与到这种主题明确的“文化交流周”中去，才能真正融入各民族及中华优秀传统文化的语境中，形成深刻的自我体悟。在开展此类活动时，一定要对实际情况进行充分考虑，不宜过于频繁，一学年进行一次，各年级分时段进行，从而能达到中外学生相互交流、互相学习的目的。

（二）将“走出去”与“留下来”结合起来实施

我国对外交流越来越频繁，学校对外交流的形式也日趋多元化，如交换生培养项目、文化交流活动等，这些项目和活动大多只能覆盖特定群体且开展时间较短。因此，资源浪费的情况屡屡发生。例如，武术、舞龙舞狮、秧歌锣鼓等民族传统体育项目往往能将中国文化充分体现出来，但是组织国际友人短短数天走马观花式的交流，只能让他们知道这些民族传统体育项目代表了中国的文化，而对具体的文化内涵是什么知之甚少，甚至一点都不知道。诚然，学校民族传统体育要交流的是思想、行为和文化，需要交流者在拥有更多的感受和体验的基础上形成文化理解与认同。因此，学校民族传统体育不仅要“走出去”，更重要的是“留下来”。

七、坚持“终身化、特色化”改革方向，使学校民族传统体育文化环境得到改善

文化的发展离不开文化环境这一重要土壤。良好的文化环境必须具有多元化元素和持久供给的特性。当前，学校民族传统体育发展遭遇的路径依赖，与其所处的文化土壤十分贫瘠关系密切。要改善学校民族传统体育文化环境，不仅要保持一个开放的姿态，发展多元化民族传统体育文化，在学校民族传统体育教育中保持“特色化”发展，还要将“终身化”的改革方向确定下来，在教学中克服项目随意性强、无连贯性的弊端，加强项目选择的系统性、连贯性，采用螺旋上升式教育理念，循序渐进地发展学

校民族传统体育。具体来说，应该从以下两个方面着手进行。

（一）通过“以赛带练”的形式将学生学习动机激发出来，重点培养“终身化”锻炼意识

当前，很多人对“终身化”这一概念没有形成科学和深入的理解，“终身化”教育、“终身化”阅读习惯等就是人们理解的重要形式。作为一种文化行为，学校民族传统体育教学也应当提倡“终身化”的概念，如果脱离了“终身化”，其民族本质就会有所削弱，并失去良好的文化环境。在民族传统体育的教学实践中，培养学生“终身化”锻炼意识是教师理应承担的责任。教师要想将这一责任落到实处，首先应将学生参与民族传统体育活动的兴趣充分调动起来，而达到这一目标的途径有很多种，“以赛代练”就是比较理想的选择之一。

中华民族传统体育项目大多是群体项目，学生在校参与这些项目的主要形式除课堂教学活动之外，还包括课外的一些比赛活动，如“校园民族运动会”“校际民族运动会”等。这些活动不仅能对民族传统体育项目发展起到积极的促进作用，还能通过“以赛代练”的方式，将学生的学习兴趣和教师教学的热情充分激发出来。

（二）坚持走“特色化”发展道路，活动的开展要遵循因地制宜的原则

当前，我国大部分学校的体育课包含的教学内容主要有田径、体操、球类等现代体育项目，而具有丰富内容、多样形式特点的民族传统体育项目却没有在学校中得到较好的开展和普及，民族传统体育仅以武术项目苦苦支撑。

鉴于此，有的学者提出了自己的观点和认识，即由于我国民族传统体育具有项目众多的特征，且项目特色鲜明，因此对民族传统体育项目进行挑选以达到学校体育教学的目标和要求本身就是一件很复杂的工作，这项工作会对民族传统体育进入学校产生非常重要的影响。近年来，党中央越来越重视教育，各级地方政府对教育的拨款力度也在逐年加大，办学条件

越来越趋于成熟，学校的场馆、器材等硬件设施已基本完成，但是对民族传统体育方面的投入较少，这就在很大程度上对民族传统体育在学校的开展和推广产生了制约。在这样的情况下，就需要因地制宜地开展活动。具体来说，应该从以下两个方面着手。一方面，选择对器材要求较低的项目，或者选择有当地资源优势的项目，少数民族地区可充分利用本地区的资源和地理环境优势，配置具有本民族特色的体育器材设施；另一方面，改进项目，创造性地开发教学器材，教师和学生可在项目实施中增加一些喜闻乐见、新型的体育器材设施，如用废纸做风筝，用竹竿和麻绳做龙灯等，因地制宜开发校本器材。

第三节　文化软实力背景下我国学校民族传统体育文化发展的路径

在文化软实力背景下，我国学校民族传统体育文化发展的路径包括四条，即独具特色、入境问俗、科学系统及和而不同，这四条路径都有各自的意义。

一、“独具特色”的路径

“独具特色”的路径能将中华民族自信力与自豪感充分彰显出来。

（一）民族自信力与自豪感

中华民族的国际自信力便是以中华民族为整体的，强大的民族精神力量，是对民族能力和价值的充分肯定。社会的各方面都可以展现出民族的自信力，毛泽东同志曾说过：“我们中华民族有同自己的敌人血战到底的气概，有在自力更生的基础上光复旧物的决心，有自立于世界民族之林的能力”。这是抗战时期中华民族对中国摆脱殖民的自信力。当前，中国逐步从“体育大国”向“体育强国”转变，这就在一定程度上推动了中华民族自信力的提升。

从我国近现代民族传统体育在学校近百年来的演变历程可以得知，我国学校体育教育中传统师道的衰退，体育课程中传统体育文化内容的贫乏，实施过程中民族传统体育文化教育的缺失，致使学生对传统体育知识的系统掌握缺乏连贯性，无法全面感受到民族文化的巨大魅力。目前，能让学生真正对民族传统体育感到自豪的是影视作品中的武术，武术使学生的爱国情怀油然而生，在别样的层面上肯定了我国民族传统体育具备的价值。因而，学校在开展民族传统体育活动、传授体育技能的同时，更应以弘扬民族传统体育文化为教育主旨，使学生的民族自豪感得到进一步的增强。

（二）各学校要结合本地特色做到“人无我有，人有我特”

从相关的调查中可以发现，当前国内学校民族传统体育项目主要围绕武术教学展开，其他民族传统体育项目的发展较为薄弱，而在武术教学中又以竞技武术为重，缺乏对传统武术、养生武术等其他武术种类的扶持与培育。在如此环境下，各学校民族传统体育教学出现“千篇一律”的情况。因此，需要鼓励各学校利用所在地区优势，结合自身情况发展特色项目，做到“人无我有，人有我特”，只有这样才能使“千篇一律”的现状得到改变。具体来说，可以从以下两个方面着手。

一方面，要将地区优势充分利用起来，做到“人无我有”的发展特色。我国“十里不同风，百里不同俗”的民族特点，使得各地区基本上都有具有代表性的民族传统体育项目，可以将这些项目稍加改造后引入学校的课堂教学。

另一方面，要与学校自身的实际情况有机结合起来，做到“人有我特”的发展特色。随着社会的发展，各民族间的交流日益频繁和深入，一些具有普适性的民族传统体育项目逐渐进入了各级、各类学校。当大家都在发展此类项目时，应当找准立足点，形成自身的特色。

民族传统体育多元化的特点，对其在学校的发展起到重要的决定性作用。武术作为民族传统体育的代表进入学校，只是起到示范和引领的作用，并不能代表民族传统体育的全部。在文化软实力的背景下，要实现各民族文化的融合与交流，就要鼓励各地区、各民族的代表性项目进入学校，树立“人无我有，人有我特”的指导思想，使学校民族传统体育项目百花齐放的局面顺利实现。换句话说，只有形成自身的特色，才能吸引学生了解和传承中华文化，并不断地为发展和壮大中华民族的文化软实力贡献力量。唯有文化软实力提高，中华民族才能屹立于世界之林，彰显其真正的民族自信力。

要坚持可持续发展，不断增强中国体育竞争力，进一步增强民族自信心，就需要掌握世界体坛的话语权，而不是只做一名“运动员”，在体育活动中“被裁判”。因此，宣传和推广中华民族特有的传统体育文化，选择一条“人无我有，人有我特”的发展路径是必不可少的。具体来说，可以从以下两个方面着手。

一方面，从世界范围来说，每个民族都有其代表性的体育项目，我国民族传统体育文化的传承是以本国的民族传统体育项目为根本的，而非他国的民族传统体育项目。只有发展和壮大我国“人无我有”的民族传统体育项目，才能将其传承和推广的价值充分体现出来。

另一方面，民族传统体育的发展应该把握“人有我特”。在民族传统体育文化传承过程中，部分人表现出崇洋媚外的心理，认为外国的民族传统体育项目比中国的民族传统体育项目更科学、系统，这种心理不仅使中华民族的自尊心受损，也使中华民族的自信力受损。因此，在学校民族传统体育对外传播中，只有坚持“人无我有，人有我特”，才能从根本上增强自信力，这同时也是民族传统体育在国外发展的路径走向。

总的来说，自信力是国家文化发展的原动力，而特色是自信力来源的重要元素。因此，学校民族传统体育发展应该时刻把握住“人无我有，人有我特”的八字方针。

二、“入境问俗”的路径

“入境问俗”的路径能使国家形象的亲和力得到有效提升。

（一）国家形象亲和力

亲和力，最早在免疫学中得到应用，原意为“抗原与抗体结合的强度”，后被迁移至俗语领域，在人际交往关系中得到应用。具体来说，亲和力是指一个人或群体在交往过程中对其他个体或群体表现出的喜爱和包容。“所谓国家形象，就是国际社会对一个主权国家的综合国力、政策取向、各项活动及成果的总体评价和认定。”良好的国家形象，是一国与世界各国展开友好交流和合作，争取更多发展机会的一个重要前提。

国家形象作为一个国家对本国的认知以及国际体系中其他国家对该国家的认知的结合，是国家文化软实力的重要组成部分。

（二）提升国家形象亲和力

国家形象亲和力，从某种程度上说，是由国家在国际关系中表现出来的自我认知的亲和、国际认知的亲和组成的。国内各民族间对各自的亲和，来自各民族间对各自风俗习惯的互相认可。同样地，与国外关系的亲和，也来自我国与他国对各自风俗习惯的互相认可。常言道：“力在则聚，力亡则散。”在传统习惯方面，只有尊重对方的习俗，才能取得对方的信任和支持。

在提升国家亲和力的过程中，要坚持对学校民族传统体育发展采取“入境问俗”的方式。一方面，要在原有风俗习惯的基础上开展活动。文化冲突是文化交流的一种极端和非常规表现，风俗习惯冲突作为文化冲突的一种展现，源于文化的独特性与差异性。另一方面，对他国的风俗习惯要持有充分尊重的态度。每种文化都具有不同程度的排他性和自我满足的倾向性，在不同民族具有不同风俗习惯的情况下，各民族因思维和行为不同而出现理解上的偏差，进而产生分歧和矛盾是不可避免的。此时，要树立国际亲和力的形象，尊重他国的风俗习惯，坚持学校民族传统体育在宣传中华民族传统体育文化时，以贬低其他国家民族风俗习惯来提高自身地位的手段是不被允许的。在此前提下，学校民族传统体育在对外推介本土文化时，要做到“入境问俗”，使国家亲和力得到切实提升。

从上述内容中可以得知，全球化时代经济、政治、科技一体化发展，各国文化的冲突在所难免。鉴于此，我国要在各种国际关系中展现良好的亲和力，不仅要包容与发展国内各民族的风俗习惯，还要尊重及重视各个国之间的风俗习惯，做到“入境问俗”。

三、“科学系统”的路径

“科学系统”的路径能使中华民族文化的竞争力得到有效提升。

（一）中华民族文化竞争力

党的十七届六中全会通过的《中共中央关于深化文化体质改革推动社会主义文化大发展大繁荣若干重大问题的决定》提出，“坚持改革开放，着力推进文化体制创新，以改革促发展、促繁荣，不断解放和发展文化生产力，提高文化开放水平，推动中华文化走向世界，积极吸收各国优秀文明成果，切实维护国家文化安全”。由此可以看出，在世界经济一体化和文化多元化的环境下，必须不断改革增强自身竞争力，只有这样才能有助于中华民族文化走向世界。

所谓的“竞争力”，实际上是指“竞争对象在相互比较中显示出的优势和实力”。通常情况下，可以将文化竞争力包括的内容分为三个层次。首先，是文化产业的竞争力，这一部分是可以量化和数字化的，也是最显而易见的；其次，是文化价值观的竞争力，其隐藏于文化产业数据之后；最后，是社会制度的竞争力，文化竞争力可以充分体现不同社会制度核心价值观的竞争及不同社会制度体系的竞争。例如，中国与美国之间的文化价值竞争，从表面上看是文化产业的竞争，实质是社会主义制度与资本主义制度的竞争。由此可见，文化竞争力不是单纯的文化产业竞争，实际上是价值观和制度之间深层次的竞争。

（二）提高中华民族文化竞争力

提高文化竞争力不仅需要加快文化产业的发展，还需要加强文化产业展现的价值观的吸引力。具体到实施方法，就是需要增强文化的生产力和文化的持续力。那么，在学校民族传统体育发展过程中，需要发展学校民族传统体育文化的生产力和持续力，也就是构建“科学系统、可持续发展”的路径，进而不断增强中华民族传统文化竞争力。具体来说，应该从以下两个方面着手。

一方面，要强化相关意识。例如，科学系统的教学大纲是学校民族传统体育作为一门学科的基本保障。教学大纲是政府行为，也是师生行为，因为最终落实教学大纲的还是教学一线的教师和学生。从相关的调查研究中可以得知，教学大纲出现“朝令夕改”的情况与教师教学观念的更新存在着一定的相关性。与此同时，还存在因教师对教学大纲解读不够深入而产生误解，最终无法达到预期的教学效果，进而被迫修改教学大纲的情况。因此，这就要求用积极的语言对教师进行鼓励，从而使其参与教学大纲的研究与制定，并且做到“改”之有据，尽量避免“头痛医头，脚痛医脚”的行为，进而保证民族传统体育科学系统、可持续的发展得以实现。另一方面，民族传统体育项目往往来自人们的日常生活，因此没有固定的规则制度，也没有特别的讲究，但在被引入学校及在学校实施过程中应尽可能趋于规范化。只有科学系统的学校民族传统体育项目才能获得可持续发展的动力，继而获得竞争力。从某种程度上说，竞争力是参与者双方或多方的一种角逐，或是因比较而体现出来的综合能力。它是一种相对指标，必须通过竞争才能表现出来，它也是文化软实力的最终体现形式。目前，在文化产业中，学校民族传统体育的竞争力有待提高。

“对每一具体的文化形态来说，文化的冲突是文化发展过程中必然出现的境遇，或生或死也是每一种文化必然要面对的命运。”文化正是在不断的竞争中获得再生和创新的，由此可以得知，学校民族传统体育应坚持科学系统、可持续发展路径走向，只有这样中华民族传统文化竞争力、民族向心力、凝聚力才能得到有效增强。

四、“和而不同”的路径

“和而不同”的路径能使中华民族文化的影响力得到有效扩大。

（一）中华民族文化影响力

所谓“影响力”，实际上就是“在交往中，影响和改变他人心理和行为的能力”。由此可以得知，所谓的“中华民族文化影响力”，就是中华民族文化在世界文化交往中影响和改变其他民族文化意识的能力。文化的形成是人民智慧的结晶，因此各民族的文化都具有影响力，只是在影响程度和影响形式方面存在着一定的差异性。当下，文化的影响力大小已逐渐成为衡量文化软实力强弱的标准。在扩大文化影响力的行为中，还分为强制型行为和信服型行为两种，这两种行为在文化发展的过程中演变为殖民文化和共享文化。可以说，中华民族传统文化的影响力是从对中华文化的自觉认同中发源而来的。

（二）扩大中华民族文化影响力

当代文化的发展需要时刻把握“和而不同”这一世界各民族传统文化发展的基本法则，从而使中华民族文化影响力得到有效扩大，这一点在学校民族传统体育的发展过程中也是需要遵循和重视的。具体来说，主要从以下几个方面体现。

第一，学校民族传统体育本身与“和”之间的关系非常密切。中华民族传统体育文化“属东方文化系统，它守内、崇实、尚礼，强调自娱、修性、养身，所以它便在总体上缺乏西方体育运动所具有的那种强烈的自我展示和竞赛意识”，而是追求“和”。

第二，学校民族传统体育的发展与“不同”之间存在着非常密切的关系。民族传统体育产生于各民族，每个民族的文化内涵和特色“不同”，这种“不同”使得民族传统体育项目丰富多彩。学校在教育教学工作中既要发展民族传统体育文化，也要保护这种“不同”。

第三，学校民族传统体育由于受社会主义核心价值观的影响，追求“和谐”发展，在这样的政策背景下，也对学校民族传统体育走向“和而不同”的发展之路提出了相应的要求。

学校民族传统体育“和而不同”的路径走向，落实到学校民族传统体育教学中，需要充分把握以下三个发展价值的“和而不同”。

第一，要将对西方体育学科盲目崇拜和模仿的意识消除掉。在学校民族传统体育发展中，要对中华民族传统体育的特点有充分的了解和把握，做到学科价值“和而不同”。在学校体育发展中，应意识到中华民族传统体育与西方现代体育两者的差别，取长补短、互为补充，从而发扬中华民族传统体育的思想价值，使学校体育获得全面发展。

第二，将“和而不同”的学校民族传统体育协同价值观树立起来。在学校体育协同价值观中，中华民族传统体育的价值除体育价值外，还包括德育、智育、美育价值。学校民族传统体育的思想价值，就是对学生德育的培养，这种片面的观点是普遍存在的。需要强调的是，学校民族传统体育的价值并不是唯一的。因此，应该将德、智、体、美等各目标“和而不同”的价值观树立起来。

第三，挖掘“和而不同”的人的发展本质价值。1983 年，美国哈佛大学发展心理学教授霍华德·加德纳提出了多元智能理论。该理论指出，智能是多元化的，每个孩子都是独一无二的，具有在某些领域成才的能力。民族传统体育对学生的培养，是面向每个学生的，但同时要注重学生的个性发展，不应以培养运动员为目标，而应以培养和谐发展的人为目标，使不同的人发展不同的个性、不同的体育爱好、不同的体育特长。

从某种意义上说，“和而不同”是我国民族传统体育文化认同与适应的选择。在这样的路径下，学校民族传统体育文化将经历从排他性冲突到认同性选择再到包容性并存的历史过程，也就是所谓的“文化认同与文化适应过程”。具体来说，不仅要将相应的一些排他性冲突解决好，还要寻求独特的吸引力，将不同于西方体育的独特魅力找出来，从而使中华民族传统体育的吸引力得到有效增强。除此之外，还要求大同存小异。可以说，在学校民族传统体育领域中追求“和而不同”，就是在坚持共同发展体育原则的基础上，不强求形式一致，承认、包容乃至尊重差异，从而达到体育文化共存共荣的目的。

第七章 多元文化环境下的民族传统体育文化

随着人类社会越来越复杂化，信息流通越来越发达，文化的更新转型也日益加快，各种文化的发展均面临着不同的机遇和挑战，新的文化也将层出不穷。本章就多元文化环境下的民族传统体育文化展开论述，主要探讨民族节日文化、旅游文化和奥林匹克文化三者如何与民族传统体育文化有机结合，以促进民族传统体育文化继续积极发展。

第一节 民族节日文化与民族传统体育文化的有机结合

本小节首先简述广为流传的民族节日与民族传统体育文化的关系，其次重点阐述少数民族民族节日与民族传统体育文化的关系。

一、广为流传的民族节日与民族传统体育文化

民族传统体育文化是在人们的生产生活中逐渐形成和发展起来的，而各种民族节日文化同样如此。民族传统体育文化和民族节日之间是相互影响、相互制约、共同发展的关系。

（一）龙狮文化与舞龙、舞狮

我国的民族传统体育项目在民间广为流传，并与各种民族体育活动具有密切的联系。民族活动常以民间游艺的形式在农闲或庙会期间开展，该类活动又往往与舞龙、舞狮相结合，具有浓厚的民俗色彩。

龙是我国一种重要的文化符号，是中华儿女崇拜的图腾。舞龙是我国一项重要的民族传统体育活动，起源于人们的求雨祭祀活动。舞龙文化是我国民族文化的重要组成部分，其一招一式、一腾一挪都有讲究，与武术招式如出一辙。舞龙时，引龙人要充分运用手、眼、身、法、步，将彩色龙珠或左或右或上或下，逗引长龙俯仰翻转，一招一式既要优美洒脱，又要灵活自如。龙头的任务最重，不仅要紧随龙珠灵活地腾、跃、翻、滚，而且要时时兼顾龙身、龙尾，做到快而不滞、活而不僵。龙身、龙尾则要紧密配合、灵活机动，确保整条龙的协调统一。为了达到表演效果，舞龙者需遵循武术要求的“腰胯能运转，上下自协调”“身如游龙、腰似蛇行”等技巧。可以说，舞龙是需要整体配合的武术展示，舞龙者没有良好的武术功底是难以展示好的。

舞狮也是十分重要的民俗活动，是一种流行很广且具有独特民族风格和特色的传统体育活动。每逢春节和元宵节，人们都要表演精彩的舞狮节目，这预示着国泰民安、吉祥如意。一般认为，舞狮在三国时就已出现。三国时魏人孟康注释的《汉书·礼乐志》中说：“若今戏鱼、虾、狮子者也。”这是方式文献上关于舞狮的最早记载。舞狮表演要求舞狮者具有灵活的步法、矫健的身法和娴熟的技巧，以及手法、身法、步法的协调配合，只有这样才能完成跌扑、翻滚、跳跃、翻腾，以及滚绣球、过跳板、上楼台、跳桌等各种有难度的动作。舞狮运动不仅能提高人体力量、速度、耐力和灵巧等方面的素质，而且能培养练习者勇敢顽强的精神和坚忍不拔的意志品质。

在我国民族传统体育项目中，龙狮文化与传统武术联系得最紧密，结合武术技法的龙狮表演十分精彩，是武术文化与龙狮文化的完美结合。

（二）端午节与龙舟文化

赛龙舟已成为端午节的重要习俗。龙舟竞渡有着悠久的历史，端午节划龙舟活动已在南方普遍存在，在北方靠近河湖的城市也有赛龙舟的习俗，但大部分是划旱龙船、舞龙舟的形式。2011 年 5 月 23 日，赛龙舟经国务院批准被列入第三批国家级非物质文化遗产名录。

传说屈原死后，楚国百姓哀痛异常，纷纷涌到汨罗江边凭吊屈原。渔夫划起船只，在江上来回打捞屈原的真身，也未见屈原的踪迹。之后，每年农历五月五日以划龙舟纪念屈原。借划龙舟驱散江中之鱼，以免鱼吃掉屈原的身体。唐宋时期，赛龙舟相当盛行。宋代，龙舟竞渡由民间传入宫中，皇帝亲自到场观赛，场面十分宏大。北宋末年国势大衰，宫廷一方面想利用龙舟竞渡宣扬忠君爱国思想，振奋国人精神；另一方面想祈求龙神保佑国泰民安。清代，赛龙舟得到了极大的发展，每到端午期间，各族人民都举行划龙舟比赛。

中华人民共和国成立后，赛龙舟这一具有民族特色的民族体育活动得到了迅速发展。1953 年 11 月，在第一届全国民族形式体育表演及竞赛大会上，赛龙舟作为表演项目一经出现就深受全国人民的喜爱。1991 年，在第四届全国民运会上，赛龙舟被定为正式比赛项目。之后，赛龙舟运动在我国取得了长足的发展。目前，世界上有许多国家和地区也开展了此项运动，龙舟竞技形式和龙舟文化在世界范围内影响广泛。

二、少数民族民族节日与民族传统体育文化

在我国广博的大地上生活着众多的民族，各民族在不同的自然环境下生活，从而形成了具有鲜明民族特色的风俗习惯。最能展现各民族风俗习惯的就是各民族的节日活动。节日活动普遍具有较浓的文化色彩和多种表现形式。通常情况下，这些节日是在社会发展的基础上，在生产活动、社交活动、纪念活动、文化娱乐等因素的影响下形成的。各民族尽管有着不同的节日活动，但其在将开展传统体育项目作为节日风俗的一项重要内容方面是一致的。

（一）以单项传统体育项目命名的民族节日及体育活动

在众多民族节日中，有很多直接用单项传统体育项目命名的民族节日，比较典型的有广西壮族的“陀螺节”，该节日从除夕前两三天开始到正月十六结束，节期达半个多月，陀螺比赛的最终获胜者会获得“陀螺王”的美称，并受到族人的尊敬。

（二）以社交和经济文化交流为主要内容的民族节日及体育活动

我国少数民族多聚居在交通不便的高原和山区，并且居住相对分散，在社会生活中交往相对较少。而民族节日规定了日期和地点，人们从四面八方会聚在一起，这为人们进行相应的社交活动和经济活动提供了机会。相应的民族节日活动也是少数民族主要的娱乐形式之一。比较常见的有壮族的“三月三”节，每年的农历三月三日，青年男女穿上节日盛装，开展抛接绣球等一系列民族传统体育活动。

（三）以举办时间直接命名的民族节日及体育活动

以举办时间直接命名的民族节日及体育活动，较具代表性的有以下两个。一个是“六月节”，也被称为“苦扎扎”，是哈尼族人的传统节日，于每年的农历六月二十四日前后举行。节日期间，哈尼族人以秋千代“马”，迎神进寨，转起“磨秋”，以驱害除邪。另一个是“五年祭节”，每隔五年祭祀一次，目的是感谢祖宗保佑丰收，并祈求赐予来年的收获和幸福，竿球比赛是节日期间一项重要的民族传统体育项目。

（四）农事节日及其传统体育活动

在农事节日中，少数民族多会举行一些祭谷神、祈禳灾邪等活动。受农耕经济的影响，这些节日大都有固定的时间。“望果节”是藏族农民欢庆丰收的代表性节日，主要在西藏自治区的拉萨、日喀则、山南等地流行。节日期间会在广场上举行群众性文娱体育活动，其中藏戏、歌舞、跑马、射箭、拔河等最受欢迎，场面十分热闹。

（五）宗教祭祀节日及其传统体育活动

藏历新年是藏族地区最大的传统节日，这一天拉萨会举办一系列的体育活动，其中赛跑、赛马、角力等是最主要的活动内容。此外，还有一些祝圣活动与游戏、滑稽表演、翻杆戏、崇武表演、舞蹈表演等，深受人们的欢迎与喜爱。

（六）纪念节日及其传统体育活动

以纳西族的三朵节为例，三朵节是纳西族最具广泛性、最隆重的民间传统节日，“三朵”是纳西民族信仰的民族保护神。每年农历二月八日，四乡民众到三朵阁烧香拜神；纳西人凡是出远门都要到三朵阁祭拜，求三朵神保佑。节日期间，纳西族男女老少踏春赏花，还会进行拨旗、拾银圆赛马等活动。

（七）新春伊始类节庆及传统体育活动

新春伊始，西北地区少数民族会和汉族群众一起过农历的春节，也有一些民族以某些自然现象为依据将本民族的新年确定下来。

蒙古族以正月为白月，将新年称为“白节”，除夕夜之后，便开始进行一些传统的体育活动：男人下蒙古棋，妇女、儿童玩羊骨拐或纵情歌舞，并相互拜年和举行赛马、赛耗牛、拔河、角力等活动庆祝新年。

新疆塔塔尔族以庆祝传统“撒班节”的形式庆祝春节，春节期间会举行如摔跤、赛马、拔河、歌舞等各种各样的传统体育活动，其中“赛跳跑”是最重要的体育项目。

柯尔克孜族的春节为农历三月二十二日前后，又称“诺劳孜节”。节日期间，柯尔克孜族人会互相拜年、相互问候，并举行一系列的传统体育活动，如赛马、打靶、马上角力、拔河、刁羊、摔跤、荡秋千等。

（八）婚恋郊游类节庆及体育活动

婚恋郊游类节日是在人类社会群体需要的情况下产生的，在不同民族和地域中不断发展，形成了各具特色的形式。

每年农历的六月底或七月初，居住在新疆的俄罗斯族都要为男女青年过一个成年节。节日期间，姑娘和小伙都会身着盛装欢聚一堂，进行歌舞娱乐活动。

“姑娘追”为哈萨克族的节日，是青年男女摆脱父母包办婚姻、追求自由恋爱思想意识的一种体现和表达。在节日期间，有意寻找配偶的小伙子和姑娘把自己打扮一新，骑上骏马，在草原上互相追赶。通过这种体育活动，许多有情人终成眷属。

第二节　旅游文化与民族传统体育文化的有机结合

随着旅游产业发展模式的不断改革和创新，体育产业、旅游产业、文化产业的融合日益紧密。民族传统体育旅游文化资源较为丰富，只有大力开发这一资源，才能使民族传统体育项目取得良好的发展成效，促进民族地区社会经济发展。本小节重点论述旅游文化如何与民族传统体育文化有机结合，并探讨二者结合后如何加快民族地区社会经济发展。

一、旅游文化

《中国大百科全书·人文地理卷》指出："所谓旅游文化，指的是某个民族或某个国家在世世代代的旅游实践过程中所体现出来的本民族或本国家的文化。它包括只有这个民族、这个国家独有的哲学观念、审美习惯、风俗人情等文化形态。或者说，旅游文化，就是一个民族的共同文化传统在旅游过程中的特殊表现。"

（一）体育旅游的早期发展

在原始社会早期，生产力发展极为低下，人类还在为了生存同大自然及野兽斗争。人类要想获得生存下去的机会，不外乎以下两种方式。第一，求"食"。只有获得了食物，人类才能存活，并逐渐发育成熟。第二，求"殖"。生殖机能的发育和完善是动物的标志之一，人作为一种高级动物，也不能违背这一繁衍规则。人类在生殖机能发育成熟后，就会寻找配偶，从而使人类种族得以延续下去。在原始社会早期，劳动生产力极为低下，人类为了能获得更多的食物，发明和制造了石刀、石斧等工具。工具的出现标志着生产力水平的极大提高，这为今天的体育旅游奠定了良好的基础。

在人类早期的生产活动中，野营、野炊、攀爬、狩猎、自制工具等无不是现代野外生存的雏形。后来经过长期的发展，这些逐渐成为今天的体育旅游和户外运动的基础内容。但原始社会与现代社会人们从事这些活动的目的是不同的，原始社会诸如此类的一切活动都是为了生存，而现代社会则大都是人们为了休闲和娱乐。另外，需要注意的是，在原始社会人类出于生存的目的而不断地进行迁徙活动，这种迁徙活动在目的上与如今的旅游有着根本的不同，它不具有现代旅游的基本属性，因而不属于旅游的范畴。

发展到奴隶社会，社会经济取得了一定程度的发展，统治阶级出于统治的需要加大了一些基础设施的建设，这在客观上为人们早期的旅行活动提供了某种便利。在这一时期，作为统治阶级的奴隶主终日无所事事，为了寻求刺激和娱乐，将观赏斗兽和角斗士表演等活动逐渐开展起来。从那时起，以休闲、娱乐为主要目的的新型旅游方式开始流行。出现这种情况的主要原因是奴隶制社会的统治稳固，经济、社会和物质文明的发展。那时旅游的形式主要有古代商务旅游、古代航海冒险旅游、古代宗教旅游、古代修学旅游等。

发展到封建社会，社会生产力取得了进一步的发展，官方驿站和民间客栈的大肆兴建为人们的旅行提供了极大的便利。在这一时期，各种旅行活动开展起来，如传统的商旅，帝王“封禅”、官吏的离赴任、读书人的求学赶考等都是常见的旅行方式。

总之，可以说在封建社会时期，社会经济的发展和交通的便利为人们的旅行奠定了必要的物质基础。需要注意的是，那时候旅行活动的内容还很贫乏，仅限于徒步、骑马、驾车等几种体育旅游的方式，但这几种方式为现代体育旅游的发展提供了某些借鉴。

（二）近代旅游发展与休闲

19 世纪初期，因消遣目的而外出旅行者在人数上已经超过了传统的生存迁徙和商务旅行，旅游服务业在整个旅游活动中的作用日益突出。

近代旅游的发展与工业革命的影响是分不开的。工业革命是社会经济发展的必然产物，它对人类社会各方面都产生了深刻的影响，对旅游来说也是如此。

在工业革命时期，蒸汽机的发明很好地解决了交通运输的动力问题，促进了新交通工具的产生。从1804年开始，蒸汽机车和蒸汽轮船相继诞生。这些新式的交通工具运载能力大、运行速度快、运行费用低，使得远距离的旅行成为可能。

工业革命推动城市化进程越来越快，在这样的形势下，机器化的大生产大规模的工厂生产吸引了大量农村劳动力流向城市，原先的多样化农业劳动开始部分地被枯燥重复的单一性大机器工业劳动替代，这给城市发展带来了一定的压力，出现了环境污染等问题。但总的来说，这对近代旅游的发展来说是一件好事。

工业革命后，社会财富大部分被封建贵族、土地所有者及新兴的资产阶级垄断，这在一定程度上增加了有财力外出旅游的人数，同时催生出了一大批工人阶级。社会生产力的不断发展、工人工资的不断增加使得带薪假期成为可能。在这种情况下，外出旅游和人数迅速增加，这在很大程度上促进了近代旅游业的发展。

社会经济获得了飞速的发展，人们有了更多的时间和金钱外出旅行。但是，人们外出旅游仍面临着种种不便，如缺乏对旅游地的了解、语言障碍等，这就需要有人提供这方面的服务。最先意识到这个问题的是英国人托马斯·库克，他建议设立某种组织机构以满足这种社会需要，这是旅游发展史上极为重大的事件，托马斯·库克也成为旅游发展史上里程碑式的人物。

（三）现代旅游发展

在现代，随着人们阅历的增加及欣赏水平的不断提高，人们已不再满足于“走马观花”式的旅游方式。人们希望走出常住地，换一种心情和视角看世界，从而使日常生活和工作的压力得到合理释放，身心得到愉悦。于是，传统的观光旅游正逐渐被以休闲娱乐为主要目的和内容的旅游替代。

由于城市化进程逐步加快，大众文化广泛传播，城市间趋同的共性增加，差异也越来越小。在这种情况下，人们开始将目光投向乡村，乡村旅游开始流行起来。乡村旅游的发展改变了农业的发展模式，改善了农村的产业结构，增加了农民的经济收入，促进了城乡一体化的发展。

在激烈的社会竞争和快节奏的生活中，人们更加渴望放松。起初，人们在旅游的过程中大多关注的是人类文明的优秀成果和杰出成就，如各种博览会、城市建筑等。虽然现在的旅游者对此仍然感兴趣，但是现代社会快节奏的城市生活使人备感压抑，旅游者越来越倾向于回归自然，在大自然中放飞自己的心情，从而使心理压力得到释放。

现代旅游业的快速发展，使人们享受到更好的旅游服务。人们很享受外出旅游，且开始寻求刺激。体育旅游与户外休闲正是满足了人们的这种心理需求而获得了广阔的市场前景。

二、民族传统体育旅游文化资源的开发与管理

体育旅游的产生与人类的生存和发展息息相关。从历史发展来看，旅游文化比民族传统体育文化的产生要晚得多，但是民族传统体育与旅游的有机结合促进了民族传统体育的快速发展，为民族传统体育项目及其文化的现代化和可持续发展提供了一条重要的发展道路。

我国民族众多，民族传统体育资源种类多样、形式各异。民族传统体育在近年来的发展势头较猛，尤其是在多民族聚居区，更是开发了大量与民族传统体育相关的活动，给当地带来了诸多益处。在长期发展进程中，我国民族传统体育文化与各民族和地区的生存环境、生活习俗、艺术特色等方面相互交融，形成了多种文化交相呼应的民族文化综合形式。这种综合形式促进了民族传统体育资源与自然资源、文化资源、社会资源的优化组合和有效配置。民族传统体育资源则恰当地依托于自然山水景观和民族文化氛围，这些都为民族传统体育旅游资源的开发与利用提供了有力保障。由此，民族传统体育旅游资源极具开发价值。

（一）民族传统体育旅游开发

民族传统体育旅游开发包括景点的规划与设计、交通与通信、体育与旅游的设施等方面。

1. 景点的规划与设计

民族传统体育旅游景点的规划与设计要重点考虑体育旅游者这一因素。民族传统体育旅游是一种特殊的旅游形式，其本身具有鲜明的特点。在对体育旅游资源进行开发时，需要考虑旅游者的能力以及他们对旅游基础设施等的要求。如果难度大、危险性高，就会打消旅游者参与的积极性。例如，对于参加极限探险、猎奇型体育旅游活动的旅游者，他们对旅游基础设施等的要求不高，但对野外生存、救护、通信联络的要求较高。一般而言，旅游者对体育旅游资源的基本要求是新、奇、险，且必须有刺激性、挑战性。

2. 交通与通信

交通与通信是民族传统体育旅游资源开发需要注意的因素，它是旅游地与外界联系的先决条件。我国民族传统体育存在于少数民族生活聚集的地区，这些地区多为偏远地区，地形和气候较为复杂，交通不便，只有保证旅游地交通与通信的便利性，才能加强旅游者与外界的联系与交往，助推旅游者“走出去”。旅游地只有能“进得去、留得住、出得来”，才能吸引旅游者前去旅游。

3. 体育与旅游的设施

进行民族体育旅游活动就必须有一定的设施，主要包括民族传统体育旅游活动的设备与器材（赛马中的马匹、爬竹竿中的竹竿、拔河中的绳子等），运动场所及配套设施，旅游者在体育旅游活动中的安全与保障设施。

（二）民族传统体育旅游资源管理

所谓“体育旅游资源管理”，是指具有一定管理权力的组织和个人对体育旅游系统的人、财、物、信息和时间等要素进行计划、组织、协调、控制、监督的过程。

1. 人

任何一项活动都离不开人的参与，体育管理同样离不开人的操作，人是体育管理系统中最重要、最核心的因素。在体育旅游资源管理活动中，

“人”主要是指体育旅游工作的操作者。体育旅游资源管理的组织机构由人组成，目标和计划需要人去制订，决策方案要靠人去实施。因此，人是管理的核心，人的创造性是管理的基础，人的积极性是管理的动力。

2. 财

体育旅游事业的组织和管理离不开资金的支持，财力是保证体育旅游事业顺利发展的物质基础，是体育事业创造良好经济价值、政治价值、精神价值和社会价值的重要保证。体育旅游资源管理经费即“财”，在体育旅游资源管理活动中，对“财”进行管理，合理使用经费，是提高体育旅游资源管理基础效益的根本目的。

3. 物

体育旅游事业的发展离不开一定的客观物质基础。体育旅游资源管理中对物的管理主要表现为对体育设施、体育器械、体育仪器、体育服装等的管理。同时，场地资源丰富多彩且具有兼容性。户外体育中包含的山地运动、水上运动多在山地、水域等场地进行，而这些场地等同样是旅游活动发生的场地。

第三节　奥林匹克文化与民族传统体育文化的有机结合

随着时代的变迁，东西方文明的交流交往越发深入，我国民族传统体育文化与西方奥林匹克文化的关系也发生了相应的变化。本小节从奥林匹克文化说起，思辨民族传统体育文化与奥林匹克文化的不同，之后论述二者要如何对接与交融，从而促进二者更好地为人类发展贡献力量。

一、奥林匹克文化

现代奥林匹克运动的持续发展，使得新的内容和精神不断被填充到奥林匹克文化中。

（一）奥林匹克文化源起

古代奥运会的发源地是有着璀璨文明历史的古希腊，那里有着非常多有关古代奥运会的神话传说。古代奥运会一开始是为了进行宗教祭祀而举行的运动会，之后其持续开展了很多文学艺术和教育活动，从而形成了古希腊的独特文化。奥林匹克运动从诞生到发展深受古希腊文化的影响，由于古希腊文化总是很强调和重视人的全面发展，因此古代奥运会作为古希腊文化的杰出代表，很能体现出对全民全面发展的追求。在古希腊，人们认为提高精神境界的前提条件就是拥有强健的体魄。奥林匹克运动就是源于古希腊人对健康的推崇。

1894 年，现代奥林匹克运动在顾拜旦先生的努力下诞生。“现代奥运之父”顾拜旦先生在复兴奥运会的过程中，对古代奥运会的文化取其精华、去其糟粕。他抛弃了奥运会作为宗教祭祀活动的形式，使奥运会不再被局限在那个范围内，但同时将古代奥运会的宗教精神发扬光大。顾拜旦认为，在任何一个时代，奥林匹克精神的精髓就是其宗教精神。古希腊的每个运动员都像一个雕塑家，不同的是他们以运动的方式精心雕琢自己的躯体，从而向古希腊神话中的神明致敬。现代运动员在奥运会中同样以这种方式为自己的祖国拼搏而追求荣耀。因此，宗教体育的思想有着极为深刻的科学含义。奥林匹克运动的科学发展使人类有着更强壮的身体，助推人类将奥林匹克精神发扬光大。在这一过程中，顾拜旦和之后的每位奥林匹克运动倡导者都借助奥运会开展了许多意义重大的文化教育活动。

（二）奥林匹克文化性质

奥林匹克文化性质包括以体育为载体、以教育为核心、以西方文化为主导、有着催人向上的精神、具有和谐思想。

1. 奥林匹克文化以体育为载体

奥林匹克运动不只包含竞技体育，还包含大众体育，奥林匹克运动的相关文化活动在二者中均有着突出的作用。因此，从文化的视角来看，奥林匹克文化的传承载体就是体育。体育与文化虽然有区别，但更多的是联系。

体育与文化的影响是相互的，体育与文化在不断地相互促进。文化对体育有着深刻的影响，体育同样影响着文化。体育作为人类自我完善的重要手段，能促进人体物质结构机能的发展。体育还能积极地影响人的内在与人在社会中的行为，这种积极的影响形成了体育的文化精神。人类的智慧就蕴藏在体育中，因此体育能得到许多人的关注和主动参与，且体育的文化功能日益受到重视。体育还作为一种语言而存在，它在国际上能通用，任何人都不需要翻译，这使它能超越不同国家的意识形态，被所有人接受，因此体育是国际文化交流最便利的工具。

体育是奥林匹克文化最重要的载体，顾拜旦复兴奥林匹克运动并没有将其视为纯粹的体育，他更多的是力求使奥林匹克运动将智力和艺术涵盖其中，而不是只注重强健人的身体。国际奥委会前主席萨马兰奇对这一理念的评价非常准确，他认为，奥林匹克主义就是体育运动与文化的结合。奥林匹克运动之于人类文明，最突出的贡献就是通过体育发展文化，促进友谊。每4年一次的奥运会不仅是一场体育盛宴，更是一场文化交流盛宴。

2. 奥林匹克文化以教育为核心

古代奥运会的主题是宗教祭祀，通过人的竞技精神及高超的技艺等对神灵作出奉献。奥林匹克运动不仅要求运动员有高超的运动技巧，也要求他们具备优良的品德，这些都需要良好的教育才能获得。在古希腊的奥运会上，运动员获得比赛胜利将迎来人们的尊敬，这使得古希腊社会有了通过崇尚英雄、崇尚美德进行教育的手段。

现代奥林匹克运动对于古希腊的奥运精神有着非常强的继承精神，并进一步将其发扬光大。此外，现代奥林匹克运动还以教育为己任，其中的所有活动都可以看作教育活动，教育是奥林匹克文化最重要的内核。

3. 奥林匹克文化以西方文化为主导

古代奥林匹克文化源于古希腊文化，古希腊文化是西方文化发展的重要组成部分。现代奥林匹克运动也是诞生在西方的，首届现代奥运会运动员大多来自欧洲和北美。发展到今天，现代奥林匹克运动已有百余年历史，运动员几乎遍及世界的每个角落，2021 年在日本东京举办的第 32 届奥运会，共有 204 个国家和地区，以及俄罗斯奥运队和奥林匹克难民代表团 2 个参赛队伍参赛，共 11669 名参赛运动员。尽管奥运会的普及迫切需求更加多元的文化，但受到历史及经济、政治等各方面的限制，奥运会的组织安排等许多方面最主要的特点还是西方文化的色彩更加浓重。此外，在国际奥委会中，大多数委员都是西方人；在奥运比赛项目中，西方现代竞技体育项目的主导地位也是毋庸置疑的。以上现象都说明现代奥林匹克文化仍是西方文化占据主导地位。

4. 奥林匹克文化有着催人向上的精神

世界先进文化符合全人类社会发展的方向，并且符合全人类的共同愿望。现代奥林匹克运动文化是一种优秀的文化形态，其中蕴含着伟大的精神文明，其融入了西方文化中的精华，无疑是世界先进文化的重要组成部分。

从古至今，奥林匹克文化历经了几千年的考验，它在全人类中的影响力不容置疑。奥林匹克文化深刻地展示了人类理想的崇高境界，更加体现了世界上最珍贵的真、善、美与和平。奥林匹克文化的先进性体现在奥林匹克运动的各个方面，其核心内容就是主张人类和谐发展，从而使世界变得更加和平、美好。

5. 奥林匹克文化具有和谐思想

现代奥林匹克运动是对古代奥林匹克运动的继承和发展，其延续了古代奥运会在公平竞争、拼搏、和谐等方面的思想。奥林匹克文化的体系包括奥林匹克主义、奥林匹克宗旨、奥林匹克精神等，这些从不同的角度彰显了奥林匹克文化中的和谐思想。

如今，奥运会早已超出单纯竞技体育的范畴，而是代表一种文化哲学方面的价值取向。奥林匹克主义已经在更广泛的意义上将身体活动、艺术和精神等方面融为一体，从而促进更完整的人的产生。《奥林匹克宪章》把“奥林匹克主义”解释为：奥林匹克主义是将身、心和精神方面的各种品质均衡地结合起来并使之得到提高的一种人生哲学。奥林匹克主义将体育运动、文化和教育等融为一体，其要建立的生活方式以一般伦理的基本原则为基础，主张在奋斗中体验乐趣，并重视榜样的教育价值。奥林匹克主义注重人的全面发展，并将其上升到了人生哲学的高度。奥林匹克运动不仅是一种高水平的竞技活动，更是将人类的教育和文化等方面结合在一起。它不仅能使人们充分体会到竞技活动带来的愉悦感，还为其他体育竞赛活动提供了发展的方向。奥林匹克文化的榜样作用，能促使其教育功能在更广泛的范围内实现。这种融身、心和精神的和谐发展为一体的社会活动，不仅能促进个人的全面发展，更能推动社会的进步。

二、民族传统体育文化与奥林匹克文化思辨

奥林匹克文化将体育运动作为改造人类个体和社会整体的力量，促使人类向着真、善、美的方向前进，它充分体现了人类追求和平、美好的理念，这与民族传统体育文化倡导的和谐、平等不谋而合。

（一）民族传统体育文化思想的内容

1. 阴阳思想

阴阳是一对对立统一的矛盾体。向日为阳，背日为阴。《周易》称“一阴一阳之谓道”，“道”即阴阳，变化的规律。《素问·阴阳应象大论》说：“阴阳者，天地之道也，万物之纲纪，变化之父母，生杀之本始。”可见，阴阳规律是自然界固有的规律，整个世界就是阴阳对立统一运动的结果。阴阳对应，宇宙间的一切事物变化都是阴与阳相互作用的结果。阴阳的交感、对立制约、消长平衡和相互转化是阴阳学说的基本内容，它们并非独立而是相互联系的。

民族传统体育与阴阳学说有着密切的联系，先秦时期就记载了“顺阴阳而运动”的思想，竞技类体育运动中蕴含着阴阳学说，进攻和防守都与阴阳变化有关。例如，春秋末年“越女”认为，“道有门户，亦有阴阳，开门闭户，阴衰阳兴”，即用阴阳变化解说剑的攻守制胜之理。又如，传

统武术中，经常用阴阳的相互消长、相互转化等解释技法技巧和拳技理法。阴阳对应依存，由此衍化出一系列概念，如动静、刚柔、虚实、进退、攻守、内外、开合等，这些原理被广泛用于我国各拳种中，构成了中国武术丰富多彩的技击原理与方法。

2. 太极思想

太极思想是中华文化体系中的重要思想。“太极”一词最早见于《周易·系辞上》，其中记载：“易有太极，是生两仪。”“两仪”即阴阳，太极以阴阳为内涵，衍生万物。太极之理常用“太极图”解释。太极图由两个阴阳鱼相抱而成，白鱼与黑鱼之间由一条“反 S 形”曲线分开，这说明事物的阴阳双方并不是截然以直线的方式分开的，而是彼此相互依赖、互为所用的；同时，也指出事物的任何一方均不能脱离另一方单独存在，事物的阴阳双方既对立又统一，彼此协调和谐而又相互制约，共同维持事物阴阳双方的动态平衡。

在太极图中，阴中有阳、阳中有阴，阴阳之中再分阴阳，对自然万物的发生、发展规律进行了高度的概括，是中国古代哲学思想的大成。太极思维中的“阴阳辩证法”被作为认识问题和解决问题的根本法则。

在民族传统体育中，最能体现太极之道的就是太极拳。太极拳的拳理充分体现了太极思想中的“阴阳辩证法”，是中国传统太极文化在武术中的最好体现。太极拳名家认为，太极是一切物质的原动力，宇宙有太极，人身也有太极，而且人身的腹部就是太极，因此《太极十三式歌》中说：“命意源头在腰隙，刻刻留心在腰间”。例如，太极图中的双鱼环绕恰似练习者在练习太极推手时相互搭手的形态。在练习太极拳的过程中，攻守双方臂膀组成环状，你进我退、你退我随，变化万千，正是符合了彼阴吾阳、彼阳吾阴、相互消长、交替变化的太极之道。就拳风而言，太极拳的动作“圆活”，每个招式都与圆形密切相关，动作较为流畅，可以一气呵成。

3. 八卦思想

八卦学说是由太极衍生而来的，历史悠久，是一个庞大的思想体系，有“无极生太极、太极生两仪、两仪生四象、四象生八卦”之说。八卦图衍生自中国古代的《河图》与《洛书》，传为伏羲所作。其中，《河图》演化为先天八卦,《洛书》演化为后天八卦。八卦各有三艾，“乾、坤、震、翼、坎、离、良、兑”分立八方，分别象征着“天、地、雷、风、水、火、山、泽”八种事物与自然现象。八卦学说是一种朴素的唯物论和辩证法，它肯定了万物之间的联系，认为事物的生长具有其自身的规律性，外界可以根据这种规律性推测事物的发展和走向，并把这种发展和走向理解为趋向和谐且不断往复的、递进式的过程。

八卦与中华民族传统体育的紧密联系主要体现在八卦掌中。八卦掌是武术中的一个拳种，与八卦学说有着紧密的联系。八卦掌原名“转掌”，其运动形式主要是绕圆走转，所绕圆圈经过八卦的八个方位，又以人体各部位比对八卦，故称“八卦掌”。八卦掌以“易理”为理论依据规范拳技。“易理”是解释八卦图形含义的基本理论，包括简易、变易、不易三种基本思想。

八卦思想丰富了我国哲学体系的基本内容，促进了传统哲学的丰富与完善，同时渗透到民族传统体育的理论中，对一些传统体育项目的进步和发展具有重要的影响作用。

4. 五行思想

五行学说具体包括木、火、金、水、土五种物质，是古人认识宇宙、解释万物变化的一种学说，较早的历史文献记载见于殷末的《尚书·洪范》：“一曰水，二曰火，三曰木，四曰金，五曰土”。古人用类比法将自然界的万物进行了归类，并阐述了万物之间相生（木生火，火生土，土生金，金生水，水生木）、相克（木克土，土克水，水克火，火克金，金克木）的相互关系与作用。

武术中的形意拳是以五行学说作为技击理论基础的武术拳种，它在拳法中突出“阴阳五行生克制化”的变化规律。此外，形意拳的各种拳法适应人体脏腑，与人体生理功能有着密切的联系，如崩拳能平气舒肝、强筋壮骨；钻拳属水，其气和则肾足，气乖则肾虚；炮拳属火，其拳顺则气和虚灵，拳谬则气乖而四体失和等。形意拳综合五行学说，有“形意合一”“内外同化”之效。

5.“天人合一”思想

“天”代表“自然”。所谓“天人合一”，主要有两层意思：一是天人一致；二是天人相应，即人和自然应和谐相处，万物的发展应符合自身规律，一切人事都应顺其自然，逆天时、地利而动则对健康不利。“天人合一”的思想主张民族传统体育活动的开展要顺应自然，其技法练习过程应追求人体与大自然的和谐相通，要符合自身条件、节气、地理环境等，做到物我、内外的平衡，实现阴阳平和，不违背大自然的规律。

“天人合一”是民族传统体育发展的终极目标。人们常说“地法天，道法自然”，从大自然中吸收营养，模拟自然界各种事物的动作、姿态、神情，以创造和丰富民族传统体育的内容，主张通过各种体育活动的举办享受生活乐趣，实现人与自然的和谐统一。

在现代社会，“天人合一”正是和谐的具体表现，通过各种传统活动的举办，促进人的身心和谐发展。身心统一的实质就是身心和谐发展，这主要取决于中国传统文化对和谐价值观的重视。

6.“形神统一”思想

“形神统一”，即“形神兼备”“内外兼修”，是我国古代唯物主义哲学家荀子和范缜对形、神关系的认识与看法。他们认为，“形为神之本，神为形之用”，即神依赖于形而存在，形是神的物质基础，形盛则神旺，神衰则形枯，二者相辅相成、对立统一。

以武术为例，“形为神之本，神为形之用”。在“形神统一”哲学思想的影响下，“形神兼修”成为武术的重要练功原则和特点，具体体现在以下几个方面。首先，就技术而言，“形”指手、眼、身、法、步等有形的武术动作特征，“神”指心、意、胆等无形的心理品质和气质。其次，就人体而言，“形”指习武者的身体，包括五官、躯干、四肢、筋、骨、毛皮等，“神”指习武者的精神、意识、思维等心理活动。最后，就内外而言，“形”指外在的具体运动形式，“神”指内在的精神内容。武术运动并非机械的肌肉运动，它讲究“以意领气，以气催力”，讲究意、气、神与力的结合，讲究“形神兼备”，这是武术习练的最高境界。

（二）奥林匹克文化的内容

1. 和谐发展

对于人来说，和谐发展体现在体力和智力两大方面。早在古代奥运会，就非常强调人在运动中的和谐，运动中的强者不仅要表现出高强的技艺和健美的体态，在道德和知识方面也不能落于下风。古希腊人观念里，身体健康是生活健康最基本的要求，人只有拥有健康的体魄，健全的灵魂才能有栖息之所。因此，古希腊人非常注重身体和文化齐头并进，共同发展。

现代奥林匹克运动更加讲求以人为本。体育活动能使人身强体健，对于人思维能力的发展也有非常大的帮助。奥林匹克精神中的哲学理念是“增强体质、意志和精神并使之全面均衡发展”。顾拜旦的诗作《体育颂》对体育能发挥的作用不吝赞美之词，顾拜旦鼓励运动员在体育运动中表现得更加积极，以得到全面发展为目的，在拥有强健体魄的同时，提升各项素质，变得高尚、公正、坚强、聪明、健美。

2. 团结友谊

奥林匹克运动的最高目标就是令世界上所有的人都能相互了解，建立友谊，减少人们之间的误解，最终将世界变得更加美好，从而超越单纯体育活动的范围。

在古代奥运会中，象征纯洁、友谊、和平的橄榄枝就是获胜者的最高奖品。为了举办奥运会，古希腊人特意制定了《奥林匹克神圣休战条约》，该条约在遏制战争、维护和平方面起到了不可替代的作用。现代奥运会继承了这种奥运精神，将人类对和平的渴望强烈地映射了出来。

奥林匹克标志由五个奥林匹克圆环组成，这个五环标志代表全世界五大洲的团结。全世界的运动员在奥运会共同聚首，欢庆奥运这一节日般的聚会。现代奥林匹克运动逐渐成为使各国人民都能相互沟通的一座桥梁，成为世界人民大团结不可缺少的纽带，不同民族、不同文化的人们通过它能更加深入地了解对方，更加长久地维护世界范围内的和平，避免战争的爆发。

3. 公平竞争

竞争是体育运动最基本的特征，也是体育运动魅力的来源。奥林匹克主义下的体育竞争，要求体育活动首先要有公平的道德，提出了“体育就是荣誉，但荣誉公正无私”的观点。

在体育运动竞赛中，运动员之间通过激烈的对抗一决高下，在这一过程中运动员的身体经受了磨砺，意志品质得到了锻炼，而观看比赛的观众也得到了极大的享受。竞争能大力推动人类社会的进步，人类只有在竞争中才能使雄心得到展现，使聪明的头脑得到进一步发展。参加体育运动必须敢于竞争，面对强手如林的环境，要无所畏惧，超越自我，战胜对手，创造纪录与奇迹。人类的发展，正是靠着这种动力不断向前迈进。

现代奥运会面向全世界的人们，不区分血统、种族、肤色、国籍，运动员人人平等，在不违反规则的前提下，依靠自身实力，正大光明地参与比赛。这种竞争是公平的竞争。

4. 奋力拼搏

勇于拼搏奋斗，直面竞争，才能寻找到生命的真正价值，奥林匹克运动也一直贯彻着这一宗旨。赛场上的汗水，竞争的激烈，不光能影响到在赛场上拼搏的运动员，对电视机前和现场的观众而言也是非常好的励志课，尤其是对处在成长过程中的青少年而言，他们看到的人们奋斗的身影会使他们终生难忘，帮助他们更加理解奥林匹克运动的精神。

5. 重在参与

在体育竞赛中，不光存在胜与负的比拼，运动员之间精神、气势和斗志的较量往往更加重要。由此可知，过程很有可能要重于结果。体育比赛中的优胜者往往只有一个，这是需要运动员通过不懈的拼搏才能争取来的，参加比赛的人对于这一点都应该有心理准备。有些运动员由于实力等方面的差距，虽明知与冠军无缘，甚至很难拿到名次，但他们并未放弃，仍然毫无畏惧地走上赛场，努力拼搏，这种精神鼓舞着人们不断前进，诠释着重在参与的重要意义所在。

在奥运会中，参赛的每个选手都有着摘金夺银的可能，但优胜的天平总是向着永不放弃和顽强拼搏的选手的方向倾斜，这虽然不能决定胜利的最终归属，但是是体育精神最重要的精华所在。竞赛往往是残酷的，但参与了竞赛也是一种经历，获胜与否变得不再重要。

6. 为国争光

奥林匹克运动在现代体育运动中是最耀眼的一颗明珠，参加奥运会的选手代表着自己的国家。入场时运动员要高举本国旗帜，颁奖仪式上要奏国歌、升国旗，每届奥运会的开幕式、闭幕式也会将举办国的特色充分显示出来。在奥运比赛中，运动员的个人价值实现了，其体育价值与社会价值也同时得以实现。

奥运赛场上的英雄主义、集体主义、爱国主义使每个参与者与观看者的自豪感得到激发，国家的凝聚力得到增强，奥林匹克运动的精神得到升华。

三、民族传统体育文化与奥林匹克文化的对接和融合

世界各国的体育文化在全球一体化中得到了良好的发展。在联合国教科文组织、世界体育组织等的共同努力下，竞技性体育与群众性体育、东方体育和西方体育既处在激烈的文化冲击之下，也处在相互交流和融合的状态之下。

（一）西方体育文化对民族传统体育文化的冲击

在全球化背景下，各民族的文化具有各自鲜明的文化特质。体育全球化是对现有的、不平等的、不公正的体育发展等级模式的一种反映。在体育全球化进程中，会产生新的体育文化间的冲突和融合的范式。如今，全

球各体育文化体系间的交流与融合的广度和深度是前所未见的。全球化对各国而言都是发展的良好机遇，在体育运动方面，各国通过借鉴和吸收全球化的体育文化，对自身传统体育中存在的各种问题进行反省和改革，从而促进其民族传统体育的发展。

现代体育思想的实质是西方体育思想的传播，其运动理念、运动规则、运作模式等都具有西方国家的特点，这在很大程度上存在一定的弊端。这样的全球化会对其他各民族传统体育造成伤害，因为这是一种对异质体育文化的“侵入”。具体而言，在这种体育文化思想的影响下，各民族的传统体育文化，不管是运动文化，还是运动形式，都会受其影响，从而使传统体育文化带有西方文化风格。在一定程度上来说，体育文化的全球化过程也是其单一化和同质化的发展过程。

体育的全球化对人们体育价值观念的影响尤为明显。在全球化的背景下，西方体育倡导的理念和反映的精神也逐渐在世界范围内传播，并被人们接受。西方体育文化注重竞争意识，主张超越对手，在竞技过程中凸显自身的实力。在这种文化的影响下，人们更多地注重竞赛的成绩、名次，而忽视了体育运动的本质诉求。也正是在这种体育文化的影响下，竞技运动中产生了一些不和谐的因素。过于强调竞争，容易使人们形成错误的价值观。例如，现代体育场上的滥用兴奋剂、黑哨、弄虚作假等现象，在很大程度上都是现代体育价值观不正确导致的，这也严重歪曲了竞技体育思想。在激烈的社会转型期，这种线性的、单向的价值取向很容易被失去信仰的现代人认可和膜拜。因此，在全球化的西方体育文化价值观的强烈冲击下，虽然中华民族的传统体育蕴含着鲜明的文化特质，如注重人与人之间的和谐相处、注重体育运动的娱乐性和审美性等，但是仍然无法改变我国传统体育受到忽视的事实。

当下的体育全球化进程的初衷是要让体育世界更加和谐、文明和美好，但实际上它引起了不少人对体育文化的“误读”与冲突，不利于体育文化全球化的发展，这主要体现在阻碍了人类体育共识的形成，甚至造就了新的“冷战”意识，使世界各国体育文化的交流和融合蒙上了一层阴影。因此，目前的体育全球化进程必须得到扭转，在平等对话基础上建立一个双赢双利的体育全球化进程是很必要的。

以奥林匹克体育文化为代表的西方体育是通过教会学校和基督教青年会传入我国的。随着西方的殖民扩张，一些近代体育项目也在我国得到发展和传播，教会学校是其传播的重要途径。受西方体育思想的影响，中国人民的体育观发生了很大变化，在当前国际体育一体化的新时期，我国民族传统体育的发展受到了西方体育的巨大冲击。在遭受冲击的过程中，西方体育凸显出来的极大的进步性和科学性，使得越来越多的人开始引进、模仿和学习西方体育，这在一定程度上限制了我国民族传统体育的个性化发展。

（二）民族传统体育文化与奥林匹克文化的融合和共同发展

我国民族传统体育文化发展过程鲜明地反映了体育文化之间的交流和融合。例如，西方的足球、游泳和田径等运动已经成为我国重要的体育运动项目，并且已经走进我国学校体育教学的课堂，成为我国体育事业的重要组成部分。

在西方体育文化的影响下，我国的民族传统体育项目发生了深刻的变化。例如，我国的传统武术运动结合中西方的竞赛方式，形成了独具特色的散手竞技。反过来，我国的民族传统体育文化也对西方体育文化产生了重要的影响。例如，我国的养生观念、伦理道德观念等也逐渐融入到西方的体育文化中。在这种相互影响的过程中，东西方体育文化表现出趋同化的特点。

各民族的体育文化都有其独特性，这是不能改变的。但是，人类的体育文化也具有共性特点，这也是不容忽视的。文化之间并没有明显的优劣之分，并且在长期的发展过程中，会出现“你中有我、我中有你”的情况。因此，我们应客观、公正地看待各国不同的体育文化。

民族传统体育文化与世界体育文化之间是对立统一、相互融合、相互促进的关系。尽管存在许多差异，包括时空、民俗、宗教、文化等的不同，造成了体育文化在内容与形式上有所不同，但民族传统体育文化与世界体育文化在体育活动的本质特征和内在价值上趋同。在人类社会发展历程中，世界体育文化逐渐被纳入各种体育文化，从而形成了具有普遍性的文化体系。随着全球化的进行，这一发展趋势将愈演愈烈。

世界体育文化正是在各国体育文化之间的交流与合作中不断发展成长起来的，各国的民族传统体育文化与世界体育文化之间具有密不可分的联系。具体而言，主要表现在：如果将世界体育文化比作一座大厦，那么各国的民族传统体育文化则是建成这座大厦的一砖一瓦。民族传统体育文化不仅为世界体育文化提供了文化积累，也保证了世界体育文化的多样性。体育文化的全球化发展为民族传统体育文化的发展不仅提供了重要的推动力，还提供了广阔的空间。

奥林匹克运动的普及程度在与日俱增，人类文化必将在奥林匹克文化中进行多元化的交融。文化从本质上看，具有地域性和民族性。在奥林匹克文化的号召下，不同国家的文化渐渐融合到一起，成为多元性的奥林匹克文化。当今，世界文化的发展正处在文化自觉、多元涌动与文化复古的浪潮中，“越是民族的，就越是国际的”已成为全球性文化发展的新自觉和新意识，现代奥运会也不会脱离这种文化发展态势。各奥运会的主办国和主办城市争先恐后地将不同地区的特色文化搬上奥运会的舞台，获得了出人意料的成功。

民族传统体育根植于我国民族优秀文化中，是我国五千年文明的智慧结晶。在 2008 年北京奥运会开幕式上，2008 名演员击缶而歌，吟诵着“有朋自远方来，不亦乐乎”，欢迎世界各地的健儿和嘉宾的到来。开幕式上的表演是中西方民族文化的一次交汇与融合，古代文明与现代技术、东方神韵与西方魅力紧密结合在一起，民族文化与现代奥林匹克运动的大融合和时空大移位使昔日的神话通过声、光、电梦幻般地被表现出来。昔日为农耕民族祈神求雨的“草龙”被幻化成制作精良并配有声、光、电在空中飘荡的“飞龙”，昔日为祭龙和祭祀屈原的赛龙舟活动变成了为奥运会庆贺的表演项目。

各民族传统体育文化借助现代奥运会可以很好地展现各国家与民族的

风土人情，这不仅是奥林匹克全球化、多元化发展的需要，也是世界范围内文化多元发展的必然趋势。奥运会是面向世界展示体育文化的大舞台，我国民族传统体育文化要走向世界，必须依托奥运会这个大舞台与世界体育文化发展相结合。

第八章　民族传统体育文化传承与非物质文化遗产保护

非物质文化遗产是历史的见证者，它承载着我国几千年的中华文化，并将中华文化以其独特的方式传承下来。非物质文化遗产中蕴含的我国各民族特有的风俗习惯与行为方式，无不体现着本民族的顽强生命力和强大的创造能力。民族传统体育非物质文化遗产的保护是一项艰巨且复杂的文化工程，它不仅能丰富体育运动项目，而且是传承民族文化、保护文化多元性和增强民族凝聚力的重要手段。本章从民族传统体育文化传承与非物质文化遗产保护的角度出发，对二者的传承与保护关系进行阐述，首先概述非物质文化遗产及其保护的基本内涵，其次介绍民族传统体育文化遗产的基本特征及其保护概况，最后重点探析民族传统体育非物质文化遗产保护的实施路径。

第一节　非物质文化遗产及其保护的基本内涵

非物质文化遗产是人类文明的结晶，而传统体育文化则是非物质文化遗产不可分割的重要组成部分。本小节首先就非物质文化遗产及其保护的基本内涵进行概述，使读者对民族传统体育非物质文化遗产保护有基本的了解。

一、非物质文化遗产

（一）非物质文化遗产的概念

文化遗产是人们承袭的前人创造的文化或文化的产物。联合国教科文组织的相关文件和国务院下发的《国务院关于加强文化遗产保护的通知》对文化遗产是这样界定的："文化遗产包括物质文化遗产和非物质文化遗产。……非物质文化遗产是指各种以非物质形态存在的与群众生活密切相关、世代相承的传统文化表现形式，包括口头传统、传统表演艺术、民俗活动和礼仪与节庆、有关自然界和宇宙的民间传统知识和实践、传统手工艺技能等，以及与上述传统文化表现形式相关的文化空间。"①

1982年，联合国教科文组织首设以"非物质遗产"（Intangible－Heritage）命名的部门。联合国教科文组织以列举的方式对"非物质的文化遗产"（Intangible Cultural Heritage）这一概念进行了界定："'非物质文化遗产'包括通过艺术、文学、语言、口头传说、手工艺、民间传说、神话、信仰、道德准则、习俗、礼仪和游戏等方式流传的标记和符号。"

1998年，联合国教科文组织第55次会议通过了《宣布人类口头和非物质遗产代表作条例》，将"人类口头和非物质文化遗产"定义为："来自某一文化社区的全部创作，这些创作以传统为依据、由某一群体或一些个体所表达，并被认为是符合社区期望的作为其文化和社会特性的表达形式；其准则和价值通过模仿或其他方式口头相传，它的形式包括：语言、文学、音乐、舞蹈、游戏、神话、礼仪、习惯、手工艺、建筑及其他艺术。"随后，"人类口头和非物质文化遗产"这一概念逐渐被成员国广泛接纳。

2003年，联合国教科文组织颁布了《保护非物质文化遗产公约》，该公约正式使用了"the Intangible Cultural Heritage"这一概念，直译为"无形文化遗产"，着重指一种没有固定空间的形式，通过口传身授来传承的

① 资料来源于《国务院关于加强文化遗产保护的通知》，2005年12月。

活态文化。我国官方译本将其称为“非物质文化遗产”。

2011年2月25日，我国通过了《中华人民共和国非物质文化遗产法》，并于2011年6月1日开始实行，在法律条文中明确把传统体育划为非物质文化遗产的范畴。《中华人民共和国非物质文化遗产法》明确了“非物质文化遗产”是指被各族人民世代相传并被视为民族文化遗产组成部分的各种传统文化表现形式，以及与传统文化表现形式相关的实物和场所。这一概念是在总结我国现有的非物质文化遗产国情，借鉴《保护非物质文化遗产公约》对非物质文化遗产表述的基础上提出的。根据《中华人民共和国非物质文化遗产法》的界定，我们可以认为，“传统体育非物质文化遗产”的概念在广义上是指各族人民世代相传的民族传统体育文化表现形式及与其文化表现形式相关的实物和场所；狭义上是指各族人民世代相传以“身体活动”为主体进行的互动与意义表达，以“身传心授”的形式进行传播的身体活动方法和知识。“民族传统体育非物质文化遗产”与“少数民族传统体育非物质文化遗产”在概念上可以等同。

（二）非物质文化遗产的基本特征

1. 无形性

无形性是非物质文化遗产的特殊特征，指的是非物质文化遗产不占有任何具体的物理空间，只能为人们的感觉感知，是看不见、摸不着的。例如，2008年，我国开始将“端午节”定为国家法定节日。这一国家级的非物质文化遗产只是以一种节庆形式存在于人们心中，虽然没有任何有形物质作为载体，却是人们文化生活的重要组成部分。

2. 活态性

活态性是非物质文化遗产的核心特征。非物质文化遗产依附于特定的国家、民族、族群、地区或者个人存在和发展，是人类在历史演进过程中创造的文化成果。只有最大限度地保护非物质文化遗产赖以生存的文化环境，才能保护其赖以传承的文化生态土壤，进而使其得到更好的传承和延续。

3. 传承性

传承性是指非物质文化遗产是一种具体的文化形式，由各群体或团体随着其所处环境、与自然的相互关系和历史条件的变化而逐渐传承、积淀下来。也就是说，非物质文化遗产只有经过历史的演进，承载人们厚重的精神寄托和文化品格，才能成为非物质文化遗产。只有保持非物质文化遗产的原生态环境，为非物质文化遗产传承营造良好的氛围，才能使非物质文化遗产得到保护。

4. 实践性

实践性是指非物质文化遗产是人们在生产和生活实践中创造出来的，一种表达人们喜庆、欢乐、悲哀、痛苦等情感的形式，它凝结着各群体或团体的文化旨趣。要建立非物质文化遗产保护模式，构建非物质文化遗产保护制度，就必须将人们的生产与生活实践相联系。

5. 开放性

开放性是指非物质文化遗产的传承和延续是随着历史的发展与时代的变迁而不断丰富、发展的。以人们最熟悉的“春节”为例，在这一传统节日里，按照传统习俗，人们通常需要进行各种活动，如除灰尘、送灶神、放鞭炮、祭祖宗、贴春联、吃饺子、舞龙灯、踩高跷、走亲戚等。但是，随着社会的进步、时代的发展，非物质文化遗产的内容发生了变化。受环境污染的影响，现在在春节期间放鞭炮是受到限制的，参与舞龙灯、踩高跷等活动的人也越来越少了；反之，增加了一些新的内容，如收看央视春节联欢晚会、集体团拜、赏灯会等。

二、非物质文化遗产保护

（一）非物质文化遗产保护的内涵

非物质文化遗产保护是新时期推动我国特色社会主义文化建设的一项文化创新工程。2005 年，国务院办公厅下发了《关于加强我国非物质文化遗产保护工作的意见》；2006 年 9 月，中国非物质文化遗产保护中心成立。

在《关于加强我国非物质文化遗产保护工作的意见》的指导下，部分省份也在不同程度地加强本地区的非物质文化遗产保护措施。自此以后，我国非物质文化遗产保护工程在全国启动并普及，一个非物质文化遗产保护体系网络正在我国悄然形成。

由2001年联合国教科文组织通过的《世界文化多样性宣言》可以得知，非物质文化遗产保护的目的是维护文化多样性的存在。非物质文化遗产保护的基本方针是“保护为主，抢救第一，合理利用，传承发展”。武汉体育学院的陈永辉对非物质文化遗产保护的基本方针进行了详细的论述：所谓“保护为主”，是指对非物质文化遗产进行全面的、必要的确认、建档、保存；“抢救第一”，是指对濒危的非物质文化遗产着重进行挖掘、整理、抢救；“合理利用”，是指要把一切积极的文化因子运用到文化建设中，以服务中国特色社会主义建设；“传承发展”，是指要采取积极措施，让一些优秀的文化遗产能得到创新和延续。

总结起来，非物质文化遗产保护的基本方针可以理解为“在全面保护的基础上，突出重点，同时要进行合理利用与创新”。正如联合国教科文组织通过的《保护非物质文化遗产公约》中指出的：“各个群体和团体随着其所处环境、与自然界的相互关系和历史条件的变化不断使这种代代相传的非物质文化遗产得到创新，同时使他们自己具有一种认同感和历史感，从而促进了文化多样性和激发人类的创造力。”

（二）非物质文化遗产保护的由来及其条件

在历史的长河中，人类用智慧和劳动创造了丰富的文化遗产。这些文化遗产凝聚着人类非凡的创造力、丰富的想象力，代表了不同历史时期的多彩文明，是人类文化历史发展中遗留下来的最璀璨的明珠。但是，当现代工业时代到来时，为了追求经济利益的最大化，自然和人文环境遭到破坏，世界文化遗产呈现出逐渐消亡的趋势，抢救与保护濒危的世界文化遗产工作迫在眉睫。

1972年，联合国教科文组织颁布了《保护世界文化和自然遗产公约》，同年，世界遗产委员会成立，专门负责批准世界遗产名录、确定和解除濒危世界遗产名录。该公约的颁布，对世界文化和自然遗产的保护产生了不可估量的作用。这主要表现在两个方面：一方面，明确了世界文化和自然遗产的主要内容是文物、遗址、古建筑群及具有科学与审美价值的物质、生物结构或这类结构群组成的自然风貌；另一方面，有效地推动着世界各国对本国文化与自然遗产的抢救和保护工作。

2003 年，联合国教科文组织颁布《保护非物质文化遗产公约》，呼吁世界各国加强对非物质文化遗产的保护，并规定非物质文化遗产的定义："'非物质文化遗产'指被各社区、群体，有时是个人，视为其文化遗产组成部分的各种社会实践、观念表述、表现形式、知识、技能以及相关的工具、实物、手工艺品和文化场所"。非物质文化遗产的保护工作至此受到全世界的重视。

根据联合国教科文组织《宣布人类口头和非物质遗产代表作条例》，非物质文化遗产需要具备以下几个具体条件：其核心为文化传统或有关社区文化；对民间的文化特征和有关的文化社区起到正面的作用，同时，对有关的群体起到文化和社会现实作用，并促使各民族和各社会集团更加靠近；具有见证"活"的文化传统的价值。

中华文明博大精深，无论是物质文化遗产，还是非物质文化遗产，都具有独特的科学价值。到目前为止，我国共有 40 多项文化、自然遗产被列入世界遗产名录。其中，古琴、昆曲与新疆维吾尔的木卡姆 3 项被列入人类口头和非物质文化遗产代表作名录。由于种种因素，目前我国尚有更多民间文化或口头和非物质文化遗产有待于调查、整理、研究、抢救和保护。

第二节 民族传统体育文化遗产的基本特征及其保护概况

我国的民族传统体育是以增进健康、提高身体机能为目的的人类社会活动，是我国各族人民在长期的生产和生活实践中积累起来的传统体育文化，是中国传统文化的一个重要组成部分，是我国重要的、宝贵的非物质文化遗产。

一、民族传统体育文化遗产的基本特征

（一）活态性

活态性是非物质文化遗产的最基本特性。“活”的本质表现在民族灵魂上，即创造并传承它的民族（社群）在长期奋斗和创造中凝聚成的特有的民族精神与民族心理。非物质文化遗产的活态性主要体现在以下两个方面。

第一，体现在这种文化创造主体的“活态”性上。非物质文化遗产“活态”文化创造的主体主要包括非物质文化遗产中传统工艺技能的展示者等，他们是最具有能动性的，并处于“活态”文化的核心地位。在不同时期、不同地域、不同场次或场景中，他们的展示都是一种新的创造。作为一种“身体文化”，民族传统体育文化的内涵是通过人的身体活动表现并传达出来的，如武术中强调的“内三合，外三合”，实际上是要求由内在的心、意、气到外在的四肢等身体的各部位都达到相互协调。

第二，体现在其传承、传播的过程及这一过程中的改革与创新上。这种改革、创新是内在的、必然的，是由其内部因素——非物质文化遗产的性质决定的，以展示出传承者、传播者的个体智慧和创造性。非物质文化遗产作为一种抽象的文化思维，存在于人们的观念中且随着人们观念的变化而变化，如知识、技能、表演技艺、信仰、习俗、仪式等。此外，这种改革、创新还受到外部因素的影响。外部因素则表现为当这种文化遗产进入异域、异族时，不变异、不改革就无法传承和流传，故为满足发展需要必须进行改革、创新。各民族的习俗随着氏族、部落的大量迁徙形成了各民族杂居的特征；随着各民族交往次数的增多和宗教的传播扩散，逐渐形成了民族传统体育交叉融合的局面。与此同时，随着民族交往范围的逐渐扩大，部分民族传统体育活动中还出现了一些异质文化的色彩。随着民族地区经济的发展，市场经济逐渐取代了传统的自然经济。而在自然经济基础上发展起来的民族传统体育必须适应经济的变革，只有适应了经济的变革，民族传统体育才能更好地生存与发展。我国共有56个民族，各民族的

传统体育活动加起来有数百种，但受自然地理环境和人文地理环境的影响，有的项目没有得到广泛的传播，仅限于在本民族中流传，甚至有的项目在社会历史的变迁中逐渐消亡。例如，我国古代的投壶、捶丸等活动曾盛极一时，上至皇族宗亲，下至平民百姓，这些运动几乎成为国民运动，但由于种种因素，它们先后被湮灭在历史的尘埃中。保持“活态”的传承机制，是发展民族传统体育活动的关键所在。

（二）民俗性

以血缘关系为纽带的宗法制度是中国古代社会政治结构的主要特征，这种宗法制度是由农耕经济的特性决定的，由原始社会氏族制度下的血缘关系和祖先崇拜发展起来。2000 多年的中国封建社会，在经济上，一直奉行“重农抑商”“以农立国”的原则；在政治上，遵循崇尚家族关系的血缘伦理与皇权至上的政治伦理高度统一的封建伦常关系。因此，许多民族传统体育活动多遵循按农业节气周期性祭祀祖先和祈福的仪礼，如春节的舞龙、舞狮，端午节的划龙舟，重阳节的登高等。

人类早期的体育活动不仅带有原始的、神秘的色彩，而且同宗教、祭祀、婚姻、劳动等活动有着非常密切的联系。在我国一些少数民族地区，音乐、舞蹈、体育竞技、游戏等活动多附属于民俗事项中。这主要表现在三个方面：第一，宗教节日和祭祀仪式作为载体为传统体育活动提供了固定的时间与场所；第二，巫师和祭司的培养、道场的布置和示范者的表演为传统体育活动以后的组织化、规范化奠定了基础；第三，受宗教节日和祭祀仪式有较固定的时间、地点与程序的影响，传统体育萌芽由原本自发的、不定期的形态上升为时间和地点相对固定的集体性活动，从而也使大众易于接受和传播，最终形成了多种民族传统体育活动，如壮族的农历三月三抛绣球活动，侗族的花炮节，瑶族达努节中的跳铜鼓舞，蒙古族的“那达慕”大会，鄂温克族传统的“米阔鲁节”中的套马活动……

传统体育凭借其鲜明的民族特点和浓郁的乡土气息逐渐成为节日民俗活动中的一项重要内容，并表现着不同的民俗文化色彩。因此，从某种程度上说，保护民族传统体育，就是拯救民俗文化。

（三）地域性

我国以小农经营为主体的单一农业经济结构及有节律的农业生产周期为农民提供了大量闲暇时间以从事家庭副业和手工业，从而形成了千万个以此经济结构为基础的自给自足的经济单位。民族传统体育文化正是在这种小农经济基础上形成的，因而具有较强的地域性。在以小农经济为主的时代，人们的生活方式主要是农耕、游牧和游猎三大类，而在此三类生活方式基础上形成的民族传统体育在相同或相近的地域空间中总是相近的。此外，受各种文化交流的影响，逐渐形成了一种特殊的地域生活情趣。不同民族的一些传统体育项目虽然有着不同的名称、文化内涵与起源传说，但是在形式上有着惊人的相似性。例如，龙舟虽然在我国南北方都有，但在不同地区被赋予了不同的文化内涵和起源传说。按传统的说法，龙舟是楚人为纪念爱国诗人屈原而发起的。南朝梁代的吴均在《续齐谐记》中写道："楚大夫屈原遭谗不用，是日（指五月初五）投汨罗江死，楚人哀之，乃以舟拯救。端阳重渡，乃遗俗也。"但有史料表明龙舟竞渡并不是单单为了纪念屈原，除了楚地外，很多地方也有竞渡。据《曹娥碑》记载，东吴一带的竞渡是为纪念伍子青的，而贵州的苗族是为纪念智慧、勇敢、贤明的岩洪鳖的；据《越地传》记载，竞渡起于越王勾践……又如，摔跤在我国不同少数民族地区也有不同的称谓，在蒙古族叫"搏克"，在维吾尔族叫"且里西"，在彝族叫"格"。从体育活动内容来看，虽同为摔跤，但起源的民族不同，表现的形式也是各异的。因此，同一类项目带来的不同地域文化表征是保护工作中容易忽略的内容。

（四）群体性

与人类实践活动一样，民族传统体育非物质文化遗产是一种体现公共观念的集体行为，其创作往往由多人共同完成，是一种集体创作。民族传统体育非物质文化遗产的群体性强调的是一种集体意识上的文化认同。任何一个民族都对自己的族群有一种特别的认同感，这首先表现为自身与族群之间所具有的血缘上的联系，其次表现为自己与族群之间所具有的文化上的依附性。文化认同是一种思想观念上的认同，各民族在血缘上和文化习得上都被深深打上了族群文化的烙印。对民族传统体育文化的认同是一种对生活方式的认同，共同的节日习俗、共同的娱乐方式形成了共同的生活方式。于具有相同生活方式的群体而言，他们的生命纽带是完全联结在一起的。

从文化遗产的主体——创造者、享用者和传承者的角度来看，个人个性化的创造只有加入集体传承和集体形态中，才有可能真正成为非物质文化遗产的有机组成部分。中华民族传统体育活动作为一种休闲娱乐和竞技活动，一直强调的是教育作用和社会整合作用。虽然各民族生活习俗和环境不同，各族人民有不同的精神寄托和文化意境，但有一点是相同的，即人们在活动参与过程中都能感受到群体凝聚在一起的力量，产生一种归附群体的情感，人们会在合作中相互理解、彼此帮助、消除隔阂，进而利于族群、社会的稳定。民族传统体育活动是形成民族凝聚力的重要推动力。

二、民族传统体育文化遗产保护的历程

（一）近代

近代，随着西方体育的传入，民族传统体育作为抵御外来文化的武器，受到社会各界的关注。20 世纪 30 年代，封建社会瓦解，外国列强纷纷入侵，中华民族面临着严重的民族危机。为了抵御外强侵略，增强民族凝聚力，中华民族传统体育得到了倡导。自 20 世纪 30 年代以后，随着“土洋之争”的平息，传统体育和外来体育都被视为近代中国的体育活动，并经过整理和改编后被列入中小学教材。

辛亥革命后，以精武体育会、北京体育研究社等为代表的一些组织和爱国人士纷纷提倡学习民族传统体育（主要是武术），从而唤起人们对传统体育活动的关注，并把武术作为中国式的体操。自此，对传统游戏进行整理、研究的学者逐渐多了起来。1932 年 10 月，教育部颁布了《国民体育实施方案》（以下简称《方案》），《方案》规定：收集民间旧有之体育活动，改良之，推广之。同年 11 月，训令各省（市）教育厅（局）调查

乡村体育活动教材。训令说："我国各地方乡村民众之团体活动，如北方之要双石头、南方之划龙船等；个人活动，如踢毽子、耍石锁等；乡土游戏，如捉迷藏、指星过月等，均有体育价值，惜未能应用科学方法、教育原理加以改良，致为学者所忽视。"

这期间，不仅有关民间游戏的调查及论著比以往明显增多，而且采用经过整理、改编的民间游戏作为中小学体育教材的情况也在有所增加，如金兆钧的《中国游戏》、王怀琪的《正反游戏法》等。除此之外，还有不少学者对民间的跳房子、踢毽子、滑冰、跳绳、空竹、石锁、打花棍等传统游戏活动进行了整理和改编。但由于种种因素，这些工作主要还是停留在收集整理和对项目进行改编上，并没有实质性的进展，并且大多由个人零碎地进行，没有具体的组织，没有形成大规模的普及，没有从总体上就民间传统体育活动进行系统的、科学的考察。

中华人民共和国成立以后，党和政府开始注意民族传统体育，并于1953年在天津召开了民间体育运动会以展现传统项目，但由于历史因素，民族传统体育沉寂了30多年。在这30多年里，尽管民族传统体育受到西方体育文化的严重冲击，仅有改编的武术套路一花独放。1956—1958年，政府组织有关专家整理编写了《简化太极拳》《青年拳》《长拳》，以及刀、剑、棍、枪等多种拳术器械套路，以向社会推广。同时，不少流派的武术著作也相继得到出版，如《太极拳》《青年拳》《锦拳》《华拳》等。

（二）现代

党的十一届三中全会后，党和国家把武术遗产的挖掘、整理工作提到了重要位置。1979年1月，国家体委《关于挖掘、整理武术遗产的通知》的颁布拉开了挖掘、整理形态文化遗产的序幕。1984年6月，全国武术挖掘、整理汇报会在河北承德举行，此次会议上展示了挖掘、整理工作的成果。1983—1986年，动员了全国8000余人，耗资数百万元，开展了我国历史上空前的普查和挖掘、整理工作。据统计，全国源流有序、拳理明晰、风格独特、自成体系的拳种达129个。全国各省份编写的相关文字达651万字，录制的录像达394.5小时，征集的文献资料482本、古兵器392

件、珍贵实物 29 种。

这期间，各级体委和民委不仅纷纷设立相关机构开展民族传统体育的挖掘、整理工作，还组织专门队伍对民族民间体育进行广泛调查。工作主要成果有：第一，“民族传统体育”在各地体育史志中被列出；第二，“武术研究院”等机构和社团成功建立，并兴办各种杂志、期刊，主要针对民族传统体育的学术问题开展研讨、交流；第三，在各省份体育志的基础上，汇编了《中华民族传统体育志》，收录了多达 977 项民族传统体育项目；第四，不少出版社也积极加入针对民族传统体育的整理工作中，如人民体育出版社组织编写了大型武术丛书——“中华武术文库”。除此之外，一些成果也形成了新的武术论著，在武术发展史上留下了辉煌的一笔。这次挖掘、整理工作在调动了老拳师积极性的同时，也培养了一批中青年研究骨干。

由于很多少数民族传统体育项目产生于农业经济及相对封闭的环境中，因此当经济体制和生活方式发生转变与转型时，在文化遗存相对丰富的少数民族聚居地区，民族传统体育失去了赖以生存的土壤，无法适应现代社会的发展，很多体育项目都消失了。

三、民族传统体育文化遗产保护的原则

（一）以人为本

马克思文化学理论认为，文化的本质就是“人化”，人是文化的主体，是文化目的的终极目标。因此，站在这个角度来看，非物质文化遗产保护的核心因素就是保护“人”，尤其是保护好那些创造、拥有、传承和研究非物质文化遗产的活生生的人，这是做好非物质文化遗产保护工作的关键所在。非物质文化遗产视野下的民族传统体育，其“精神内核”和“文化空间”的根本载体是人。反过来，民族传统体育存在的根本意义在于为人这个主体服务，以人的满足为最高境界。

（二）保持原真性

原真性是定义、评估和监控文化遗产的基本因素。1964 年的《威尼斯

宣言》对文化遗产的原真性做了十分详细的阐释，其中明确表示：它是真的，是原本的，是忠实的。我们在保护中一定要注意文化遗产必须是一地原有的、固有的文化，是有地域特色的原生态民族传统体育文化原汁原味地延续和发展的产物，具有历史性、原始性和真实性；不能带着经济的眼光去看待，更不能因为一些民族传统体育项目经济效益大，就进行盲目的攀比和移植。受不同地域环境的影响，人们的生产生活方式、风俗习惯等也会随之产生不同的影响，从而呈现出不同的传统体育文化形态。从某种程度上说，如果脱离了地域环境，那么传统体育文化也就失去了内在价值。“北人善马，南人善舟”指的就是地域环境对民族传统体育项目的影响。例如，白族的赛马节等一些民族传统体育项目如果脱离了原生态环境，则将逐渐失去其文化内涵。除此之外，在保护中我们还要杜绝“翻版”与“假冒”。在20世纪八九十年代，受旅游“文化热”的影响，全国各地纷纷效仿，建起了一个又一个的“民俗村”，各项经过虚假加工的“民族传统体育项目”也“定居”其中进行表演。在这种造假环境下的民族传统体育文化成为一种“快餐式”的传统文化，经过短暂的热潮后，许多“民俗村”接连倒闭。在这种境遇下，民族传统体育陷入生存与发展的窘境。保持原真性是为了维护民族传统体育非物质文化遗产表现形式和文化含义的内在统一。历史的传承不是随随便便就可以进行下去的，而是需要有依据的对民族传统体育非物质文化遗产进行保护，提倡“写实的《三国志》”，而不是“对历史真实进行改写演绎的《三国演义》”。

（三）保护多样性

在我国，一般把除汉族以外的55个民族称为“少数民族”，而几乎每个少数民族都有自己独特的传统体育活动，可见我国的民族传统体育文化遗产是极其丰富的。2006年5月20日，国务院公布了第一批国家级非物质文化遗产名录（共计518项），这批名录包括十大类，分别是民间文学、音乐、舞蹈、戏剧、曲艺、杂技与竞技、美术、手工技艺、传统医药、民俗。其中，杂技与竞技类中的民族传统体育包括天桥中幡（北京市）、抖空竹（北京市西城区）、回族重刀武术（天津市）、吴桥杂技（河北省吴桥县）、沧州武术（河北省沧州市）、陈式太极拳（河南省焦作市）、邢台梅花拳（河北省邢台市）、杨式太极拳（河北省永年区）、沙河藤牌阵（河北省沙河市）、聊城杂技（山东省聊城市）、蹴鞠（山东省淄博市）、宁德霍童线狮（福建省宁德市）、维吾尔族达瓦孜（新疆维吾尔自治区）、少林功夫（河南省登封市）、武当武术（湖北省十堰市）、朝鲜族跳板和秋千（吉林省延边朝鲜族自治州）、达斡尔族传统曲棍球竞技（内蒙古自治区莫力达瓦达斡尔族自治旗）和蒙古族搏克（内蒙古自治区）共 18 项。多年以来，我们都在强调文化的多样性，以寻求中华民族传统体育文化在世界体育文化中的位置。同样地，在民族传统体育非物质文化遗产的保护中，“多样性”也是不容忽视的。现代经济学有一条著名的“边际效用递减”定律，即消费者每增加消费一单位同样的商品，这种商品给他带来的满足程度的增加值就随之递减。与此对应的是，现代经济学中还有一条规律：在满足程度差不多的情况下，消费者更倾向于多样化的选择。因此，如果民族传统体育文化失去了本质的“魂”——传统体育文化的多样性，而只是一些身体动作，那么人们迟早会对其失去兴趣。文化传承与发展的载体是人，人一旦对此失去了兴趣，自然也就没有了传承与发展的动力。

（四）坚持生态化

生态化是指在保护民族传统体育非物质文化遗产的工作中，尤其要注重保护文化遗产的活态性特征。这种“无形与有形的统一”“只见物，不见人，只见形，不见魂”的原始活态性问题不仅是民族传统体育非物质文化遗产保护中最难解决的问题，也是其普遍存在的问题。因此，对它们的保护和开发，要坚持原生性，保证原汁原味。与此同时，还要注意现代技术以及现代营销手段的运用。21 世纪以来，各地方政府和民间开始重视民族传统体育，这主要表现在两个方面：一方面是积极挖掘、整理各种民间传统体育项目，另一方面是通过各种文化活动将这些项目公众化。重视传统文化的继承和发扬，重视文化在社会发展及经济建设中的作用，积极开展世界文化遗产活动的申报工作，这些工作对改善民族传统体育的生存环境无疑是有积极意义的。

（五）进行精品保护

文化遗产与一般的文化事项不同，通常是指文化精品，是一个民族在长期发展过程中创造并传承下来的。保护文化遗产，就是保护那些文化精品，而不是民族传统文化的全部。一个文化事项要想成为文化遗产，必须具有历史价值、艺术价值、科学价值和纪念价值。在具体的文化遗产保护工作中，应该根据文化遗产价值的高低，将文化遗产分为世界级、国家级、省级及市级，并施以不同等级的保护措施。作为非物质文化遗产保护的基本原则，保护文化精品是人们永远的追求。

（六）濒危遗产优先保护

文化遗产保护的终极目标是将人类历史上创造并传承至今的一切优秀文化遗产都尽可能全面地保护起来、传承下去。但受限于目前的国情、国力，将所有的文化遗产都一股脑地保护起来是不现实的，也是不可能的。在这种情况下，那些已经处于濒危状态的文化遗产就必须处于优先保护的地位，必须集中人力、物力、财力将它们及时而有效地抢救下来，为今后人类新文化的创造保留更多的思路、更多的选择、更多的参考和更多的资料。目前，许多国家已经意识到了保护濒危文化遗产的重要性，“保护为主，抢救第一”也已经成为许多国家文化遗产保护工作者的共识。

第三节　民族传统体育非物质文化遗产保护的实施路径

民族传统体育非物质文化遗产是民族优秀传统文化的象征，是民族精神原始内核的重要组成部分。但随着世界经济一体化的发展，尤其是快速发展的今天，许多民族传统体育文化已经或正在消失，保护和利用好民族传统体育非物质文化遗产，对于继承和发扬民族优秀传统文化，加强民族团结和维护国家统一，增强民族自信心和凝聚力，促进社会主义精神文明建设都具有重要而深远的意义。

一、民族传统体育非物质文化遗产保护的重要性

（一）文化全球化发展的需要

21世纪的今天，文化全球化发展要求世界各国的民族文化真正融合于世界，做到“和而不同”。要想达到文化全球化发展的和谐统一，就必须保护好各民族文化。在全球化过程中，我国体育文化要想促使中华民族文化在与西方文化交流时达到和谐统一，必须做好两个方面的工作：第一，正确处理好西方体育文化的冲击；第二，维持民族传统体育文化的固有结构。

我国民族传统体育文化深深地扎根于中国这片广阔的地域，更多地反映了我国各族人民的真实文化需求，折射了不同地域的文化特性，吸引着其他国家的民族对我们的民族文化进行了解、认同、借鉴。保护民族传统体育文化遗产，就是在坚持并发扬地域文化特色的同时向外界输出，以避免在与世界文化的交流和碰撞中以民族传统体育为代表的民族文化被异化。

（二）构建和谐社会的需要

21世纪，我国社会主义事业发展进入构建社会主义和谐社会的重要时期。该时期，民族文化遗产保护的核心理念在于和谐。因而从某种程度上讲，保护民族文化遗产为和谐社会构建提供了精神来源，而构建和谐社会迫切需要民族文化的精髓——和合思想作为动力支撑。民族传统体育扎根于我国各族人民的劳动生活中，并在各族人民特有的劳动生活模式中创造出了民族传统体育文化的价值取向——和谐，这一价值取向始终贯穿于民族传统体育文化的思维模式与实践规范中。保护民族传统体育文化，要以满足人民群众日益增长的体育文化需要为出发点，充分挖掘其文化内涵，发挥自身的“和谐”功能，为促进新农村建设服务。

（三）民族信仰维系的需要

信仰是指对圣贤的主张，或对神的信服和尊崇，对鬼、妖、魔或天然

气象的恐惧，并把它们奉为自己的行为准则。信仰活动是指在人类精神生活领域占据核心地位的一种文化价值活动，具体表现为：对个人而言，它是个人行为的支柱；对国家而言，它构成了国家政治意识形态的核心；对民族而言，它构成了凝聚国民心智的民族精神。把民族传统体育作为非物质文化遗产保护正是出于文化安全的需要，出于维系民族信仰的需要。面对文化全球化大环境，如何认同民族传统体育文化，树立民族信仰，需要人们的选择、维护、创新和管理。

二、民族传统体育非物质文化遗产保护的困境

（一）社会环境变迁中保护的有限性

对非物质文化遗产进行保护并不只是保护遗产本身，还必须对与它存在、发展密切相关的生态环境一起加以保护。民族传统体育文化大多产生于传统社会，流传于民间，尤其是较为封闭的少数民族地区。随着社会经济的迅速发展与交通通信的发达，传统社会向现代文明社会发展，传统体育依赖的环境也在不断发展变化，部分传统体育文化受传统社会观念的重大影响难以为继，这给传统体育文化空间的保护提出了难题。

传统体育作为民众日常生活中的一种身体民俗，与民间舞蹈、民间戏曲、民间音乐、民间宗教、民间文学等交织在一起，是各族人民世代相承的传统文化表现形式和文化空间，是维系民族生存发展的动力和源泉，也是非物质文化遗产的重要组成部分。但是，植根于农耕文明的传统体育，在社会转型与文化全球化渗透的双重挤压下，面临着被破坏、同化、替代和消失的困境。

（二）缺少长远定位与规划

对于非物质文化遗产的保护，国家需要进行必要的定位和规划，而不是一窝蜂地乱来。保护与传承固然重要，但利用与发展也不容忽视，这需要对非物质文化遗产及其相关方面进行前瞻性的研究与预判，进而对民族传统体育做出总体性的长远规划。我们现在面临这样的现状：对非物质文

化遗产进行保护的口号，除了一部分而且是很大一部分是纯粹的概念游戏和话语权争夺，极少部分是真正扎根在自己的社会议题和现实呼唤上的。这使得对非物质文化遗产的保护有时仅仅停留在口头上，而没有实际的行动，更不要谈效果了。

例如，各级政府应积极响应与支持传统武术申报国家级非物质文化遗产。非物质文化遗产为传统武术的传承与发展开辟了一个崭新的领域，传统武术界应充分把握这一机遇，打破原有的发展空间和理念，进行总体性、长远性的规划，不能受短期现实利益的影响而放弃，因为传统武术是我国人民共同创造的、不可多得的宝贵财富。

（三）传承主体的缺位

从表面上看，政府在非物质文化遗产的保护中起着举足轻重的作用，项目的申报由政府主持，申报成功后也需要政府的各种支持。但是，非物质文化遗产的传承主体不是政府，而是传承人，传承人才是传承主体的典型代表。然而，政府的参与却容易使非物质文化遗产的保护工作产生“变异”，从而造成“外行领导内行”的不合理局面，这同时也违背了非物质文化遗产的规律。传承主体在整个“申遗”过程中处于弱势地位，而且有时这种“申遗”或许就是“行政突击行为”。

这种政府主导、传承主体缺位的施予式保护现象，造成了我国民族传统体育文化的传承工作被许多地方政府借保护之名粗暴地干涉，传承人与习练者的意志得不到有效表达，传承主体的地位和作用被漠视与淡化，民族传统体育文化的持有者在名录申报中处于“失语”状态。在这种状态下，有些传统体育项目即使已经被列入国家级遗产保护范围，也得不到有效而合理的保护。因此，加强传承主体的地位，充分发挥传承主体的主观能动性，使之能真正参与到民族传统体育文化保护的实际工作中，才是目前应该解决的问题。

（四）传承效果缺少评估、反馈机制

国家级非物质文化遗产认定了，国家也投入了巨资，但这些非物质文

化遗产对于繁荣、丰富人类生活和精神起到了怎样的作用，目前还缺少有效的机制进行评估。

已经成功“申遗”的民族传统体育项目，应根据当今社会需求，大力拓展其生存空间和传承途径，而不能仅仅依赖政府的扶植和救助。在一段时期内，政府不仅要对被列为国家级非物质文化遗产的项目进行评估，还要督促其开展传承活动，从而做到非物质文化遗产的保护能真正实现为人民服务、为社会服务的宗旨。此外，国家级非物质文化遗产项目也应履行将开展活动的情况、存在的问题等向文化部门汇报的义务，从而更好地促进双方的沟通、合作与交流，为非物质文化遗产保护工作的顺利开展作出应有的贡献。

三、民族传统体育非物质文化遗产保护的路径选择

（一）加强长远规划与管理

民族传统体育非物质文化遗产的发展要具有详尽的规划，要全面把握其发展现状，杜绝地方任意申报，优先将即将消失的体育项目纳入非物质文化遗产中。传承人最好是一个团队，可以将传承人分为代表性传承人、第一传承人、第二传承人等传承梯队。传承人的确定和选择不仅要考虑其技能的掌握情况、代表性、公信力、传承能力，传承人之间还应有合理的年龄间隔，从而建设一支人员结构合理的传承人队伍。对于那些已经申报成功的国家级非物质文化遗产项目，应建立评估、反馈机制，定期开展相关活动，将保护、传承、利用、发展四者有机地融合在一起，充分发挥非物质文化遗产的作用。另外，对于传承人的资助要以精神资助为主，以经济资助为辅。其中，经济资助应依据传承活动的开展情况。

“活态”的非物质文化遗产与“静态”的物质文化遗产相比，最大的区别在于“人”的价值呈现，“人”是非物质文化遗产保护的根基和灵魂。虽然国内不乏关注非物质文化遗产项目代表性传承人的相关研究，但是“人”的价值和“主体”地位并没有得到深度体现。传统体育作为一种“俗”文化，与生产方式、生活方式、民间习惯、宗教伦理、社会心理、

文化认同等社会要素交织在一起，是社会精英群体和普通大众群体的共同创造。因此，对于未来体育非物质文化遗产保护研究来说，研究人员不仅要“下乡”还要“入户”，要从文化隔离的“学者”转变成文化融入的“他者”。

（二）研究领域要从单一学科向交叉学科转变

非物质文化遗产保护是一项系统工程，民族传统体育的展示、开发、利用和创新等需要多种研究技术的介入，多样复合的保护手段有利于民族传统体育的传承和发展。数字化技术常被应用于文物、古籍、壁画、碑刻、民居、服饰等物质文化遗产项目的保护工程，目前也被应应用于民族传统体育非物质文化遗产项目的静态保护工程。国家社会科学基金重大招标课题“体育非物质文化遗产资源数据库建设研究”立项，“使用最先进的数字化技术保护古老的非物质文化遗产”，推动了民族传统体育非物质文化遗产保护的信息采集、数字加工、资源分类、网络管理等工作落地落实。“静态”技术与“活态”现象的融合度，是民族传统体育非物质文化遗产数字化与物质文化遗产数字化之间的主要区别。

民族传统体育非物质文化遗产保护可以分为传统文化表现形式和文化空间两大类，包括民俗活动、表演艺术、传统知识和技能、器具、实物、手工制品等表现形式，涉及文化、教育、民族、宗教、旅游、文物等相关学科及其部门的工作，研究领域从单一学科到交叉学科的转变是非物质文化遗产保护理论研究的现实需要，也是实践工作的战略支撑。

（三）民族传统体育非物质文化遗产的保护要制度化、法律化

立法保护是国际社会保护文化遗产的通常做法，也是最有效的保护手段之一。目前，我国的非物质文化遗产保护只有个别单项条例和地方性条例。云南省率先于 2000 年制定了《云南省民族民间传统文化保护条例》，此后，贵州、福建、广西等地相继颁布了省级民族民间文化保护条例。2003 年，《中华人民共和国民族民间传统文化保护法》颁布；2011 年，《中华人民共和国非物质文化遗产保护法》颁布。这些法律、法规的颁布

与实施不仅对各地区传统文化遗产的保护起到了非常重要的作用，也将为传统体育文化遗产的保护提供依据。尽管在2004年我国就已正式加入联合国《保护非物质文化遗产国际公约》，但由于种种因素，我国目前对于传统体育非物质文化遗产的保护还没有专门性的法规条例，只有部分相关条文散见于各级体育法规中。

由此看来，我国非物质文化遗产保护的法治建设还十分薄弱。针对此问题，就要有针对性地建立民族传统体育非物质文化遗产保护的法律法规体系，为民族传统体育非物质文化遗产的传承与发展提供政策保障、法律支持。只有这样，才能使民族传统体育非物质文化遗产更好地继承下去。我们还应该尽快健全相关的法律制度，从法律和制度的角度保护珍贵的非物质文化遗产资源，健全法律法规体系，包括全国性和地方性法规、行政和民事法规、综合性和单项性法规。

（四）建立民族传统体育非物质文化遗产分级保护体系

民族传统体育项目种类繁多，分布在各地域，传统体育非物质文化遗产的保护不仅忽略了很多项目，而且在地域上受到诸多限制。针对这种现状，我们应该建立民族传统体育非物质文化遗产分级保护体系，实行从中央到地方的分级（国家级、省级、市级、县级四级）保护体系。国家级保护工作可以由文化和旅游部牵头，体育总局和其他相关部委配合，由体育总局管理部门负责，承担起对国家级民族传统体育文化遗产的申报、评审、资助等保护工作。省、市、县级民族传统体育文化遗产保护工作则分别由相应的省、市、县级文化部门、体育局等相关部门配合，由体育局负责，承担起系列保护工作，各级保护体系部门要加强纵向和横向管理联系。各级体育部门要制定出相关的保护管理制度，做好对民族传统体育项目的认定、登记、指导工作。这种分级的保护体系，有利于有关部门的有序管理和开发，在一定程度上避免了“几不管”和“重复管理”现象，不仅节约了人力资源，也大大减少了文化保护体系的漏洞。

要做到对不同级别民族传统体育非物质文化遗产在分布状况、生存环境、开展状况、文化特色、保护现状、传承人员数量、习练群体数量及存在的问题等方面有一个全面的了解，必须积极主动地与各有关部门加强沟通和合作；同时，需要鼓励、吸纳社会力量的广泛参与，充分发挥各方面的作用，如科研院所、大专院校及有关社会团体、个人等，调动全社会的积极性。在具体工作中，坚持以“政府主导，社会参与，明确职责，形成合力，长远规划，分步实施，点面结合，讲求突破”为原则，社会各方面相互配合，拧成一股绳，建立起职责明确、运转协调的工作机制，从而更好地保护民族传统体育非物质文化遗产。

（五）加强教育普及并纳入教育体系

教育是指一切能增长人们知识，提高人们生存、生活技能，促进人们身心健康发展，影响人们思想意识的活动。按照形式的不同，教育可以分为家庭教育、社会教育、学校教育三种。人是文化延续的载体，教育是文化传承的重要途径和手段。教育的任务不仅包括文化的普及，还应包括专业人才的培养。

要做好非物质文化遗产的保护工作，文化的普及是极为重要的一个方面。青少年是祖国的未来，是文化普及的主要对象。民族传统体育非物质文化遗产是我国文化宝库中璀璨的明珠，但是因为外来文化的影响及我国对民族传统体育非物质文化遗产方面的宣传力度不够等客观因素，现今许多国人对于民族传统体育非物质文化遗产知之甚少。要想做好民族传统体育非物质文化遗产的保护工作，最主要的就是进行民族传统体育非物质文化遗产知识的普及，让大家了解到底什么是民族传统体育非物质文化遗产，其概念是什么、有什么内容等。知识的普及，是保护民族传统体育文化遗产的一个重要基础。要做到民族传统体育非物质文化遗产相关知识真正的普及，就必须把其纳入教育体系。因为学校教育是传播文化的最佳载体，特别是现代这些亟需得到中华优秀传统文化滋养的学生，把民族传统体育非物质文化遗产相关知识纳入教育体系是典型的双赢。学生通过课堂上教师的讲解收获了民族传统体育非物质文化遗产相关知识，在提升自己文化水平的同时，也成了民族传统体育非物质文化遗产知识的普及者与传播者。

然而，21 世纪的今天，受各种因素的影响，综观我国高等体育院校体育系现行的民族传统体育专业课程的设置不难发现，目前我国高等教育中，有关非物质文化遗产保护的内容不见踪影。当前，我们的非物质文化遗产保护工作面临的问题是，虽然具备了各种高科技的保护手段，但是缺乏理性的、系统的非物质文化遗产知识的教育意识。因此，要想做好非物质文化遗产的保护工作，我们不仅要积极地开展各种形式的教育活动，还要把民族传统体育非物质文化遗产纳入教育体制，通过多种教育机制的有效结合，更好地把丰富而独特的民族非物质文化遗产知识进行有效的、系统的、科学的传播，为进一步提高中华民族的整体素质打下坚实的基础。

第九章　民族传统体育文化的继承保护与创新发展探索

民族传统体育非物质文化遗产是一代代人心血的凝聚，彰显着我们的民族精神，需要我们对其进行保护与传承。本章就民族传统体育文化的继承保护与创新发展进行探索，首先论述民族传统体育文化的传承与发展概况；其次探索全球化背景下民族传统体育文化的创新研究和产业化发展路径；最后回归教育领域，探寻民族传统体育文化在高校的传承与创新。

第一节　民族传统体育文化的传承与发展概况

作为民族精神的纽带，民族传统体育文化在长期的社会历史发展中被每个民族自觉地继承。原始民族传统体育活动在演变的过程中，在保留本民族活动方式的同时，也借鉴和吸收了其他民族的活动内容，逐渐发展成今天的民族传统体育项目，使民族传统体育文化得到保留。这种传承既保存了许多传统的东西，又加入了不少现代成分。一种民族传统体育文化一经形成，就会具有一定的稳定性和延续性，这种稳定性和延续性对维系一个民族的凝聚力具有很大作用。

一、民族传统体育文化的传承

（一）民族传统体育文化的传承性

“文化传承”一词在学术界出现已久，从 19 世纪中叶开始，就有学者对文化传承问题进行过研究。但是，很少有人论及文化传承的内涵和本质，也未对其进行准确的概念界定。不过，对于汉语来说，“传承”不是古语，而是新词。在古代汉语中，“传”和“承”相分离，并没有形成一个固定的词语。“传承”这个词最初出现在商务印书馆1996年出版的《现代汉语词典》里，被解释为“传授和继承”。传授是指把学问、技艺教给别人，继承泛指把前人的作风、文化、知识等接受过来。有学者认为，传承从某种层面来说，可以是民俗文化的基本特征，但文化传承的现象又远远超出了民俗学的范畴。从这个角度来看，传承是传统文化的根本性特征，因此传承又是人类学、民族学、考古学、社会学、文化学等学科研究中的重要概念。对“传承”概念的认识，应当站在更宏观的角度来研究、拓宽，从而加深人们对其的理解。

有关文化传承的著述现在已不少见，学者赵世林对文化传承的理解较为广泛。赵世林认为，文化传承是指文化在民族共同体内的社会成员中进行接力棒似的纵向交接的过程。这个过程受生存环境和文化背景的制约而具有很大的强制性与规范化的模式化要求，从而逐渐形成了文化的传承机制，使得民族文化在历史长河的发展中具有稳定性、完整性、延续性等特征。

人类的存在和发展靠的是文化的传承。文化是由人创造的，同时，人又是文化的结果，人在继承前人创造的文化的同时也在不断创造新的文化，新的文化又丰富了人类的文化成果。从一个民族共同体的生存和发展来说，文化传承是一种文化的再生产，是社会中权利和义务的传递，是民族意识的深层次积累。人不仅具有生物学意义，更具有社会学意义。从一定程度上说，人类的生存和发展如果仅仅依赖纯粹知识的复制与创造是远远不够的，还必须进行道德、人格、情操和审美等文化精神的传承。例如，武术文化的传承不能仅仅强调招法、套路、功法等技术层面的延续，更重要的是对其内含的正义观、价值观、信义感、责任感等文化精神的承继。

民族传统体育文化的传承性是指其在时间上的连续性，即历史的纵向延续性。传承性是民族传统体育的一种传递方式。20 世纪 20 年代，美国文化学家爱尔乌德在其著作《文化进化论》中写道，文化是因传递而遗留下来的，并且渐次连接于语言媒介中。因此，对于团体来说，文化的积淀是一种累积的过程；对于单独的个人来说，文化是一种和同伴交互影响后获得或学习到的思想和行为。从某种立场来看，文化不仅包括物质文明，如工具、武器、衣服、房屋、机器及工业制度等，还包括非物质的精神文明，如语言、文学、艺术、宗教、仪式、道德、法律和政治等。

民族传统体育文化保存了许多民族传统文化中的精粹，从根本上符合民族精神文化的内在需求，这也是民族传统文化得以延续发展的内在规律。

（二）民族传统体育文化传承的必要性

民族传统体育文化具有各民族特色，是我国传统文化的重要组成部分。它博大精深、丰富多彩，对于弘扬民族文化、推进和谐社会建设具有重要意义。

近年来，随着经济的发展、现代化和全球化浪潮的影响，民族传统体育文化的传播和发展受到了一定的冲击，其发展现状令人担忧，特别是少数民族传统体育文化。先进的科学技术、多彩的外来文化和巨大的经济利益已使人们无暇顾及本民族文化的发展，传统体育文化资源流失严重，许多传统体育项目正面临消亡的尴尬境地，许多传承了上千年的民族传统体育文化正经受着严峻的考验。如何更好地传承民族传统体育文化，维系其可持续发展，是迫切需要解决的问题。

首先，回应民族传统体育文化发展的需要。一个国家的传统体育就如该国家的名片，重要而独特，通过传统体育结合传统文化向国际范围传播，最终能影响国家形象、民族文化、思想和价值观等。我国民族传统体育具有悠久的历史，它从不同的角度反映了民族的社会、历史、政治、文化、宗教、风俗及心理等。它既是民族文化的一个重要组成部分，也是中华民族灿烂文化中的一块瑰宝。在长期的历史发展中，形成了内容丰富、形式多样的民族传统体育项目，许多传统体育项目经过再加工和艺术创作，仍然活跃于民间和有组织的各种赛事、庆祝活动中，对民族文化的传承起着推动作用。

其次，回应保护民族非物质文化遗产的需要。近年来，民族传统文化的保护工作已经引起了国家的高度重视，我国相继出台了一系列措施对非物质文化遗产进行保护，许多民族传统文化和传统技艺相继被列入了国家非物质文化遗产保护名录。民族传统文化的保护虽然取得了一定的成绩，但仍然面临着许多问题。比如，相关的法律法规体系建设还相对滞后，民族文化保护机制还不完善，许多人对民族传统文化的了解和认识也不够深入。特别是随着时代的变迁和历史的发展，我国传统文化面临着外来文化的不断冲击，民族同化速度逐渐加快，许多传统文化赖以生存的社会环境急剧改变，其生存和发展已举步维艰。而民族传统体育文化反映了一个民族的历史和文化，一旦失传，将无法弥补。因此，进行民族传统体育文化的传承势在必行。

（三）民族传统体育文化传承的含义

进入21世纪以来，世界经济发展呈现出全球化、市场运作自由化、信息传播数字化三大趋势，这给我国传统体育的发展提供了机遇，同时也带来了挑战。正是在这种内外环境的交互作用下，迫使我们在规划民间体育的发展，特别是民族传统体育的发展中，必须给予其恰如其分的文化定位。

我国民族传统体育文化可以说是一种非常复杂的文化现象，它在民间呈现出三种不同的形态：第一种形态为传统体育系统，主要包含气功、太极、武术、狮龙舞、龙舟竞渡等内容；第二种形态为现代竞技体育系统，主要是指以奥林匹克运动为核心的多种体育内容；第三种形态是指以教育为目标的促进学生身心健康发展的学校体育系统。这三种形态目前都以“大众”的群体面貌出现在社会发展的各个方面，以多种形式影响着城市体育文化的格局和品位。

与现代竞技体育相比，民族传统体育虽然有不同的文化内涵，且在现代竞技体育传入中国的漫长岁月里与其有过不同程度的文化冲突，但经过长期的融合和交流，它们之间不仅有着高度协调统一的人文学科内涵及外延，还深刻地体现着中华民族传统体育文化的包容性特征。21 世纪的今天，民族传统体育已成为中华民族现代体育格局中的重要组成部分，这主要表现在两个方面：一方面，它正伴随着我国社会主义文化的发展步伐作为一种精神渗透于社会的各个领域中；另一方面，它使中国的民族传统体育以其独特的魅力价值为实现中国人民的美好生活和文化的可持续发展作出更大的贡献。

二、民族传统体育文化传承的方式

（一）生活方式

按形式的不同，生活方式可以分为物质生活方式与精神生活方式两种，其主要内容包括各种不同风俗习惯在内的民族传统体育活动形式，并且具体表现在人们的生产生活活动及与此有着密切关系的行为模式中。

那些充分反映着民族传统体育文化的生活方式是该民族长期以来自然形成的、具有较大稳定性的、得到本民族人们共同遵守的一种生活文化习性，它通过代代相传的方式被该民族传承和发展下来。不同的生活方式在蕴含着不同民族较为丰富的文化内涵的同时，也承载着许多独特的文化观念。这种生活方式是民族物质文化与精神文化的综合体现，具有较大的稳定性，但也会随着社会的不断发展而发生改变，并带来传统体育文化的一些变化。而传统生活方式的改变反过来又引起了传统体育文化的某些变化。生活方式是民族文化传承的重要途径之一，每种生活方式的背后，事实上都潜藏着作为特定文化表达的一种稳定的心理结构模式。

（二）宗教信仰

宗教信仰是指信奉某种特定宗教的人们对信仰的神圣对象，由崇拜认同而产生的坚定不移的信念及全身心的皈依。宗教从本质上说是一种信仰，信仰是人类一种本能天赋的主观反映，是人类对于宇宙、天地、命运、历史的整体超越性的意识，是统摄其他一切意识形态的最高意识形态。总之，宗教信仰属于一种特殊的社会意识形态和文化现象。

我国有部分学者指出：“宗教发展的历史与人的进化、文明文化的发展几乎是同步进行的，这主要表现为人类早期文化形式都与宗教有着不可分割的关系，如不管是生产劳动、衣食住行，还是文学语言、教育、原始艺术、宇宙观等，这些因素每个都是依附于宗教的内容。”从某种程度上讲，宗教发展中不仅记载着人类体育文化发展的历史，还对民族传统体育文化的传承具有不可估量的作用，是民族传统体育文化的一种传承方式。

（三）节庆习俗

节庆是指在固定的时间，以特定节日为主题举行的民族传统体育活动，是约定俗成、世代相传的文化活动。节庆习俗是一个民族特有的传统庆典活动，它作为一种文化传递的方式起着重要作用。通过查阅相关文献及调查古今中外各民族，特别是少数民族的节庆活动，不难发现，从类型上看，节庆习俗主要可以分为五种：原始崇拜类、宗教祭祖类、农事集贸类、情爱交友类、娱乐狂欢类。除此之外，我们还发现节庆活动中的传统体育文化功能是相当奇特的。用一句话来说，它是娱人与娱神、祈生与御死、缅怀与渴求、欢乐与痛苦的综合体现，有着独特的、丰富的文化内涵。毋庸置疑，各民族丰富多彩的节庆活动构成了一种寓意深刻的、独特的民族传统体育文化表达方式。节庆活动是把一个民族具有民族特色的传统体育文化通过形象、直观、一目了然的方式表现出来，使民族古老的传统体育文化得到显现，从而使人们对其有更深层次的了解。由此可以说，节庆活动是一个民族长期以来形成的民族传统体育文化内容的缩影。

节庆活动是民族传统体育文化中不可缺少的重要内容，它对传统体育文化的传承起着特殊作用。节庆活动显现出的是一个民族古老而丰富的体育文化传统，折射出不同民族社会历史和体育文化变迁的轨迹。汉族的中秋节、景颇族的目瑙纵歌节等虽然在各民族中每年只有一次，但其不可低估的文化功能主要在于营造了一种被本民族人民广泛接受的社会氛围。

（四）语言与文学艺术

语言是思维的载体，从文化人类学角度来看，语言是一种文化符号，与民族传统体育文化具有十分密切的关系。语言不仅影响着一个民族的思维方式，也影响着一个民族的传统体育文化建构。不同的学者从不同的角度论述语言与民族文化之间的关系。例如，列维·施特劳斯站在结构主义人类学的宏观角度，对语言与文化的深层关系进行了认识和研究，将人类的语言现象和文化现象紧密地联系起来，从而开创了结构主义语言学研究的先河。而美国著名语言学家萨丕尔和沃尔夫则提出了“萨丕尔·沃尔夫假说”，明确提出了语言决定文化模式的观点，向传统的忽视文化作用的语言学提出了有力的挑战。这个著称于世的观点不仅让人们对许多文化，包括民族传统体育文化进行重新反思，也改变了人们以往的一些看法。虽然直到现在，语言与民族文化的关系仍然存在异议，但有一点是值得肯定的，那就是当人类还处在有语言而无文字的时期，语言对民族传统体育文化传承的重要性是显而易见的。

从本质上说，文学艺术属于人类精神文化的范畴，其贯穿人类文明史的整个发展过程，并且在不同的民族中表现出不同的特点。文学艺术对民族传统体育文化的传承作用也不容忽视。文学艺术这种独立的精神文化体系之所以被人类在物质生产方式之外又创造出来，正是因为它除了满足人类精神生活的需要以外，还具有文化传承的作用。人类的文化传承不仅是物质的传承，也是精神的传承。原始文学艺术的作用体现在：其不仅将人的文化观念通过一种威严和神秘的方式表现出来，还将它转化为一种内在的精神力量，从而对人们的精神世界产生影响，并传递着特有的、颇具民族性的民族传统体育文化信息。直至今天，文学艺术对民族文化的传承功能依然存在，随着社会的进步和时代的发展，还衍生出引导和重塑的作用。

三、民族传统体育文化传承的途径

（一）宗教传承

在历史上的洪荒时代，由于生产力水平落后，原始人对于许多生理现象无法理解，就幻想着有神灵的存在。因此，祭拜神灵就成为教化全民的活动。这种人类历史上古老而又普遍的社会文化现象，在社会和人生的各个方面都发挥着重要影响。

宗教对民族传统体育文化的影响主要体现在两个层次上：一层是表层，即民族传统体育文化在宗教活动中的体现；另一层是深层，即以各种宗教教义、教理等控制着不同民族传统体育文化背景下人们的精神生活。宗教以种种途径和方式渗透到民族共同体的各个方面，使其与民族的政治、经济、文化、艺术、教育、科技等的发展交织在一起。

在宗教活动中，民族传统体育活动是一种介于宗教、艺术与体育之间的界限模糊的身体活动。人们从各种关于祭祀的身体活动中得到最初的有关体育活动的意识，接收某种精神的信号，这些信号有助于增强本民族的凝聚力，使人们在共同的身体活动中培养起对本民族文化的认同感，这种认同感又会反过来成为民族文化各组成部分连接的桥梁。出于对本民族文化的认同，民族成员会自动地将本民族文化继承过来并传给下一代。

宗教祭祀活动是全民族的头等大事，每逢宗教祭祀活动，本族人民无论男女老少都将到场参与。在这种宗教祭祀活动中，民族传统体育文化也有所体现。例如，水族的端节是祭祀祖先的节日，在端节那天，水族族民要到端坡上举行赛马活动。端坡是村寨公共的赛马场地，世世代代固定使用。水族赛马的目的在于娱乐，因而竞技性并不强，其重要的文化意义在于渲染节日气氛，同时为本族青年男女提供沟通交流及约会的场所。又如，傣族的拜佛节是傣族一项重大的宗教节日，在这一天除了举行相关的佛事活动外，傣族族民晚上还会在空场上跳金鹿舞、孔雀舞。由此可见，宗教是民族传统体育文化进行系统传承的主要方式，是整个传承体系中的基石。

（二）教育传承

民族传统体育文化传承的另一种重要途径是教育，“教育是人类文化发生发展的一种生命机制”，同时，“文化传统是一个民族无法拒绝的历史传承”。因此，教育要取得好的效果就必须立足传统传承优秀传统文化。

任何一种文化现象都必须借助教育而产生，并凭借教育机制进行传承与整合，民族传统体育文化也不例外。“教育是传递社会生活经验并培养人的社会活动。”也就是说，传递社会文化是教育最基本的功能，是通过培养人的活动实现的。换句话说，教育是可以通过培养具有民族传统体育文化传承意识和素质的人才实现民族传统体育文化传承的。

原始社会由于没有专门的教育机构和专职教师，因此教育的手段主要依靠言传身教，学习者进行大量身体模仿练习。现代民族传统教育虽然不再以这样的形式为主，但民族传统体育的这一功能性并未减弱。可以说，民族传统体育和民族传统教育是相辅相成的，民族传统体育不仅从属于民族传统教育、反映着原始的民族传统教育，还依赖于民族传统教育进行变更。教育对民族传统体育的传承又分为家庭教育、学校教育和社会教育三种传承途径。

1. 家庭教育传承

家庭教育通常是指父母对子女自觉的或非自觉的、经验的或意识的、有形的或无形的教育行为。在任何一种文化中，家庭都是对新生一代进行各种训导和教育、完成民族文化传承的重要场所，是新生一代快乐成长的摇篮。在家庭中，父母是老师、是榜样，他们以各种方式教育下一代。同时，父母会以各种方式完成自己教育子女的使命，使新生一代能顺利地实现社会化，成为生活中的强者。这些方式有的是正式的、仪式性的，有的是非正式的、随意的，还有的是情感式的关怀、抚爱。毋庸置疑，家庭教育作为教育传承的组成部分，是民族传统体育文化的重要传承机制。

家庭中的长者是文化传承的主要组织者和实施者，他们总是以自己对本民族文化的理解及自己的生活经历在有意或无意中通过言传身教让晚辈初步形成对本民族文化的认知。

总而言之，家庭是民族传统体育文化赖以生存的土壤，是民族传统体育文化得以传承的坚强支撑。

2. 学校教育传承

在现代社会中，民族传统体育文化的传承应首先定位于学校教育，因为学校教育是文化传承与传播的重要渠道。与家庭教育和社会教育相比，学校教育可以让受教者获得系统的理论知识体系，更好地进行有目标、有意识的系统化、科学化的学习。

学校教育的目的不仅是培养民族传统体育的参与者，更重要的是培养民族传统体育文化的传承者。民族传统体育文化的传承方式有参与式传承与专业化传承两种，参与式传承者积极参与民族传统体育活动并热心支持民族传统体育文化发展，专业化传承者则具有系统知识结构并以研究民族传统体育文化为主要职责。民族传统体育文化被学校教育纳入相应的课程学习中，这样一来，不仅能让民族传统体育的文化内涵传承更加系统与科学，而且能强化个体的民族情感和对民族文化的热爱，从而推动民族传统体育文化传承和发展以科学规范的形式进行下去。

学校是民族传统体育文化有效传承的重要场所，学校教育是保证民族传统体育不断普及与发展的重要形式。只有将民族传统体育文化纳入学校教育中，才能更好地保证其持续健康的发展。对学校教育而言，民族传统体育文化的传承人就是体育教师，应让体育教师重视收集、挖掘、加工、创新与发展，将民族传统体育文化继承下来，将民族传统体育技艺传承下去。

3. 社会教育传承

虽然家庭教育传承和学校教育传承的作用确实很重要，但有时这两种形式也无法有效地进行民族传统体育文化的传承。对于大多数民族成员来说，他们对传统文化观念和知识的获得，更多的是依靠蕴藏于民族习俗中的社会教育。在节日庆典、宗教祭祀及劳动闲暇中，通过有意识的教授或是无意识的影响，将民族传统体育项目的活动形式、文化精神传承给年轻一代的民族成员并通过年轻一代发扬光大。

体育文化的形成是人类遵循文化发展规律的结果，它来自生产与生活实践，并逐渐从生产与生活中剥离出来，可以说，它本身即具有非常浓厚的生产性与生活性。许多民族普遍认为，生产与生活因素是民族传统体育的灵魂，也正是源于这样的认识，民族传统体育项目在社会范围的教育中最能得到传承的动力。在接触民族传统体育的途径中，节日庆典、宗教仪式、婚丧仪式、村寨间竞赛活动等都属于社会教育的范畴，不是有计划、有目的的规范传承，更多的是通过社会范围的教育潜移默化地将民族传统体育文化移植到年轻一代民族成员的行为习惯里。例如，水族端节的赛马活动，受场地、马匹等条件的限制，不具备在学校开展的条件，如果在社会上也没有了赛马活动，那么水族端节就失去了原本的意义，失去了节日灵魂。因此，与水族端节有关的传统体育文化只能靠社会教育传承，靠每年在端节举行端坡赛马这类活动延续和发展。

（三）民俗传承

1. 社会民俗传承

社会民俗的范围包括某个民族的家族、亲族、村落及各种社会职业群体的诸多仪式，以及岁时、习俗等。由于民族传统体育不直接创造物质利益，因而从某种程度上讲，它更多的属于一种精神文化。也正因如此，它一般多与节日庆典结合在一起。首先，作为节日庆典的诸多仪式之一，民族传统体育以身体活动的形式传达该仪式更深层的精神意义；其次，民族传统体育可以凭借节日庆典对民族生活产生影响的深度和广度来达到传承的目的。

可以说，民族传统体育是社会民俗的重要组成部分，随其产生而产生，并且随其发展而完成自身传承、整合的过程。民族传统体育文化存在于节日庆典活动中，并不是一种个人行为，而是该民族普遍流行的风尚和喜好的总汇。在共同的节日习俗中，人们通过共同的庆祝仪式潜移默化地强化着本民族的共同价值标准，与这些庆祝仪式联系在一起的民族传统体育项目也就在不知不觉中被传承着。民族传统体育项目对于增强民族凝聚力所起到的直接性、普适性的作用，是其他任何形式的活动都无法替代的。种种体育娱乐活动带来的强烈感染力，使人们对本民族传统自觉地产生了认同和欣赏之意。

2. 口承语言民俗传承

口承语言民俗主要是关于语言文学艺术的各个方面，包括神话、传说、故事、歌谣、叙事诗、谚语、谜语、民间艺术等。从表面上看，这些与民族传统体育似乎没有什么关联，但实际上联系密切。许多民族传统体育项目都不是单纯的竞技活动，经调查，各民族传统流传下来的与口承语言民俗有关的传统体育项目（或活动形式）有数十种，它们不仅与民族文化艺术没有严格的区分，而且许多民族传统体育项目还伴以诗歌、歌谣等民间艺术形式。与文化艺术相结合的民族传统体育项目往往组织规模大、参加人数多、活动时间长，并且内容丰富、场面热烈。

第二节　全球化背景下民族传统体育文化的创新研究

全球化既是生产力发展的必然过程，也是人类文化激荡交融的历史进程，不同文化的对比、选择、吸收、排斥抑或较量，在这一迅猛发展过程中，必将进一步扩大世界不同国家存在的差距，同时在客观上给世界带来更广大的机会。民族传统体育文化是中国文化的象征符号之一，加强民族传统体育文化的创新研究，对于提升我国文化软实力有着重要的作用和意义。

一、民族传统体育国际化的背景分析——全球化

（一）全球化的概念

全球化，顾名思义，就是指某一现象在全世界范围内广泛出现和发展。“全球化”一词的提出是在 20 世纪末，如今被广为人知。20 世纪 90 年代，前秘书长加利在联合国大会上提出“全球化”。此后，全世界各国家都在广泛应用“全球化”一词，而且在不同领域中都会涉及这个词。由此可知，世界各国都接受了“世界进入全球化”这一观点，从侧面也能看出，全球化的影响范围是极其广泛的。

具体来说，全球化涉及的范围主要有政治、经济、文化等领域。同时，全球化也是这些领域发展表现出来的一个重要特征。无论是学者，还

是普通民众，使用“全球化”一词主要是想表达各国经济、知识技术、社会文化和政治等众多因素的相互依存与影响。当前，全球化概念更多地指向了经济全球化。此外，“Globalization”一词也可以单独解释为“经济全球化”，具体是指在世界范围内，各国家和地区之间的经济通过贸易、国际直接投资、资本流动、人力资本跨国流动，以及知识技术转移，从而实现不同国家和地区之间经济融合的过程。

（二）经济全球化

经济全球化是一种趋势，在这种趋势形成和发展的过程中，世界上各国家、各地区之间紧密联系，因而可以从宏观和微观两个层面分析与认识经济全球化。

1. 宏观层面的经济全球化

从宏观层面来看，经济全球化的典型产物是以世界贸易组织为代表形成的全球多边贸易体系。目前，世界贸易组织的成员已经达到了164个（截至2015年12月17日），世界贸易组织在推动各国、各地区之间经济的自由贸易、投资及信息流动等方面起着重要的导向作用。

在世界贸易组织及其前身关税与贸易总协定的推动下，多个国家和地区之间达成一系列市场准入协议，这使全球化的服务贸易谈判取得进展。当前，世界贸易组织各成员国之间贸易互通有无，不同国家和地区之间服务贸易市场开放的范围拓宽到电信、信息、金融三大领域，“全球基础电信协议”“信息技术协议”“金融服务协议”先后达成。商品和服务贸易自由化发展促进了各国、各地区之间的经济合作，推动了世界各国、各地区形成相互依存且以生产和贸易联系为纽带的“互通有无”的全球供应链关系。在这种情况下，各经济体（国家和地区）彼此间的经济联系日益紧密，全球范围内的经济发展会影响各国家和地区经济的发展，这些国家和地区同呼吸、共命运。

2. 微观层面的经济全球化

从微观层面来看，经济全球化主要表现为跨国公司的出现和同一产品在全球范围内形成的产业链。在各国、各地区经济密切联系的今天，以跨国公司为载体推进的全球贸易、投资和生产的国际化程度不断攀升。跨国公司全球化发展的前提是全球供应链、全球金融网络、全球信息网络的高度发展。据不完全统计，20 世纪 80 年代中期，世界范围内的跨国公司总数约为 1.3 万家。联合国贸易和发展会议的统计数据指出，2008 年，全球大约有 7.9 万家跨国公司和 79 万家分支机构，它们的外国直接投资存量超过 15 万亿美元，全球销售额更是高达 31 万亿美元。当前，作为经济全球化的产物，跨国公司是各国和各地区经济发展的重要组成部分，是当前全世界范围内经济全球化发展的主要载体。

总的来说，经济全球化是一个发展趋势，未来还在继续，因为其支持性因素——互联网技术、交通运输技术等在不断发展，国家（地区或经济体）、跨国公司为了实现其基本的经济利益（最大收益），必然在全球范围内寻找最低的成本资源，并通过各种销售途径实现经济利益最大化，这是当前各国家和地区经济发展不可逆转的趋势。

（三）文化的“全球化”

“全球化”被提出之后，在政治、经济领域得到了较早的运用。之后，“全球化”一词逐步扩展到其他应用领域，如文化、科技、信息等。在各国的推动下，全球化得到了持续发展。此外，西方强行向世界其他国家扩张自己的文化，导致其他民族的传统文化受到全球化与西方文化的双重冲击。不可否认，对于一些传统文化来说，全球化可能会产生或多或少的负面影响。但是从相关的研究中可以看出，传统文化以其旺盛的生命力抵制西方文化的同化，相反，会积极吸收西方文化的有用成分，从而使自身得到更健康的发展。关于文化，有些人提出了自己的观点。具体来说，就是与世隔绝的文化一定会停止发展；相反，伟大的文化能学习与借鉴其他文化中的精髓，并在这个过程中不断与时俱进、不断创新，为自身的发展注入新鲜血液与活力。由此可以看出，不管是什么样的文化，扩张性和渗透性、包容性和同化性都是其显著特点。因此，为了更好地促进可持续发展，就必须对本土传统文化的发展有信心，同时虚心学习与借鉴外来文化的精华部分，将本土传统文化与外来文化有机结合起来。从客观角度来说，对于民族传统文化的发展，实现文化的“全球化”获取的利益远远比全球化给民族传统文化带来的消极影响要大。因此，在认识全球化时，要注意保持客观公正的态度。

（四）民族传统体育的全球化和国际化

体育已经实现了全球化，具体来说，其主要在竞技体育方面得到体现。在现代社会中，竞技体育一直处于持续、快速的发展状态，究其原因，主要有两个方面：一方面，现代竞技体育在世界范围内的传播在一定程度上限制了各民族传统体育的发展；另一方面，各国普遍重视竞技体育发展，致力于促进本国竞技水平的提高，因而使竞技体育理论与实践获得了快速发展。随着竞技体育水平的不断提高，各国对运动员训练的科学化水平也不断提高。如今，各种新的训练理论及相应的新技术被不断应用于竞技训练和竞技比赛中。竞技训练理论的科学化发展使得训练的手段、方法日益科学与合理，更加促进了竞技体育的发展。科学技术是第一生产力，随着高新科学技术在竞技体育领域的不断应用，其带来的各方面影响是积极而深远的。随着人类文明的不断发展，各国、各民族的文化融合成为一种必然的发展趋势。在这一过程中，各民族的文化在吸收他国文化的基础上保持着自身文化的鲜明特点，从而使得世界文化多元共存。体育文化的发展也必然遵循这一发展趋势，如跆拳道、柔道等运动项目逐渐走出各国国门，成为一项世界性竞技运动。各国家的民族传统体育应该迈开步子，大步向前，而不是故步自封。究其原因，主要是民族传统体育与现代奥林匹克运动中的竞技体育运动一样，拥有自己独特的生存和发展空间，同时也因为自身的独特魅力受到人们的欢迎和喜爱，有着广阔的发展前景。因此，这就要求民族传统体育发扬竞技体育的精神，为自身的进一步发展创造更加有利的条件。

二、民族传统体育文化国际化发展的诉求

（一）满足传统文化大繁荣的需求

在丰富的民族文化中，民族传统体育文化是其中的重要内容；在国家民族精神中，民族传统体育文化也是其中的重要组成部分。中华民族传统文化的传承，离不开民族传统体育文化这一载体。民族传统体育拥有民族文化中的文化信仰、文化健身及文化娱乐等多个方面的意义。与此同时，民族传统体育比较推崇传统民族文化中的和谐发展观，即“天人合一，顺应自然”。我国民族传统体育的发展符合世界体育全球化发展的理念与方向，与全球化趋势相符，有利于我国体育文化的发展；我国体育文化在世界范围内的发展也会促进世界体育文化的繁荣。此外，世界体育文化对各民族传统体育文化的发展是十分尊重与支持的，既允许世界体育文化存在不同，也没有强制性地要求各民族文化按照一定的标准统一，这在一定程度上有利于不同民族之间的体育文化交流与沟通，有利于民族团结与繁荣。

我国民族传统体育在发展过程中不断凸显独特魅力，这些魅力主要在价值观念、文化观念、行为模式和思维模式等方面得到体现。鉴于此，我国民族传统体育也一定会对世界文化的多样化发展产生积极的影响。因此，我国民族传统体育文化走出民族范围，走向世界各国，顺应全球化发展，在世界各国进行宣传与推广，在世界范围内传承，最终成为世界体育文化中一道亮丽的风景线就会成为必然，进而能在很大程度上促进我国民族传统文化的健康发展。

（二）适应世界文化大发展的潮流

全球化在近代之后取得了快速的发展，而且对世界各领域的发展都具有不同程度的影响。与此同时，世界各民族、国家的社会状况和文化结构也因全球化的发展与影响而有所改变。多样性的特征在世界文明的发展过程中较为显著，无论是哪个民族创造的文化，都是全世界共同拥有的，都

是世界文明的重要组成部分。由此可知，多样性的发展特征与趋势既有利于不同国家之间的文化交流，也有利于全世界人民享受人类创造的文明成果。

所谓的“体育全球化”，是指东方体育文化、西方体育文化及奥林匹克文化相互借鉴与学习，共同发展与繁荣。当前，我国提出文化大发展、大繁荣的政策，在这样的背景下，我国民族传统体育文化的发展应具有更加积极的推动作用，从而达到共同进步及与社会发展的需要相适应的目的。这里需要强调的是，只有在保持多元文化影响下多样性的同时，将我国民族传统体育文化的独特性保持好，才能使世界体育文化的多样性得到进一步的丰富和完善，使我国民族传统体育文化获得更好的发展，一味地欧洲化或西方化是不可取的。也只有这样，才能保护和发展我国民族传统体育，唤醒民众对我国民族传统体育文化的文化自觉性，实现对我国宝贵文化遗产的保护和传承。

三、民族传统体育强势项目的国际化发展策略

（一）改变民族传统体育的传承观念

从社会学研究的领域来看，“传统”与“现代”在社会发展形态比较意义上是一对概念，“现代”是在“传统”的基础上发展而来的。受到封建思想的长远影响，一部分中国人形成了闭关自守、自娱自乐的传统思想观念，他们在革新方面的心态是较为缺乏的，这一点可以在“不求有功，但求无过”等话语中得到体现。受传统观念的影响，大部分的少数民族传统体育项目在较为偏僻的地方被限制传播与发展，这不仅阻碍了民族传统体育文化成为我国优秀的传统文化，而且不利于其在世界范围内的宣传。

在保护民族非物质文化遗产方面，我国表示关注与重视，并制定了一些相应的措施，提出了保护对策。尽管如此，传统的封建观念、落后的思想及错误的价值观等仍然在不同程度上影响和制约着民族传统体育的发展，民族传统体育只能得到有限的发展，有的甚至逐渐消亡。因此，要改善民族传统体育的发展现状，就要做到转变观念、深化改革，通过科学的

考察、研究，对一些优势民族传统体育项目进行国际化改革，从而使民族传统体育逐渐从偏僻的地方走向城市、走向全国、走向全世界，实现我国传统文化软实力的提升，进而达到使我国民族传统体育文化的传承得到保障的目的。

（二）规范民族传统体育的竞赛规则

作为我国优秀民族传统文化的重要组成部分，民族传统体育文化能较好地维系我国的民族情感，将民族的伦理和风俗体现出来，从而使各族人民生活更加丰富多彩。只有具备可识别性、可利用性、可沟通性，才能使民族传统体育的可持续发展得到有力保证，也就是说，民族传统体育必须具备世界大众认可的某些共性。由于缺乏较为完善和严格的比赛规则，因此很难对胜负和名次进行准确的判别，这对民族传统体育的发展和传播产生了非常严重的影响，从而导致我国民族传统体育发展较为缓慢。要想使我国民族传统体育中的优势项目在世界上获得较好的发展，就必须加强对民族传统体育基本理论知识与实践技能的研究。同时，也要不断更新与完善民族传统体育中优势项目的竞赛规则，以使民族传统体育不断向着规范与科学的方向发展，提高其在世界范围内的信誉。

从民族传统体育中的舞龙与舞狮项目来看，它们在我国民族传统体育项目中是比较有优势的，而且竞争性比较突出，具有与国际惯例相符的竞赛规则。我国成立的龙狮运动协会也在对这两个项目的发展进行监督，从而使我国的龙狮运动在发展中有法可依、有章可循，这为严密组织和合理竞赛提供了保证。同时，随着龙狮分会在世界各地的成立，舞龙舞狮运动的国际影响力得到进一步扩大，这对我国舞龙舞狮运动的国际化发展起到了很好的促进作用，进一步使舞龙舞狮运动成为国际化运动项目之一。随着与世界文化搭建起文化交流的平台，我国优秀的民族传统体育项目从过去只在狭小地域空间中开展转变为在世界体育文化交汇中不断地交流和传播，从而向着世界各地进一步推广，成为世界文化的重要组成部分。

（三）强化民族传统体育的推广

在长期的历史发展过程中，积累和沉淀的文化会在人们的内心深处形成一种思维定式与稳定的心理趋向，即文化系统。作为一种集体无意识，文化系统在人们的内心深处潜藏，并作为一种情感态度、思维方式和价值观存在，人们逐渐将其作为评价的尺度。人们的思想观念在很大程度上会受到文化系统的影响，文化系统也会在一定程度上对人们认识事物起到制约作用，从而使人们在思考与行动中表现出鲜明的倾向性。优秀的文化是否具有实际价值，其重要的判断标准就是是否可以被世界接纳，是否有利于社会的发展与进步。作为我国优秀的民族传统文化，民族传统体育在其发展历程中不断进步与完善，可以说，它作为一个缩影，将我国优秀民族传统文化充分体现了出来。

除此之外，在世界各民族文化的交流过程中，传统文化也发挥着重要作用，东方文化和西方文化的交流与融合大都是以各自的传统文化为媒介进行的。这也就说明，民族传统体育文化非常需要登上国际化的舞台，需要通过开发一些具体的、优秀的民族传统体育文化资源，使民族传统体育文化与世界文化的大发展相融合，以实现文化传播的重要意义。目前，我国的一些优秀民族传统体育项目已经成为非常成功的案例，如国际龙舟赛、风筝节及舞龙舞狮等是其中较为典型的代表。组织一些世界体育比赛和国际体育文化交流活动，有利于在全世界范围内推广与普及我国的优秀民族传统体育项目，使我国体育文化在世界体育文化中占有一席之地，从而为我国民族传统体育文化的发展创造更大的平台，这反过来也有利于促进世界体育文化的大发展与大繁荣。

（四）优化民族传统体育的技术结构

民族性和国际化并重是我国民族传统体育的技术风格特点。民族是指在长期的历史发展中逐步形成的具有共同地域、共同生活、共同语言及共同心理素质的稳定的共同体。民族传统体育始终保持自己的独特个性是其存在的根本保障，如果民族传统体育失去个性，那么其存在的意义和价值也就没有了。例如，我国传统的舞龙舞狮演出在举行时就必须有锣鼓助阵，究其原因，主要是锣鼓能够营造出喧闹的节日气氛。要想使民族传统体育项目在发展的过程中被世界大众认可和接受，适应全球化发展的需要，并且在当今信息全球化、世界一体化的时代，实现民族传统体育的振兴，走国际化之路，就必须做好民族传统体育项目的全球化。

我国的民族传统体育是民间文化中一种较为原始的文化意识形态，它起源于民间并在民间传承，很多民族活动封建习俗浓厚，而且较为野蛮，达不到文明的要求，因而其在世界范围内的发展举步维艰，而且我国也不提倡将其推广到世界其他各国。因此，我国民族传统体育的发展要想取得良好的成果，就必须摒弃违背科学原理的内容，根除残害人体的项目。我国要大力改造和整合那些有着鲜明特色、健身效果好、群众乐于接受、便于组织开展的民族传统体育项目，并使之发扬光大，以使这些民族传统体育项目在适应国际化要求的同时，还能保持其民族特色，以达到民族化与国际化的统一，如舞龙舞狮、巴山舞等。

（五）彰显民族传统文化的自身特色

在继承我国优秀文化遗产的过程中，民族传统体育经过不断改革创新，开始迈出国门、走向世界。这对于世界文化相互交流来说是必需的，同时，这也将民族自尊心、自信心、自豪感等彰显出来。竞技性和娱乐性是民族传统体育项目的显著特色，而且两者之间有着较为密切的联系，具体来说，即相互依托、相辅相成。竞技性使体育运动具有了无穷的魅力，运动员通过相互竞争取得胜利，使自我超越得以实现，这充分体现了奥林匹克精神。竞争既是现代体育运动国际化的大趋势，也是现代人类社会发展的主旋律。因此，龙舟竞赛、舞龙舞狮等一些竞技类的民族传统体育项目要得到国际化的发展，就必须使这些民族传统体育项目适应国际化的要求，并以保持固有的民族特色为前提进行适当的改革，合理完善其规则，使其竞技性得到提高，促使其得到创新与发展。同时，还要尽可能地保持好民族传统体育项目的健身娱乐性。这主要是因为，健身娱乐是民族传统体育项目开展的宗旨，其服务的最终对象仍然是广大人民群众。民族传统体育项目在民间产生并在民间流行，其具有的健身与娱乐的作用逐步得到了广大民众的认可，并且在民间有着一定的群众基础。因此，我国民族传统体育强势项目的国际化发展要想取得较好的效果，就一定要将民族传统体育强势项目具有的独特优势充分发挥出来，并以此来广泛宣传与弘扬我国优秀的民族传统体育文化，使其在世界范围内实现可持续发展。

总的来说，大量的区域性和地方性传统体育文化通过相互交融组成了体育文化的全球化，这种的全球化是一个过程，也是一个趋势，它是融合东方体育与奥林匹克文化宗旨产生的新生事物。在体育文化的全球化发展过程中，我国民族传统体育文化始终要以本土体育文化为基础，充分利用全球化的平台促进自身不断发展。体育文化的全球化为人类健康提供了非常好的空间，这说明我国传统体育文化必须与全球化的体育文化相融合，并在全球化的过程中相互学习、相互借鉴、和谐迈进，适应体育文化全球化发展的需要，融合民族传统体育人文精神，去粗取精、改变观念，进而完成中华体育新文化的建构。

第三节　民族传统体育的产业化发展路径探索

民族传统体育在一定的社会经济条件下逐步发展壮大。经过多年的发展，我国众多的民族传统体育项目实现了与人们现代需求的接轨，并走向了产业化之路。如今，我国民族传统体育的产业化发展对地区经济的快速发展起到了良好的促进作用。为了更好地理解民族传统体育的产业化发展之路，本小节对其进行分析和阐述。

一、民族传统体育产业及产业化概述

（一）民族传统体育产业相关环节分析

我国民族传统体育产业经过多年的发展，从原始的自给自足的模式逐步发展为完善的产业链条，实现了体育产品和体育服务的大规模、标准化生产，在实现了经济效益的同时，也促进了国民体质的增强。另外，民族传统体育产业发展还促进了我国人民的全面发展和社会精神文明的进步，其发展规模在一定程度上反映了国家现代体育的水平。

民族传统体育产业即为人们生产生活提供各种体育产品与体育服务的各行业的总和，它是我国国民经济的重要组成部分。民族传统体育产业有广义和狭义之分：广义的民族传统体育产业是指为全社会提供体育产品的企业、组织、部门和活动的集合，包括体育服务业和体育相关产业两大领域；而狭义的民族传统体育产业是指以体育劳务形式为消费者提供体育服务产品生产的企业、组织、部门和活动的集合。

民族传统体育产业的内容很多，总体而言，可以将其分为体育服务业和体育相关产业两大类：体育服务业包括体育健身、休闲、培训和咨询等，体育相关产业则包括体育用品制造、体育出版、体育彩票等。体育服务业是民族传统体育产业的主体，在一定程度上决定了民族传统体育产业的发展水平；体育相关产业是辅助产业，正是有辅助产业的存在和发展，才使得民族传统体育产业逐步发展和完善。民族传统体育产业结构即民族传统体育产业各部门之间的比例关系，包括物资资源、技术、人员、资金等的数量分配。民族传统体育产业结构能从整体上反映各部门之间相互影响和相互作用的关系。

民族传统体育产业的主体部分属于第三产业，对于国民经济的促进作用意义非凡。我国民族传统体育产业处于起步发展阶段，其发展水平有待于进一步提高和完善。发展我国民族传统体育产业最重要的一点就是要实现民族传统体育产业结构的优化升级，实现其内部资源的优化配置，协调各部门之间的关系，使其在国民经济中的作用不断得到提升。民族传统体育产业结构发展变化的基本规律：民族传统体育产业领域不断得到拓展，内部结构实现优化升级，体育服务业所占比重呈逐渐上升的态势，体育相关产业所占比重则逐步下降。

民族传统体育需要以产业化的运作方式发展，优化民族传统体育产业各部门之间的资源配置，提高资源利用的效率和效益，从而促进民族传统体育的快速、健康发展。发展民族传统体育产业要做到经济效益、社会效益的协同发展，使民族传统体育产业与经济社会的发展形成良性互动，共同提高。

（二）民族传统体育产业相关环境分析

民族传统体育的产业化是市场经济发展的必然要求。在民族传统体育产业化领域，良好消费环境的营造需要满足三个方面的内容：首先，人们要有实际的支付能力，能解决相应的花费需求；其次，人们要有为健康投资的消费观念，愿意积极进行相应的体育锻炼；最后，人们要有充足的时间，在工作和生活之外，有时间参与相应的体育活动。

如今，体育的职业化、商业化和市场化是大势所趋，只有顺应潮流，才能使民族传统体育得到继承和发展。因此，近年来我国不断推进相应的体制改革，使民族传统体育与现代社会的发展相适应，并积极与国际接轨。走民族传统体育产业化的道路，已成为社会主义市场经济体制下民族传统体育发展的突破口，是民族传统体育发展的重要趋势。

二、开发民族传统体育资源的基本原则

（一）自然资源、人文资源相结合原则

民族传统体育形式多样，既包括各民族的传统体育项目，又包括传统武术项目等形式。而民族传统体育项目之所以具有独特的魅力，除了深蕴其中的文化特色外，还在于它美好的生态环境背景，两者的相互协调和融合使得民族传统体育吸引着人们参与其中。在民族传统体育产业开发和发展过程中，应注重整合民族文化资源和自然风光资源，凸显出民族传统体育的独特性和不可替代性，只有这样才能使民族传统体育资源发挥其独特优势，促进民族传统体育的产业化发展进程。

（二）观赏性与参与性相结合原则

体育是一项参与性和实践性较强的活动，人们只有参与其中才能充分体验其独特的魅力。因此，在传统体育项目开发过程中，除了精彩的表演类项目外，还应向人们提供更多参与性和体验性较强的运动类项目，使人们充分体会到运动的乐趣。进而促进民族传统体育产业的发展，使其在全国范围内得到一定程度的传播。

（三）收益性与保护性相结合原则

强调民族传统体育资源开发的经济效益并不意味着以牺牲民族文化为代价，而是应在开发特色体育资源为当地创造经济效益的同时，保持好民族传统文化的特色优势，不断提高民族传统体育产业资源的文化要素，走内涵型、可持续发展的道路。另外，收益性与保护性相结合原则还要求在开发相应的资源时，注重对生态环境的保护，促进经济效益和生态效益的协调发展。

（四）多样性与统筹性相结合原则

民族传统体育项目丰富多彩，在进行相应项目的开发时，应注重发挥其资源的多样性优势，发展多种传统体育文化项目，并且在开发过程中要注重相应产品和服务的差异化；在多样化发展的同时，应注重结合民族风俗特点、区域特征等方面，统筹民族地区的整体资源优势，从而更好地推进规模化战略效应。

总而言之，民族传统体育项目是我国体育事业的重要组成部分，具有独特的发展优势，在开发过程中，应注重资源的开发和保护，并在此基础上进行积极的推广；另外，还应注重改革和创新，使民族传统体育项目不断适应时代发展的需要，满足人们的各项需求；在民族传统体育产业化发展的过程中，应注重引导其向市场方向迈进。民族传统体育项目的资源开发并不能只考虑相应的市场因素，还应注重与时代发展特征的契合，在发展过程中，应确立民族传统体育产业的发展思路、发展战略和发展模式，促进其科学化、可持续化发展。

三、民族传统体育产业发展的具体措施

（一）加强民族传统体育的基础设施建设

民族传统体育的发展依赖于一定的基础设施，这是其发展的重要物质保证。而从现实情况来看，我国开展民族传统体育项目的场地和所需基础设施建设落后，并不能满足人们进行日常训练与举办比赛的需要。民族传

统体育的场地、设施是发展和传播民族传统体育技术的重要场所，因而应予以充分重视。对于已经建好的场地和设施资源，应通过开展相应的传统体育项目比赛和运动会的方式提高其使用率，促进人们之间的交流和协作，促进民族传统体育产业的发展。

加强民族传统体育的基础设施建设，一方面，要加强其产业化和市场化发展，助力其基础设施的兴建；另一方面，要进行科学合理的经营，促进其健康发展。这样不仅可以为广大人民群众提供健身的场所，还可以为民族传统体育产业的开发提供必要的物质载体。

（二）加强民族传统体育项目的自身改造

随着现代生活节奏的加快，人们对于休闲和健身项目的追求向着简单、实用、有趣与高效等方面转化。这就要求民族传统体育加强对自身的改造，以便能更好地适应社会的发展。通过进行相应的改造，使民族传统体育更好地满足现代人的不同需求，为其发展和传播夯实一定的群众基础。

为了促进民族传统体育更好的发展，民族传统体育项目的开发应注重项目的分化、提炼和创新。在项目的改造过程中，不妨加强先进科学技术的投入，采用先进的理论和科学技术手段进行相应的理论研究，运用现代科技促进其发展和传播。具体而言，对于一个项目的动作，应舍弃那些不符合科学原理的部分，以增强其健身效果；对于一些观赏性较强、适合开展相应比赛的运动项目，应注重其规则的完善，以提升其公正性。

（三）加强人才培养，提高管理者的素质和水平

人才是发展的第一生产力，对于经济和社会的发展起着至关重要的作用。人才素质的提高是民族传统体育产业化发展的重要保证。尤其是在当今社会，产业发展采用的多为数字化、网络化的技术手段，竞争的胜负在很大程度上取决于民族传统体育文化品牌的质量和拥有发展民族传统体育文化产业的人才数量。因此，我国应提升民族传统体育文化产业的吸引力，使更多不同领域的人才加入民族传统体育文化产业的大家庭中，各尽

所能，逐步形成适应市场经济规律的运作形式和建立本领过硬的人才队伍。我国民族传统体育文化发展的现状需要越来越多的专业人才，培养民族传统体育人才是其发展的根本保障。

虽然我国民族传统体育的产业化发展起步相对较晚，基础也比较薄弱，但是其发展潜力巨大。随着改革开放的深化，民族传统体育产业化发展的水平会进一步提高，因而应尽快加强人才的培养，以适应未来发展的需要。

（四）加强民族传统体育竞赛表演业的发展

开展体育竞赛和体育表演是体育项目传播的重要渠道与方式，很多体育项目都是通过这一渠道逐渐被人们了解和认识，并且逐渐在国际上具有一定影响力。因此，举办民族传统体育运动会对于我国民族传统体育产业化发展具有极为重要的推动力。

除了举办相应的民族传统体育运动会外，还可以采用多样的比赛形式积极推广民族传统体育文化，增强民族传统体育项目的健身、休闲功能，使更多的人参与其中。

对于一些发展比较成熟的民族传统体育项目，应对其进行科学的加工，使其逐渐向竞技项目迈进，在吸引人们参与的同时，也能发展和完善其运动规则与运动技术。

（五）健全相关法律法规

民族传统体育的产业化发展主要包括两种模式：一种是市场主导型，另一种是政府参与型。在社会主义市场经济体制下，我国主要采用政府参与型的产业发展模式，这是由我国的基本国情决定的。因此，我国必须充分发挥政府在民族传统体育产业化发展中的作用。发挥政府的作用，就要为民族传统体育产业化发展确立目标。目标确立后，政府应出台相关的扶持政策，采取发展民族传统体育文化产业的措施，将民族传统体育文化产业确定为体育产业发展的重点。另外，政府要想扶持民族传统体育文化产业，还必须健全和完善相关的法律法规。只有健全和完善民族传统体育文化市场的法律法规体系，才能对该市场起引导、规范作用，才能为民族传统体育产业化发展提供良好的环境。

（六）实行民族传统体育俱乐部制

在人类物质文明与精神文明水平不断提高的条件下，体育具备的许多特有的功能和作用才能逐渐被挖掘出来，并得到充分发挥，如体育俱乐部会员的数量迅速扩大也得益于此。体育俱乐部逐渐成为有效开展和经营体育活动的主要组织形式，并风靡世界。改革开放以来，在计划经济转向市场经济的过程中，国家的政治、经济发生重大变革，我国的体育俱乐部就是在这样的背景下兴起的。体育俱乐部在一定程度上反映了社会的进步和体育改革与发展的方向，因为它是我国体育改革的产物，中国体育未来的发展必然有体育俱乐部贡献的一份力。

民族传统体育在我国社会主义市场经济背景下也逐渐走向市场。民族传统体育要想成为世界性的体育项目，就必须走俱乐部制这条路。民族传统体育实行俱乐部制不仅有利于传播我国优秀的民族传统体育文化，而且有利于加速民族传统体育社会化与产业化的发展历程。

（七）创建有影响力的民族传统体育品牌

民族传统体育文化是我国的宝贵财富，因此我们应积极研发并实施品牌战略，提高民族传统体育文化产业的国际竞争力，促进民族传统体育文化产业的快速发展。目前，我国民族传统体育项目虽然已经跨出国门、走向世界，也参与了一些交流、表演和比赛，取得了一定的成绩，但其发展状况仍不能令人满意。造成这种状况的原因是多方面的，如民族传统体育文化产业自身的宣传推广程度不够，没能形成品牌优势。民族传统体育文化品牌包含的内容很多，有民族传统体育工艺品、旅游用品、邮票书画、音像光盘等。民族传统体育文化品牌有很大的发展空间和发展潜力，需要外界对其进行科学合理地开发。

如今，起源于我国古代的民族传统体育文化，随着中国经济的迅猛发展和国际地位的提高，已走出国门，迈上世界舞台，在得到长期、系统的发展的同时，在世界上已形成了颇有影响力的品牌。以武术为例，在国际上，以武术为表现内容的文艺作品已经占有重要位置，如《卧虎藏龙》《精武门》《少林寺》影视作品将武术与电影元素相结合，既提高了武术的知名度，也在世界范围内带动了新一轮的功夫热潮。

（八）积极促进民族传统体育市场的发展

市场化是民族传统体育文化发展的必由之路。在现阶段，我们要积极开拓民族传统体育文化的国内、国外市场，为其发展创造一个良好的环境。其中，民族传统体育消费市场的培育最关键。

生产、流通和消费是民族传统体育健身娱乐市场运行的三个环节。民族传统体育健身娱乐市场的发展需要广大消费者的支持与保障，因为其发展在很大程度上由消费者的消费意识、消费动向和消费水平决定。因此，应主要考虑如何根据消费者的需要开发和利用民族传统体育资源这一经营策略。要促进发展，就必须把握好市场发展方向，准确做好市场定位，降低成本，以灵活的价格面向消费者，逐渐吸引更多的消费群体选择健身娱乐市场，这样才能多层次、多特色、多项目地开发健身娱乐市场，才能满足不同层次民族传统体育消费者的需要，推动民族传统体育健身娱乐产业的快速发展。

当前，我国的民族传统体育消费在整个体育消费中所占比例还很小，因而积极开拓民族传统体育消费市场，提高我国的民族传统体育消费水平的需求非常迫切。这就要求我们充分发挥民族传统体育的吸引力，积极宣传民族传统体育的功能价值，以迎合人们在健康娱乐方面的需求。另外，民族传统体育中的一些项目还具有防身作用，这可以成为刺激民族传统体育消费的有利条件。只要充分挖掘民族传统体育文化的价值，就会形成有活力的品牌，吸引大型企业等参与到民族传统体育文化的发展中，进一步促进民族传统体育文化产业化的发展。

（九）加强对民族传统体育文化产业的宣传和推广

政府还要加强政策的扶持，促进民族传统体育产业的推广与普及，把现代高科技运用到民族传统体育文化产业中，拓展全新的产业空间，提高民族传统体育文化产业的整体运作效率，为全面提升民族传统体育的国际化地位与社会影响力开创新的起点。

在宣传推广过程中，要注重对民族传统体育文化产业的传播。民族传统体育深厚的文化底蕴越来越受到国内外学者的普遍关注，而且其深远的品牌价值受到商界人士的青睐。在信息化年代，产业的发展、产品的宣传都离不开媒体。因此，民族传统体育也应该重视现代化媒体积极的宣传作用，而且要特别重视对民族传统体育文化产业的宣传与传播。

第四节　民族传统体育文化回归高校传承与创新

民族传统体育与高校教育相结合是一个优质选择，也是一个双赢的决策。民族传统体育对促进我国体育事业的发展，以及推广我国体育文化具有重要作用，高校是人类优秀文化的传承地，是非物质文化遗产传承中的一个重要载体，有着独特的优势，也扮演着研究与传播文化的角色。将民族传统体育纳入高校课程不仅能增加课程的多样性、符合文化多元性的需求，而且在高校这样的优质平台上进行传承与发展，能从文化层面补充民族传统体育在民间发展的不足。

一、民族传统体育文化回归高校教育的时代背景

（一）“健康中国”战略的提出

党的十八大提出“建设优秀传统文化传承体系，弘扬中华优秀传统文化”，并做出战略部署。全面建成小康社会，必须提高人民的健康水平。由中共中央、国务院于 2016 年 10 月 25 日印发并实施的《“健康中国 2030”规划纲要》是今后 15 年推进健康中国建设的行动纲领，是中华人民共和国成立以来首次在国家层面提出的健康领域中长期战略规划。该纲要提出，重点扶持并推广太极拳、健身气功等民族民俗民间传统运动

项目。

党的十九大提出坚定文化自信，“推动中华优秀传统文化创造性转化、创新性发展”，“没有高度的文化自信，没有文化的繁荣兴盛，就没有中华民族伟大复兴”。同时，做出实施“健康中国”战略的重大决策部署，强调坚持预防为主，倡导健康文明生活方式，防控重大疾病。加快推动从以治病为中心转变为以人民健康为中心，动员全社会落实预防为主方针，实施健康中国行动，提高全民健康水平。

（二）“体育强国”战略的提出

2019 年 8 月 10 日，国务院办公厅印发《体育强国建设纲要》（国办发〔2019〕40 号）。该纲要的战略目标指出，到 2020 年，建立与全面建成小康社会相适应的体育发展新机制，体育领域创新发展取得新成果，全民族身体素养和健康水平持续提高，公共体育服务体系初步建立，竞技体育综合实力进一步增强，体育产业在实现高质量发展上取得新进展。到 2035 年，形成政府主导有力、社会规范有序、市场充满活力、人民积极参与、社会组织健康发展、公共服务完善、与基本实现现代化相适应的体育发展新格局，体育治理体系和治理能力实现现代化。到 2050 年，全面建成社会主义现代化体育强国，人民身体素养和健康水平、体育综合实力和国际影响力居于世界前列，体育成为中华民族伟大复兴的标志性事业。

该纲要的战略任务中提出，传承中华传统体育文化。加强优秀民族传统体育、民间体育、民俗体育的保护、推广和创新，推进传统体育项目文化的挖掘与整理。开展传统体育类非物质文化遗产展示展演活动，推进传统体育类非物质文化遗产进校园。

（三）体育产业高质量发展被纳入“十四五”规划

2019 年 9 月，国务院办公厅印发《关于促进全民健身和体育消费推动体育产业高质量发展的意见》，提出要强化体育产业要素保障，激发市场活力和消费热情，推动体育产业成为国民经济支柱性产业。同年 11 月，在国家体育总局、国家发展改革委等部门联合召开的电视电话会议上，要求以全民健身、户外运动等项目为重点，把推动体育产业高质量发展等内容纳入本地区“十四五”规划。会议指出，推动体育产业高质量发展是满足人民对美好生活向往的重要内容，要加强基本公共体育服务建设，完善体育基础设施，培育强大市场主体和社会组织，激发更多社会向体育领域的投资，让体育投资者、企业经营者享受到政策红利和发展红利。此次会议强调，下一步要做好“十四五”体育产业、户外运动产业、体育基础设施建设相关规划编制工作。开展好公共体育场馆“改造功能、改革机制”、体育消费城市等试点工作，推进设立中国体育产业投资基金，抓好体育标准化和体育产业统计工作。

二、民族传统体育文化对于高校校园文化建设的价值

（一）丰富高校中华优秀传统文化传承的内涵

优秀传统文化的传承对于立德树人，以及培养具备较高思想政治素养的人才具有不可替代的作用。当前，我国高度重视高校对于优秀传统文化的传承，积极推进中华优秀传统文化全方位融入高校，高校应当在创新、研究、挖掘资源等方面发挥自己的积极作用。2018 年，教育部发布了《关于开展中华优秀传统文化传承基地建设的通知》，认定了 55 所高校作为第一批中华优秀传统文化传承基地，且计划到 2020 年，在全国范围内建设 100 个左右中华优秀传统文化传承基地。优秀传统体育文化作为优秀传统文化的重要组成部分，也是高校优秀传统文化传承的重要内容。当前的大学生受享乐主义、拜金主义、奢靡之风等影响较大，频频出现的校园贷恶性事件就是其最直接的体现。民族优秀传统体育文化无论是形式还是内容均表现出了优良的民族品质和精神，如勤劳勇敢、自强不息、团结合作、奋勇争先等，这些优良的民族品质和精神会对大学生产生积极影响，有利于大学生树立积极的人生观与价值观，提升对民族精神的认同感，增强大学生的爱国之情，促进大学生积极反思自己的不良思想及行为，形成积极向上的生活态度，成为对社会发展的有用之才。

（二）丰富高校校园文化的内容

当前的信息时代对大学生的学习生活产生了深刻的影响，尤其是手机功能的强大，不仅为大学生的学习生活提供了极大的便利，也使得部分大学生出现了手机成瘾的症状。有研究发现，大学生手机成瘾的检出率为19.30%，这对于大学生的身心健康发展造成消极影响。丰富的校园文化生活能让大学生走出宿舍，离开虚拟网络，享受美好的大学生活。民族传统体育则是丰富高校校园文化的重要内容，通过组织民族传统体育文化讲座、民族传统体育竞赛、民族传统体育社团等活动，让大学生感受传统体育文化的魅力，丰富其课余文化生活，满足其多方面发展的需要。此外，民族传统体育文化在高校的传承有利于大学生更加深入地了解传统文化，对于大学生认识到不同民族间的文化差异，消除对其他民族的偏见，形成正确的民族观具有积极意义。

（三）丰富高校体育课程文化的内容

体育课程是大学生参与体育锻炼，学习体育健康知识，感受运动乐趣的主要渠道。因此，应当充分发挥体育课程的重要作用，使大学生掌握运动技能，形成终身锻炼的意识及能力。为了满足不同类型大学生的需要，当前很多高校积极推行“三自主”教学，让学生根据自身情况综合考虑自己对于体育项目的兴趣、运动技术水平、学习时间等因素后，选择适宜的体育课程。在此种教学模式下，需要不断丰富体育课的教学内容，满足不同类型学生的需要。因此，各高校需要结合实际情况积极加强体育课程资源的开发，尤其是具有相应资源优势的高校应当充分发掘体育课程资源，如有条件的高校可以积极开展赛龙舟、毽球、抢花炮等民族传统体育项目，提升学生参与的积极性和热情。民族传统体育项目的健身、娱乐、健美、休闲等功能广受肯定，因此，积极开发体育课程资源，有利于高校体育课程内容的丰富，为大学生提供不一样的运动乐趣与体验。

三、民族传统体育文化回归高校校园的发展困境

（一）政府、高校的重视不够、投入不足，缺乏相应的规章制度

对于民族传统体育文化回归高校校园的传承与创新，政府应该起主导作用，从政策法规的制定、资金的必要投入等方面做好民族传统体育文化的保障工作。近年来，政府相关部门、各高校虽然逐渐重视民族传统文化的发展，但是重视程度还不够。目前，政府在开发民族传统体育文化项目、传承民族传统体育文化过程中参与和投入不足。各高校同样受资金的制约，对于一些民族传统体育文化的传承缺少充足的资金保障。例如，组织开展主题为传统体育文化的沙龙活动、演讲活动、学术研究活动等，势必需要投入一定的资金才能保证活动的正常开展。此外，规章制度的缺少也是制约高校民族传统体育文化发展的重要因素，并且相关规章制度不够完善，缺乏实施的细则。政府应该制定和完善相关的法律法规，而高校也应该出台相应的措施做好民族传统体育文化的传承与发展。

（二）高校民族传统体育课程资源稀缺，人才匮乏

近年来，一些流行的民族传统体育项目被改造成高校的体育课程资源，并被发展成为民族传统体育项目传承的一条重要途径，取得了良好效果，如广东省肇庆学院开设与教授武术套路相关的课程，广东省暨南大学开设舞龙舞狮、射箭选修课等。将这些项目遴选为高校体育课程资源，不仅能满足高校学生的体育锻炼需求，还有利于传承民族传统体育文化。但是，传统体育文化遗产项目被纳入高校体育课程资源的数量是微不足道的，因此可以说高校民族传统体育课程资源仍旧稀少。此外，由于各省份经济社会发展水平的不均衡，与东部地区相比，中西部地区高校中专业性的民族传统体育人才不足，尤其是缺乏高校民族传统体育教练员、裁判员、运动员等，甚至出现一些专业性体育人才外流的现象。

（三）高校体育教师受传统教学观念影响较大，缺乏创新性

受传统的教学模式影响，许多高校教师在教学方法和教学理念上都较

落后。例如，在民族传统体育文化传承与保护、课程设计、多媒体教学、将传统体育文化融入体育课等方面的意识尚欠缺。目前，绝大多数的体育课程都以术科形式出现，学生进入教室真正接受多媒体教育及书本理论知识教育的课时非常少。在有限的课时内让学生深入了解中华优秀传统文化的形成、发展及传承保护的工作基本上只能是表面工作，无法让优秀的民族传统文化在学生心中扎根。

四、民族传统体育文化回归高校传承与创新的建议和策略

（一）给予民族传统体育文化充分的重视

对校园文化建设而言，高校首先应当转变观念，加大对优秀传统文化的重视程度。作为优秀传统文化的典型代表，民族传统体育文化更应当在高校的文化建设中体现自己的位置，且高校也应当给予其相应的制度保障。首先，高校应当在充分调研的基础上，授权学校体育主管部门，允许其结合学校的现实情况，积极开展民族传统体育相关活动，形成学校民族传统体育文化传承的氛围。其次，要加强监督，避免形式主义，避免出现走过场的情况。高校应当对如何提升校园文化建设的层次进行深入思考，尤其是要注重校园文化相关活动的持续性影响，注重体现实际效果，例如，一定要加强对民族传统体育相关社团的监督与引导，避免社团组织的形式化，要提高社团活动在学校的实际影响力，避免社团形同虚设。对于民族传统体育相关课程资源的开发也要加强把控，保证课程的效果。

（二）注重体现民族传统体育文化的现实价值

高校校园文化的建设，不应当只是简单的宣传，只是校园活动的举办，而应当注重长期可持续性，要追求实效。对于民族传统体育文化的传承，高校要充分分析，通过合理的安排使其具有丰富的内涵。例如，武术中体现的“坚忍不拔”“顽强拼搏”“保家卫国”“自强不息”等民族精神，更要在传承过程中予以充分的发掘。又如，拔河中体现的“团结合作”，各民族传统体育项目竞争中体现的“天行健，君子以自强不息”的

高尚人格等，都应当落到实处，并通过不同类型的民族传统体育活动的开展，让学生切实感受其文化内涵，体验其文化意蕴。因此，高校在民族传统体育文化的传承过程中，应当不断丰富民族传统体育文化的内涵，体现其现实价值，有效提升大学生的爱国、诚信、友善、自强的人格水平。

（三）加强师资队伍建设

目前，高校体育课中的教师大多以三大球、健美操、街舞、乒乓球、武术、田径等项目教学为主，摔跤、舞龙、舞狮、围棋、踢毽子等民族传统体育项目基本没有，这是因为受到场地、环境、师资等影响，许多高校无法开展这些项目。但是，为了将民族传统体育文化传承下来，高校师生责无旁贷，即使无法开展一些优秀的传统体育项目，也应该积极开设相应的理论课，让民族传统体育文化融入体育教学，使更多的学生深入了解中华民族优秀的体育文化。因此，高校应该注重培养一批能教授民族传统体育文化的教师队伍，将中华优秀传统文化传承下去。

（四）完善体育课程体系建设

各高校应该加强体育课程教学改革，将民族传统体育文化纳入日常的体育教学，规范教学过程，完善体育课程体系建设；根据本校的师资力量合理地安排教师认真学习我国优秀传统体育文化知识，制定体育课程计划及课程考核指标体系。只有这样，我国的民族传统体育项目及优秀的传统体育文化才能被广大师生所了解，才能承担起传承、保护、发展民族传统体育文化的历史重任。

（五）高校应激发学生参与传承与创新民族传统体育文化的积极性

高校校园文化建设的重要方面就是把学生培养为传承的主体，充分发动学生的力量。对于民族传统体育文化的传承，首先，学校应当让学生意识到自己也承担着传承优秀传统文化的重要责任，让学生提升此方面的使命感，积极成为校园文化建设的主体，同时，让学生真正地“懂”优秀传统文化，愿意积极地“学”优秀传统文化，主动“传承”并不断“创新”优秀传统文化。其次，学校要积极鼓励学生创建相应的社团组织，如武术社团、舞龙舞狮社团、毽球社团等，并给予社团相应的政策及经费支持，鼓励相关社团积极开展民族传统体育文化的宣传、推广工作，提高民族传统体育文化在校园中的影响力，并吸收传统体育爱好者进入社团，让更多学生感受民族传统体育文化的魅力。最后，学校要积极鼓励学生组织相应的民族传统体育赛事，如武术比赛、拔河比赛、毽球比赛等，通过比赛吸引更多学生积极参与。

（六）高校应当拓宽民族传统体育文化传承与创新的途径

民族传统体育文化的传承应当紧密贴合当前信息科学技术的发展实际，因此，对于校园文化的建设，高校应当充分利用网络信息化时代的各种传播方式。保障民族传统体育文化的有效传承与创新。例如，可以积极地运用网站、QQ、微博、微信、微电影等传媒手段，在精心设计与安排后，对民族传统体育文化进行传承与创新。此外，也可以针对学生关注的热点问题，建立相应的QQ群或微信群，组织学生在网络上进行积极的讨论。针对学生关心的民族传统体育项目及相关知识，高校相关部门就可以通过微信公众号进行相关内容的推送，方便学生的交流学习。例如，对于太极拳的学习，高校相关部门就可以通过微信公众号定期推送教学示范的视频，让学生能随时随地学习。

参考文献

[1]白晋湘. 我国民族传统体育改革发展40年回顾与展望[J]. 上海体育学院学报,2018,42(5):9 - 14.

[2]白晋湘. 非物质文化遗产与我国传统体育文化保护[J]. 体育科学,2008,28(1):3 - 7.

[3]曹能秀,王凌. 论民族文化传承与教育的关系[J]. 云南民族大学学报,2009,26(5):137 - 141.

[4]陈辉. 我国民族传统体育非物质文化遗产保护现状与对策研究[J]. 吉林省教育学院学报,2011(1):132 - 133.

[5]陈秋丽. 中国民族传统体育文化资源和产业发展研究[M]. 西安:陕西人民出版社,2019.

[6]陈永辉,白晋湘. 非物质文化遗产视角下我国少数民族民俗体育文化的保护[J]. 体育学刊,2009,16(5):91 - 94.

[7]符传铭,赵倩倩. 民族传统体育发展与传播[M]. 长春:吉林人民出版社,2021.

[8]国家体育总局体育文化发展中心. 体育非物质文化遗产保护与推广集萃[M]. 北京:科学出版社,2015.

[9]韩文娜,何劲鹏. 民族传统体育文化的功能取向变迁与现实选择[J]. 体育文化导刊,2018(10):15 - 20.

[10]黑生林. 从民间技艺到文化自觉:新中国成立以来民族民间体育发展历程[J]. 北方民族大学学报,2021(6):79 - 86.

[11]胡定来,宋迪涛,陈梅春. 新时期少数民族传统体育文化的保护与传承[J]. 当代体育科技,2018,8(28):171+173.

[12]李全德,赵福祥. 云南少数民族传统体育旅游资源研究[M]. 昆明:云南大学出版社,2009.

[13]李英基. 少数民族传统体育在文化建设中传承与保护路径的研究[J]. 文体用品与科技,2020(4):66-67.

[14]刘建华. 全球视野下中华民族优秀传统体育文化的传承与发展[J]. 长江丛刊,2019(36):89-90.

[15]刘洋. 体育非物质文化遗产保护的路径研究[M]. 北京:北京体育大学出版社,2015.

[16]鲁平俊,丁先琼,白晋湘. 民族传统体育非物质文化遗产濒危状态评价的实证研究[J]. 体育科学,2014(11):16-26.

[17]陆永江,郑孟君. 产业化背景下少数民族传统体育文化的传播机制研究[J]. 贵州民族研究,2018,39(9):123-126.

[18]屈植斌,高会军,李延超. 裂变与重生:少数民族传统体育传承路径演变与重构[J]. 天津体育学院学报,2019,34(6):533-539.

[19]苏航. 民族传统体育文化传承创新研究[M]. 南昌:江西科学技术出版社,2017.

[20]孙昊亮,王静. 论民族传统体育的非物质文化遗产保护[J]. 贵州师范大学学报(社会科学版),2009(5):58-62.

[21]孙庆彬,陈彤,凌颖,等. 文化保护传承视角下民族传统体育改编的方法:以彝族踏歌舞的课堂教学改编为例[J]. 玉林师范学院学报,2018,39(5):102-107.

[22]谭实."互联网+"背景下我国民族传统体育文化的传承与发展研究[J]. 体育科技,2018,39(6):47-48.

[23]唐新江,余兵. 贵州少数民族传统体育文化传承研究[J]. 贵州民族研究,2018,39(9):4.

[24]陶坤. 武陵山区民族民俗传统体育教程[M]. 长沙:湖南人民出版

社,2017.

[25]涂传飞,陈志丹,严伟. 民间体育、传统体育、民俗体育、民族传统体育的概念及其关系辨析[J]. 武汉体育学院学报,2007(8):24-31+51.

[26]万利. 民族高校传统体育文化建设研究[J]. 现代教育实践与教学研究,2018 (9):219-221.

[27]王巨山. 从"形式经历"到"文化体验"的回归:也谈非物质文化遗产开发利用的原则与对策[J]. 山东社会科学,2011(9):74-76.

[28]王希恩. 论中国少数民族传统文化现状及其走向[J]. 民族研究,2000(6):8-17.

[29]王晓. 非物质文化遗产视野下民族传统体育保护的若干思考[J]. 上海体育学院学报,2007,31(1):72-75.

[30]王彦达,魏丽,马兵. 民族文化的现代化是少数民族文化传承的趋势[J]. 满族研究,2005(2):29-33.

[31]伍娟. 民族传统体育非物质文化遗产保护传承研究[J]. 沈阳体育学院学报,2011,30(5):132-134.

[32]于艳. 少数民族传统体育文化遗产保护现状及其改善对策[J]. 贵州民族研究,2018,39(9):107-110.

[33]张建业,戴羽,郑旗. 我国民族传统体育政策的演进历程、变迁逻辑及未来展望:基于历史制度主义分析范式[J]. 体育教育学刊,2023(4):76-81.

[34]张小龙,丁雨. 我国民族传统体育文化特征及其传承新解[J]. 贵州民族研究,2018,39(9):95-98.

[35]张振中. 我国民族传统体育文化本源、特征与传承方式研究[J]. 文体用品与科技,2019(24):72-73.

[36]中国体育博物馆,国家体委文史委员会. 中华民族传统体育志[M]. 南宁:广西民族出版社,1990.

[37]周平. 民族传统节庆体育与旅游产业融合发展研究[J]. 广州体育学院学报,2017,37(6):50-53.

[38]朱新娃.文化强国背景下民族传统体育文化的现代传承与发展研究[J].体育科技文献通报,2020,28(6):134－136.